FAO中文出版计划项目丛书

# 灾害和危机对农业和粮食安全的影响报告

# (2021)

联合国粮食及农业组织　编著
王玉庭　任育锋　张智广 等　译

中国农业出版社
联合国粮食及农业组织
2023 · 北京

**引用格式要求：**
粮农组织。2023。《灾害和危机对农业和粮食安全的影响报告（2021）》。中国北京，中国农业出版社。https://doi.org/10.4060/cb3673zh



ISBN 978-92-5-138332-2（粮农组织）
ISBN 978-7-109-31579-2（中国农业出版社）

FAO中文出版计划项目丛书

## 指导委员会

FAO中文出版计划项目丛书

## 译审委员会



## 本书译审名单

翻　译　王玉庭　任育锋　张智广　贾芫凯　李　冉

孙亚楠　李星佚　佟玉焕　顾孜玉　李哲敏

审　校　李燕妮　杜欣蔚　李昕璐

## 极端天气事件

**2019年印度** 尽管沙尘暴在印度十分常见，但目前正在变得更加频繁、强烈和致命，例如袭击普拉亚格拉杰的沙尘暴导致了许多人的死亡。

© 路透社/Jitendra Prakash

# 气候变化

**2016年美国阿拉斯加巴罗** 海冰融化的时间比以往任何时候都要早且快，导致原住民伊努皮亚特人赖以生存的海象、海狮和鱼类大规模迁移。

## 沙漠蝗虫

**2020年肯尼亚** 成群结队的贪婪害虫侵入非洲之角地区、阿拉伯半岛和西南亚国家，威胁着粮食安全和农业生计。

©粮农组织/Sven Torfinn

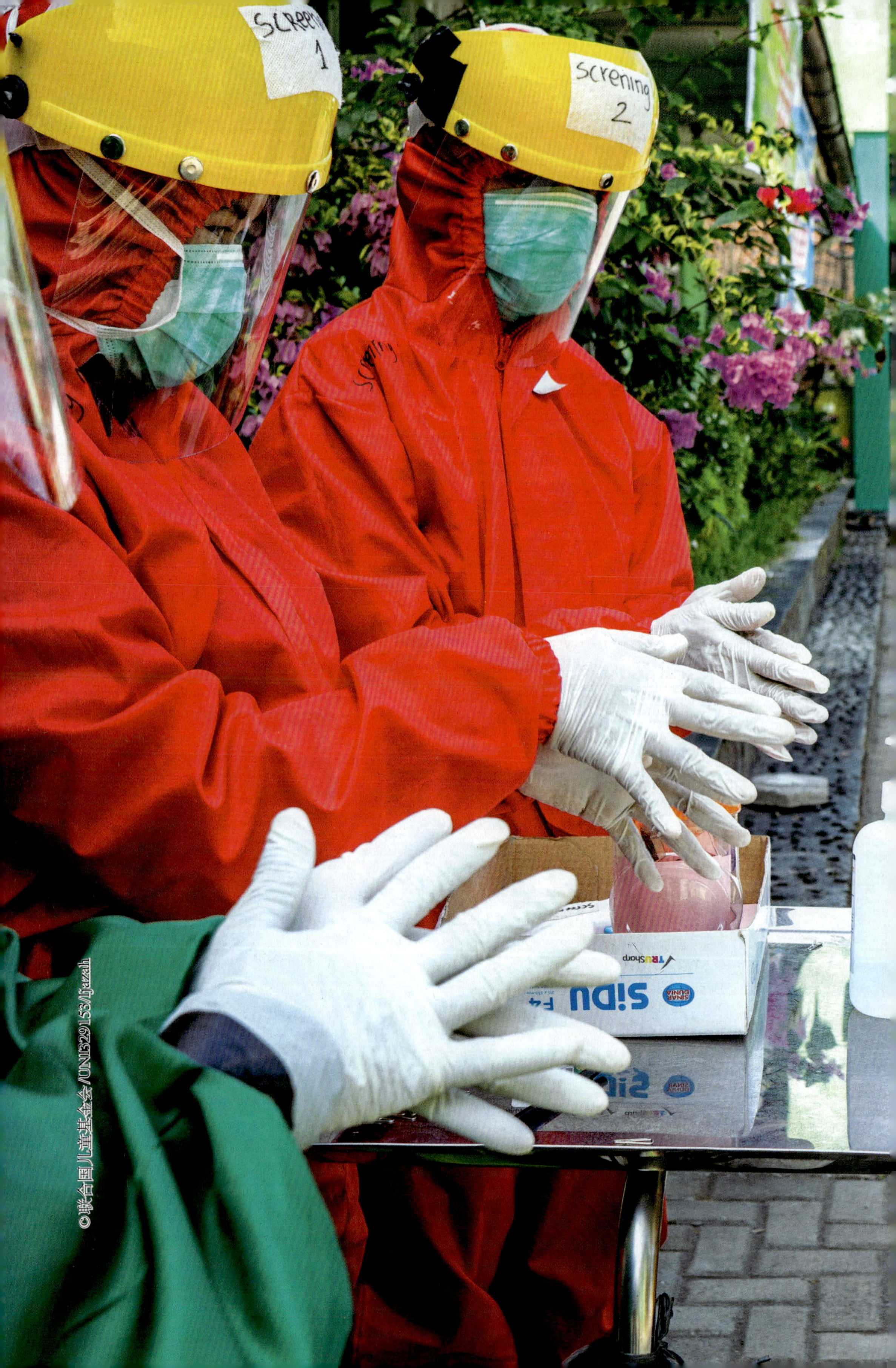
Screning
2
SiDU

## 新冠疫情

**2020年印度尼西亚**　戴口罩、保持社交距离和洗手等一系列控制疫情蔓延的举措扰乱了日常生活。

## 洪水

**2019年南苏丹**　大雨淹没了本就已经面临人道主义危机的整个社区。

©Subrata Biswas/绿色和平组织

2016年印度　干旱下的池塘

©Pedro Armestre/绿色和平组织

2017年西班牙　干旱

纵览往昔，农业未曾遭遇如此多的旧灾新患，在高度关联、急剧变化的世界环境之中，灾害风险更容易相互交织影响。灾害越来越频繁且强烈，再加上风险的系统性，它们正在危及我们的整个粮食体系。

农业支撑着全世界超过25亿人的生计。鉴于农业与环境的内在互动、其生产对自然资源的直接依赖以及其对国家社会经济发展的重要性，需要采取雄心勃勃的紧急行动来建立更具弹性的农业系统。

2015年坦桑尼亚联合共和国　养鱼业

2015年瓦努阿图　“帕姆”旋风的后果

**2020年澳大利亚** 巨大火灾

**2019年印度尼西亚** 森林火灾

危险事件未必会演变成全方位的灾难，风险也未必不可克服。灾害风险是可以被减少和管理的。

新冠疫情已经使世界各地的粮食供应链愈发紧张。在此情形之下，掌握灾害影响农业和粮食安全的合理证据，不仅能够推动实施有效的针对性抗灾政策、跟踪实现全球目标的进展，而且能够确定投资目标以加强农业对未来世界发展的关键作用。

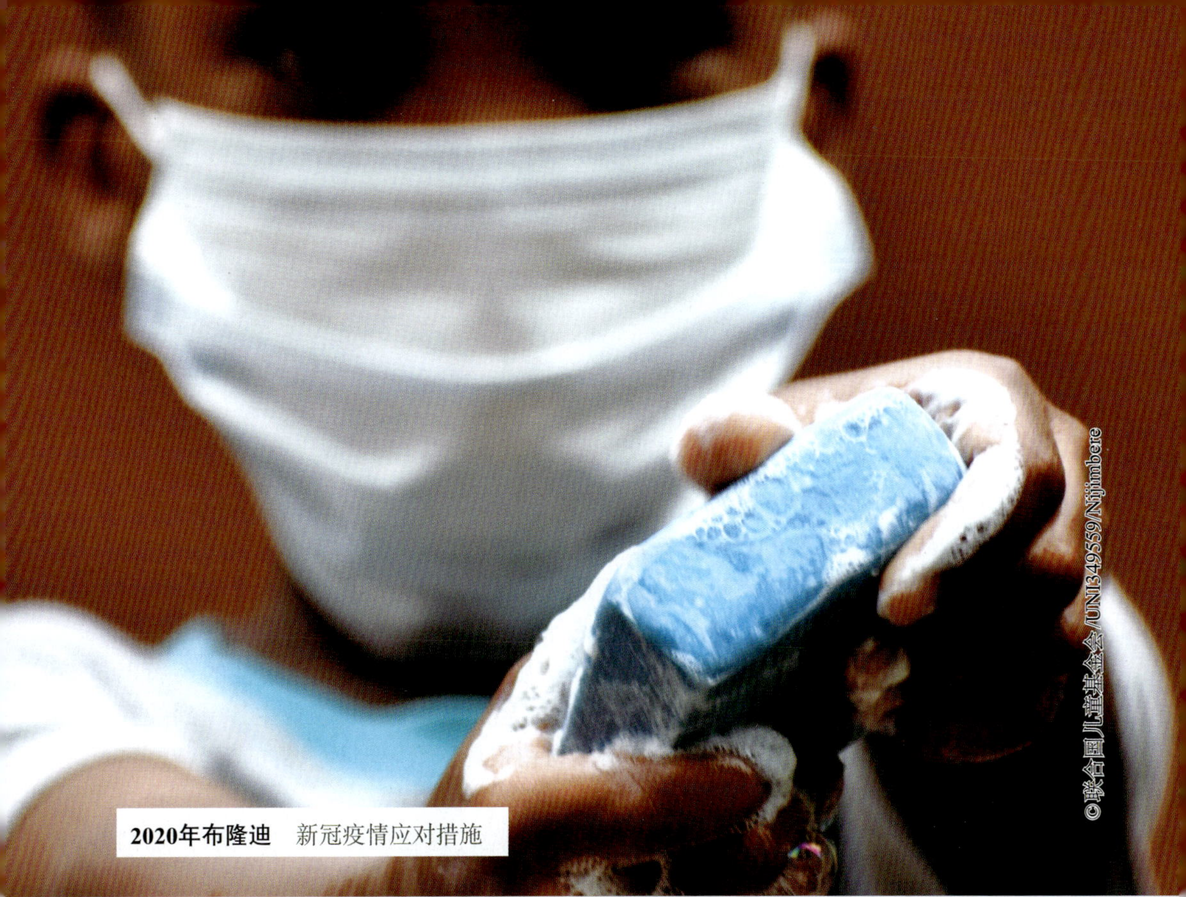

2020年布隆迪　新冠疫情应对措施

©联合国儿童基金会/UNI349559/Nijimbere

2020年厄瓜多尔　新冠疫情核酸检测

©联合国难民事务高级专员公署/Santiago Arcos Veintimilla

# 前 言 FOREWORD

随着联合国粮食及农业组织（Food and Agriculture Organization of the United Nations，简称FAO）第三版《灾害和危机对农业和粮食安全的影响》报告的发布，全球灾害风险治理正面临关键时期。经历了十年的灾害损失加剧、全球气温异常变暖、冰层退缩和海平面上升后，2020年我们又面临了前所未有的全新挑战。新冠疫情成为近期历史上最广泛、最具破坏性的疾病事件，对经济、社会造成的影响对生活产生了全方位的冲击，农业生计受到的打击尤其严重。同时，沙漠蝗虫毁坏农作物和牧场，威胁弱势人群的粮食安全；森林和耕地被大火烧毁，洪水淹没了许多地区。

农业正面临着一系列既熟悉又陌生的风险，这些风险在高度关联、急剧变化的世界环境中相互作用。灾害风险日益复杂、相互关联并相互作用，导致灾害频率和强度的变化。气候变化的影响不可忽视，它正以比预期更快的速度实现十年前的预测。

新冠疫情引发的动荡可能使更多家庭和社区陷入困境。灾害影响普遍存在，及时采取应对措施至关重要，我们需要立即采取行动，更好地评估和了解动态，以便采用综合创新的方法来减少和管理灾害。

本报告旨在弥补长期存在的知识差距，帮助人们更好地了解灾害对农业的影响。诸如干旱、洪水、风暴、海啸、野火、病虫害暴发等极端事件对农业本身以及农作物、畜牧业、林业、渔业和水产养殖业等都造成了严重损失。灾害日益频繁且强烈，加之风险具有系统性，灾害也导致农业食品系统受损。欠发达国家和低收入国家往往受灾最严重，灾害影响价值链、粮食安全甚至国家经济。风险暴露程度增加已成为“新常态”，气候变化将推动这些挑战进一步加剧。

在我们共同构建可持续发展的未来时，主动减少风险至关重要。潜在的危险事件不一定会演变成全面的灾难，风险也不一定会转变成不可克服的难题。尽管有固有风险和未知风险，但灾害的影响程度最终取决于机构预测、应对、抵御和从冲击中恢复的能力。因此，提高抗灾能力以及降低灾害风险必须成为现代农业食品系统的不可或缺的重要组成部分。

我们正生活在一个需要大胆集体行动的时代。可持续发展目标“行动十年”计划是一个响亮的号召，呼吁加速采取可持续解决方案应对全球的重大挑战，包括饥饿、贫困、不平等、气候变化以及弥合资金缺口等。《2015—2030年仙台减少灾害风险框架》（简称《仙台框架》）已经制定了全球议程，旨在发展减少灾害风险（Disaster Risk Reduction，简称DRR）的战略，把握风险因素，出台政策决定，并以预防新兴风险为目标进行资源分配。在此背景下，各国政府、国际组织、民间社会和私营部门在脆弱和易受灾的环境中开展行动与合作的能力，是实现全球目标、加强韧性和可持续性的关键。联合国及其合作伙伴必须进行合作，以确保创新的灾害风险管理。

为了应对日益增长的风险和反复出现的冲击，必须加强国家和地方的能力。必须创造一种系统性灾害影响监测和评估的文化，以促成和提供有效的减灾政策和行动。随着资源越来越稀缺，这将为我们在抗灾、备灾和减灾方面的投资提供必要证据。

在我们进入“行动十年”和实现《仙台框架》全球目标的过程中，我们向国际社会提供本报告中的信息，供其吸纳并采取行动。农业吸收了过多的灾害影响，其中许多是由小农户直接承担的，他们的活动支撑着国家经济并帮助养活人类。因此，为农业建立一个更加全面和雄心勃勃的抗灾框架，是提高生产、改善营养、改善环境和改善生活的基石。

**总干事**

**联合国粮食及农业组织**

# 致　谢 ACKNOWLEDGEMENTS

这份关于灾害和危机对农业和粮食安全影响的第三份报告是联合国粮食及农业组织（以下简称“粮农组织”）内部广泛跨部门合作的成果，旨在提高以农业为基础的生计对灾害、极端事件和危机的复原力。粮农组织内部各部门和办事处（包括自然资源和可持续生产组、经济和社会发展组、紧急情况和复原力办公室以及气候变化、生物多样性和环境办公室）都提供了重要的技术投入和建议。此外，粮农组织的国家和区域办事处为收集国家层面的数据提供了宝贵支持。

本报告的制作由粮农组织统计司协调，由Stephan Baas、Piero Conforti和Shukri Ahmed监督，Galimira Markova为主要协调作者。

由以下粮农组织专家编写和技术审查的技术文件是本报告编写的核心：

Galimira Markova和Piero Conforti负责引言和第一章，Sarah Graf提供了重要意见；

Nancy Aburto、Darana Souza、Patrizia Fracassi和Victoria Padula de Quadros提供了营养方面的重要意见；

Daowei Zhang、Peter Moore、Norbert Winkler、Shiroma Sathyapala、Yuka Makino、Elaine Springgay、Xia Zuzhang和Arturo Gianvenuti负责第二章；

Robert Ulric Lee、Florence Poulain、Stefania Savore、Matthew Walsh、Anton Ellenbroek和Felix Marttin负责第三章；

Galimira Markova负责第四章；

Julio Pinto、Ludovic Plee和Alejandro Acosta负责第五章；

Mario Zappacosta和Yanyun Li负责ASI信息框，Cristina Coslet负责ASF信息框；

Shawn McGuire、Catherine Constant、Chikelu Mba、Shoki Aldobai、Annie Monard、Alexandre Latchininsky、Andrea LoBianco和Galimira Markova负责第六章；

Natalia Alekseeva、Stephan Baas、Galimira Markova、Hideki Kanamaru、Janek Toepper、Makie Yoshida、Mariko Fujisawa、Olga Buto、Sarah Graf、Cecilia Jones和Elisa Di Stefano负责第七章；

Neil Marsland、Oriane Turot、Josselin Gauny、Matieu Henry、Matthew Walsh、Ugo Leonardi、Sophia Gogo、Rashed Jalal和Geraud PouemeDjueyep负责第八章；

Galimira Markova和Piero Conforti负责技术附件。

整体制作、编辑和设计由George Kourous监督；报告编辑和设计由Laurie Olsen支持；设计和排版由Claudia Neri提供，Elisa Stagnoli协助。

除非另有说明，本出版物中使用的所有图片均来自粮农组织。

# 缩写和缩略语 ABBREVIATIONS AND ACRONYMS

| | |
|---|---|
| 50 × 2030 Initiative | 缩小农业数据差距的50 × 2030倡议 |
| AGRISurvey | 农业综合调查计划 |
| AI | 人工智能 |
| AoI | 兴趣面 |
| ASF | 非洲猪瘟 |
| ASIS | 农业干旱胁迫指数系统 |
| BSE | 牛海绵状脑病 |
| CAR-SPAW-RAC | 大加勒比地区《关于特别保护区和特别受保护的野生动物的议定书》区域活动中心（联合国环境规划署——加勒比环境方案） |
| CEPAL | 拉丁美洲和加勒比经济委员会 |
| CFSAM | 作物和粮食安全评估团 |
| CONEVAL | 墨西哥全国社会发展政策评估委员会 |
| COP | 缔约方大会 |
| CRED | 灾害流行病学研究中心 |
| DEM | 数字高程模型 |
| DHS | 人口统计与健康调查 |
| DGPS | 差分全球定位系统 |
| DL | 损害和损失 |
| DRM | 灾害风险管理 |
| DRR | 减少灾害风险 |
| EM-DAT | 紧急事件数据库（由灾害流行病学研究中心维护） |
| EMPRES-i | 全球动物疾病信息系统（由粮农组织维护） |
| ENSOMD | 监测千年发展目标的国家调查（马达加斯加） |
| ESA | 欧洲航天局 |
| ESRI | 美国环境系统研究所 |
| FAO | 联合国粮食及农业组织 |
| FCC | 粮食链危机管理框架 |

| | |
|---|---|
| FMD | 口蹄疫 |
| FSC | 粮食安全集群 |
| FSIN | 粮食安全信息网络 |
| GACC | 中华人民共和国海关总署 |
| GAR | 《减少灾害风险全球评估报告》（联合国减少灾害风险办公室） |
| GDP | 国内生产总值 |
| GEMP | 良好应急管理实践 |
| GFDRR | 全球减灾与恢复基金 |
| GFW | 全球森林观察 |
| GHG | 温室气体 |
| GIEWS | 全球粮食和农业信息及预警系统（粮农组织） |
| GISTEMP | 全球地表温度分析（由美国国家航空航天局戈达德太空研究所维护） |
| GIS | 地理信息系统 |
| GISS | 戈达德太空研究所 |
| GIT | 地理空间信息技术 |
| GAUL | 全球行政单位层 |
| GCM | 全球气候模型 |
| GLC | 全球土地覆盖 |
| GNAFC | 全球应对粮食危机网络 |
| HIC | 高收入国家 |
| HIHI | 手拉手倡议 |
| HOT | 人道主义开放街道地图团队 |
| IACG | 联合国抗微生物药物耐药性问题机构间协调小组 |
| ICT | 信息和通信技术 |
| IDP | 国内流离失所者 |
| IEAG | 联合国秘书长独立专家咨询小组 |
| IFAD | 国际农业发展基金 |
| IFRC | 红十字会与红新月会国际联合会 |
| ILO | 国际劳工组织 |
| INSTAT | 马达加斯加国家统计局 |
| IPCC | 政府间气候变化专门委员会 |
| IPC/CH | 粮食安全阶段综合分类/和谐社会 |
| IPPC | 《国际植物保护公约》 |

| | |
|---|---|
| IOM | 国际移民组织 |
| IUCN | 国际自然及自然资源保护联盟 |
| IUFRO | 国际林业研究组织联盟 |
| LDC | 最不发达国家 |
| LCML | 土地覆盖元语言 |
| LIC | 低收入国家 |
| LMC | 飞蝗 |
| LMIC | 中低收入国家 |
| LSD | 牛结节疹 |
| MAEP | 马达加斯加农业、畜牧业和渔业部 |
| MARA | 中华人民共和国农业农村部 |
| MDPI | 多学科数字出版机构 |
| MIRA | 多集群/部门初步快速评估 |
| MODIS | 中分辨率成像光谱仪 |
| MOSAICC | 气候变化对农业影响的模型系统 |
| NASA | 美国航空航天局 |
| NDVI | 归一化差异植被指数 |
| NGO | 非政府组织 |
| OIE | 世界动物卫生组织 |
| PA | 《巴黎协定》 |
| PDNA | 灾后需求评估 |
| PPE | 个人防护设备 |
| PPP | 购买力平价 |
| PPR | 小反刍兽疫 |
| RSS | 遥感调查 |
| SDG | 可持续发展目标 |
| SDI | 空间数据基础设施 |
| SFDRR | 《2015—2030年仙台减少灾害风险框架》 |
| SFM | 仙台框架监测 |
| SIDS | 小岛屿发展中国家 |
| SPOT | 地球观测卫星系统 |
| TAD | 跨界动物疾病 |
| UMIC | 中高收入国家 |
| UN | 联合国 |
| UNDP | 联合国开发计划署 |

| | |
|---|---|
| UNDRR | 联合国减少灾害风险办公室 |
| UNEP | 联合国环境规划署 |
| UNESCAP | 联合国亚洲及太平洋经济社会委员会 |
| UNFCCC | 《联合国气候变化框架公约》 |
| UNHCR | 联合国难民事务高级专员公署 |
| UNISDR | 联合国国际减灾战略 |
| UNOCHA | 联合国人道主义事务协调厅 |
| VHI | 植被健康指数 |
| WAHIS | 世界动物卫生信息系统（由世界动物卫生组织维护） |
| WFP | 世界粮食计划署 |
| WHO | 世界卫生组织 |
| WIM | 华沙与气候变化影响相关的损失和损害国际机制 |
| WMO | 世界气象组织 |
| WRI | 世界资源研究所 |
| WSI | 水满意度指数 |
| WSN | 无线传感器网络 |

# 目　录 CONTENTS

2015年玻利维亚 遭受旱灾的波波湖

**2018年印度尼西亚**苏拉威西岛帕卢　地震和海啸

## 导论

# 农业试验场

灾害对可持续发展的三大支柱，即社会、环境、经济都造成了威胁，这不仅比预期发生得更快、更不可预测，而且涉及了多个部门、层面和规模。随着新风险的出现、交织影响，农业仍首当其冲地受到灾害的影响。例如，新冠疫情正在给全世界的粮食供应链带来压力。距离实现《2015—2030年仙台减少灾害风险框架》(Sendai Framework for Disaster Risk Reduction 2015—2030，简称SFDRR）和可持续发展目标（Sustainable Development Goals，简称SDG）只剩下十年的时间，需要努力建设具有抗灾、抗病和抗气候能力的农业系统。如此一来，即使面对日益严重的威胁，也能改善当前和今后人们的营养和粮食安全。

© 路透社/Beawiharta

# 2010—2019年是灾害最动荡的十年

> 2020年起的新十年以新冠疫情为始，巨大的蝗虫群使已经陷入粮食危机的4 200万人的状况恶化，大西洋盆地破纪录地产生了30个被命名风暴。

事实证明，十年之交是一个全球都高度紧迫的时刻。在现代历史上，人类从未面临过如此多熟悉抑或陌生的风险与危害，这些风险、危害在一个高度关联、快速变化的世界中相互影响。在2020年的头几个月里，巨大的沙漠蝗虫群开始在大非洲之角地区、阿拉伯半岛和西南亚的多个国家肆虐，使已经陷入粮食危机的4 200多万人的状况更加恶化。到2020年大西洋飓风季结束时，共命名了30个风暴，远超以往飓风季平均产生12个风暴的平均值。

与此同时，新冠疫情一直在破坏世界各地的生命、生计和经济。对于那些本就在应对脆弱性、长期灾害或环境退化的国家而言，这些新的紧急情况引发的复合效应无疑是雪上加霜。新冠肺炎病毒以惊人的速度传播，在世界各地感染了数百万人。由于各国都在实施严格的限制举措以阻止疫情传播，有时甚至会导致经济活动几乎停滞。人类健康受损日益严重，随之而来的经济损失显然是几十年来世界所经历的最大的冲击（世界银行，2020）。由于事态仍在发展，很难明确评估封锁及其他遏制措施的全面影响。但根据目前预测，由于新冠疫情引发的经济衰退，营养不良的人数将至少增加8 300万，甚至可能达1.32亿（FAO、IFAD、UNICEF、WFP和WHO，2020；SOFI，2020；ILO、FAO、IFAD和WHO，2020年10月13日联合声明）。这一挫折使人们对实现可持续发展目标2（SDG 2）“零饥饿”产生了怀疑。

农民获得农业投入、劳动力和农田的机会减少，导致了生产受到损失、家庭收入减少和农民摄入营养减少。新冠疫情在世界各地所造成的损害取决于多种因素，包括疫情传播时间和遏制措施同农事活动日程的关系、农业投入价格和需求的混乱等。因此需要量化新冠疫情对农业部门影响，以确定需要付出多少努力才能恢复损失并满足需求。

与新冠疫情同期发生的是沙漠蝗虫的激增，沙漠蝗虫席卷了非洲之角、阿拉伯半岛和西南亚地区，甚至一度威胁到非洲的萨赫勒地区。沙漠蝗虫作为世界上最危险的迁徙性害虫，会破坏农作物、树木和牧场，破坏食物和植被，危及沿途农村社区的生计。仅仅一平方公里的小蝗虫群就可以在一天内消耗与大约35 000人相同的食物量。如此异常庞大的蝗群前所未有，是东非世代以来

**2020年肯尼亚** 沙漠蝗虫危机

© 粮农组织/Sven Torfinn

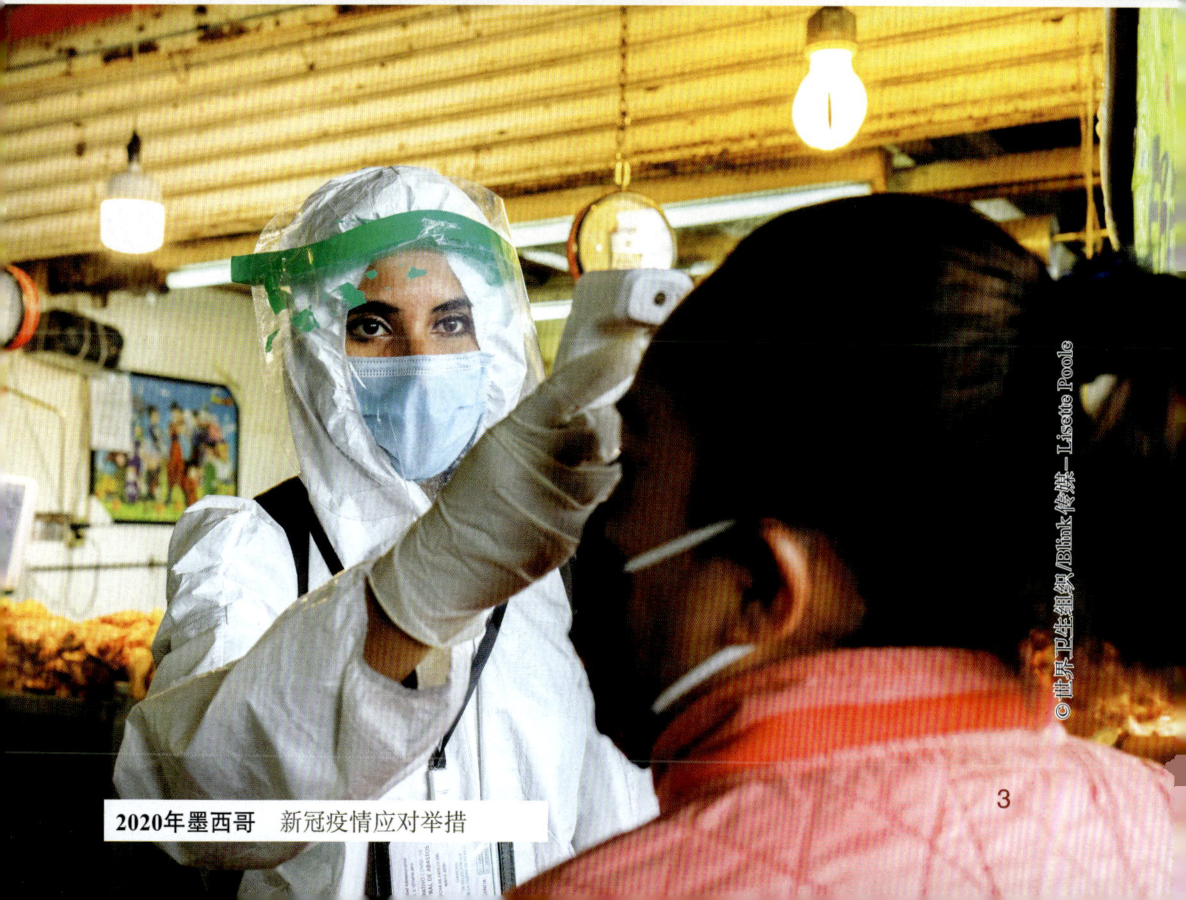

**2020年墨西哥** 新冠疫情应对举措

© 世界卫生组织/Blink 传媒— Lisette Poole

所面临的此类威胁中最严重的。东非地区此前已经苦于反复发生的干旱、洪水、不稳定和冲突，数百万人经历了危机级别的粮食危机，而沙漠蝗虫群对东非的粮食安全和生计更是构成了前所未有的危机。

显然，新的十年并没有从动荡的2010年代中解脱出来，2010年代被一连串令人痛苦、衰弱、极具破坏性的事件打断。六次5级飓风席卷了大西洋，摧毁了整个地区。史无前例的野火烧毁了亚马孙、澳大利亚、加利福尼亚和希腊的数十万英亩*林地。毁灭性的地震袭击了海地（2010年）、日本（2011年）、新西兰（2011年）、尼泊尔（2015年）、厄瓜多尔（2016年）和印度尼西亚（2018年），给各国留下了重建基础设施和经济的挑战。

2010—2019年也是有史以来最热的十年，在有记录以来最热的十个年份里占据了七个；2019年是自1851年以来陆地和海洋温度第二高的一年，因此加剧了洪水、干旱、热浪和水资源短缺，并造成了直接的社会和经济影响。众所周知，这些与气候有关的灾害可能会诱致国内局势紧张、被迫移民甚至冲突。

## 灾害数量上升

灾害和威胁的新闻经常占据新闻媒体的版面，它们不仅会造成破坏、危及生命，而且要耗费数十亿美元的恢复和重建费用。然而，灾害真的变得更加频繁和危险了吗，抑或只是我们屈服于认知的偏见？

> 以10年为期划分的每年灾害次数：90次（20世纪70年代）；100次以上（20世纪80年代）；440次（2000—2009年）；360次（2010—2019年），但更加强烈。在有记录以来最热的10年中，有7年都在2010—2019年，其中，2019年是1851年以来第二热的年份。

现有数据显示，灾害发生次数的增加确实是新常态。虽然2010—2019年的灾害高峰期比起前10年相对较少，但总体发生水平仍处于历史最高水平。随着21世纪的到来，灾害的发生频率急剧上升，并在过去的20年里持续走高。在最近的两个10年中，2010—2019年平均每年有超过360起不同的灾害事件，2000—2019年平均每年有440起，而20世纪80年代和70年代分别为100多起和90多起。这些灾害事件包括与地球物理有关的灾害、与气候和天气相关灾害以及动植物病虫害的暴发（图0-1）。然而，这些统计数字主

* 英亩为英制土地面积单位，1英亩≈0.004平方千米。——编者注

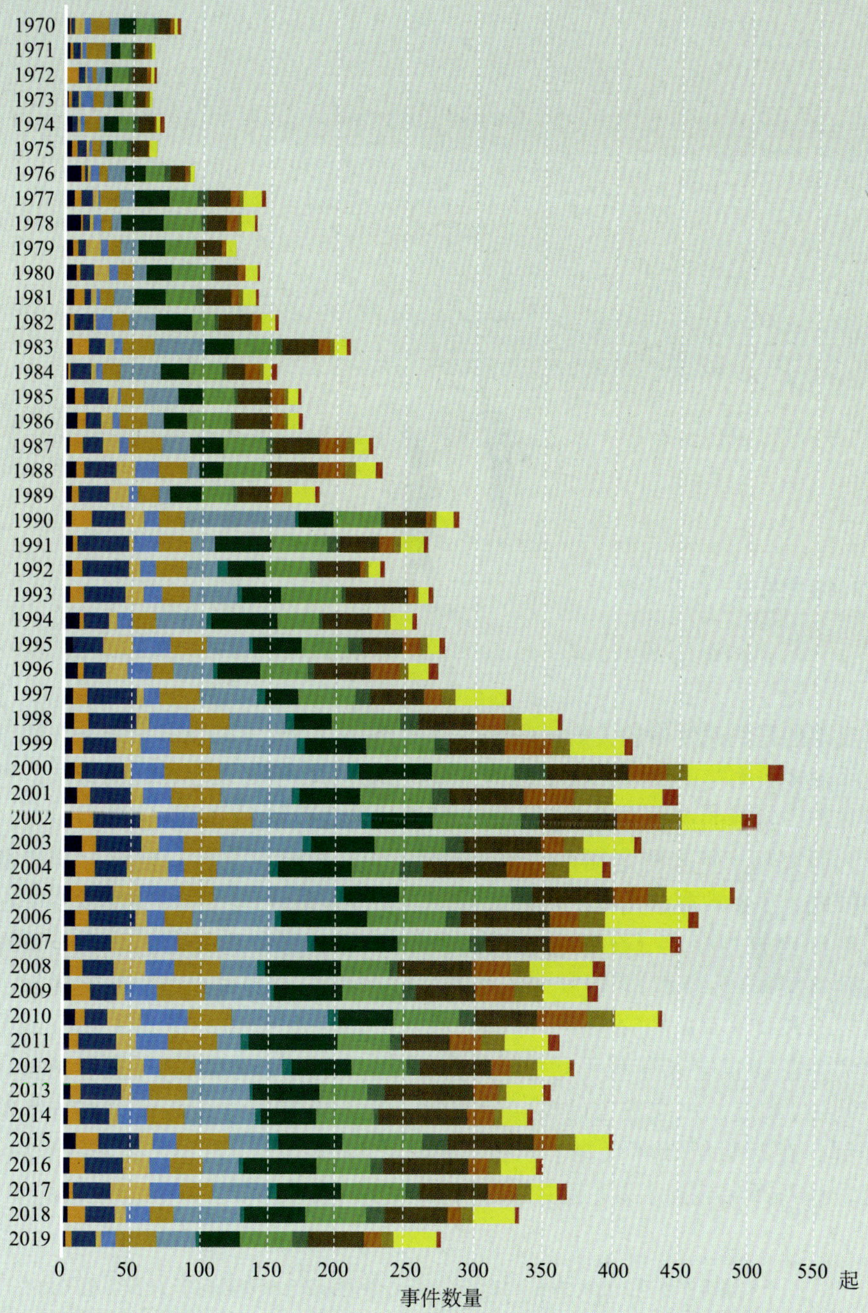


图例：● 澳大利亚和新西兰　● 大洋洲（太平洋小岛屿发展中国家）　● 北美洲
● 加勒比海地区　● 中美洲　● 南美洲　● 欧洲　● 中亚　● 东南亚
● 南亚　● 西亚　● 近东和北非　● 西非　● 中非　● 东非　● 南非

资料来源：FAO、EM-DAT CRED。

图0-1　1970—2019年全球灾害发生频数

**2016年伊拉克** 沙漠风暴

要反映的是快速发生的大规模灾害，对缓慢发生的灾害以及国家以下、地方性或小规模灾害[①]的纳入率很低，但后者往往会对农业产生更直接的影响。这就意味着，实际的灾害发生率甚至高于目前报告的数字。

研究几十年来特定灾害类型的演变，可以发现其已经呈现出一个更复杂的模式。虽然地震、山体滑坡和大规模运动等地球物理灾害的平均发生率在一段时间内较为稳定（在20世纪80年代和70年代每年约25起，2000—2019年达到每年30～35起），但其他灾害类型自20世纪70年代以来已急剧增加。在与气候和天气有关的灾害中，干旱、风暴（如旋风、飓风、台风）和极端温度等灾害在20世纪70年代平均每年约为40起，但在2010年代几乎翻了两番，每年超过150起。水文灾害的模式也类似：洪水在20世纪70年代平均每年发生30起；在20世纪80年代翻了一番，超过了60起；在2000年代猛增到平均180起，在2006年达到了246起洪水的高峰（图0-2）。

---

① 一个灾难事件要进入由灾害流行病学研究中心维护的紧急事件数据库（EM-DAT CRED），必须至少满足以下四个标准之一：

- 10个及以上的人死亡；
- 100个及以上的人受影响/受伤/无家可归；
- 国家宣布进入紧急状态；
- 呼吁国际援助。

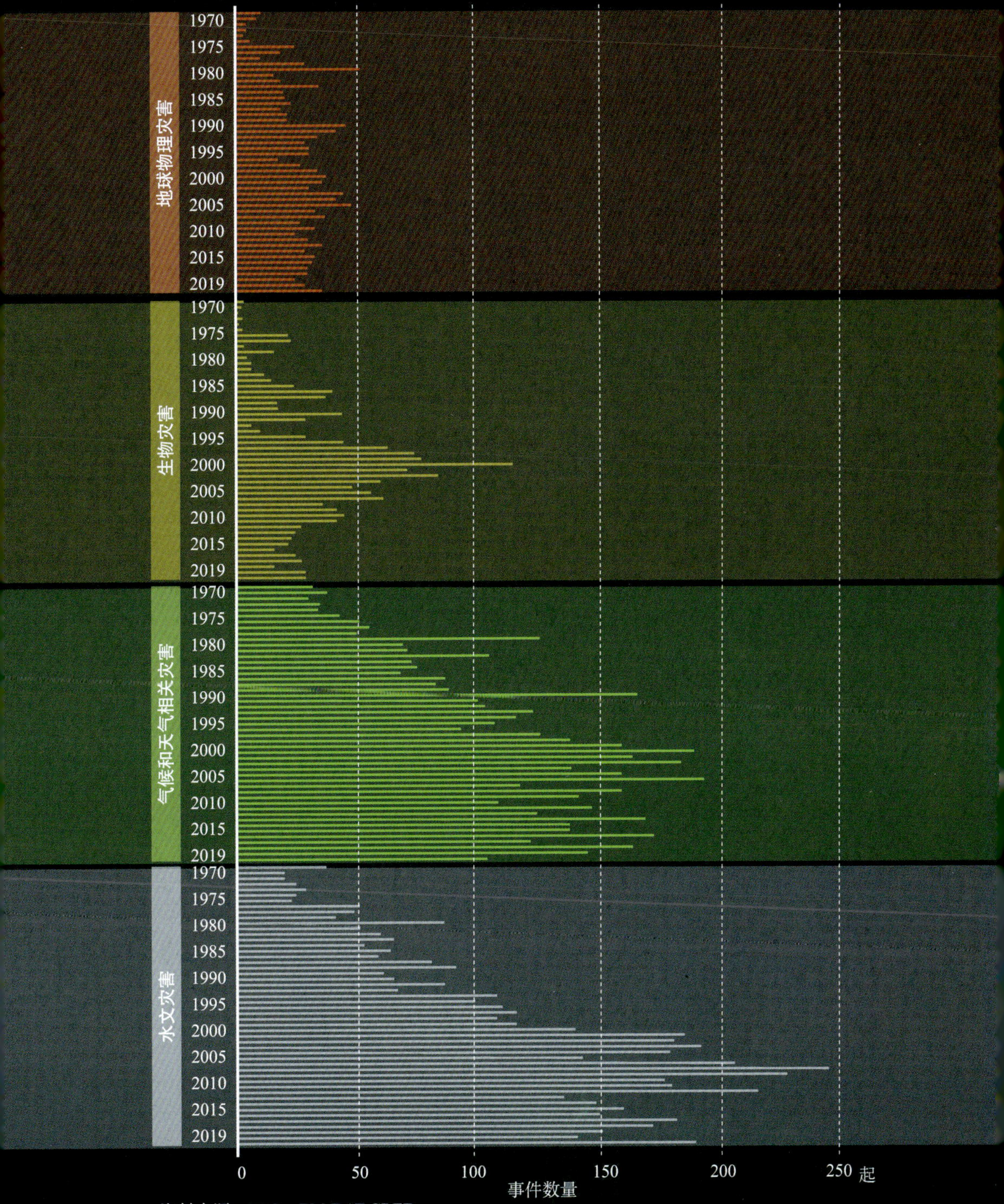


资料来源：FAO、EM-DAT CRED。

图0-2　1970—2019年按类型划分的全球灾害发生频数

在全球范围内，2010—2019年与灾害有关的经济损失每年平均为1 700亿美元。

灾害发生率仍然保持在新的且持续的高水平，对生计和经济的影响继续显著扩大。在全球范围内，与过去十年中所有灾害（包括气候、水文、生物和地球物理灾害）相关的经济损失平均每年约为1 700亿美元，2011年和2017年为峰值，损失飙升至3 000亿美元以上（EM-DAT CRED）。近几十年来，地球物理灾害（地震、海啸、火山爆发和大规模运动）和水文灾害（洪水）的经济影响比较稳定；但自2000年代以来，随着与气候和天气相关的灾害事件越发频繁，其造成的年度经济损失大幅上升（图0-3）。

同时，诸如病虫害暴发和流行病等生物灾害的经济影响，在国家和全球层面上都没有得到充分的报道。由于相关数据匮乏，图0-3中没有这一灾害类

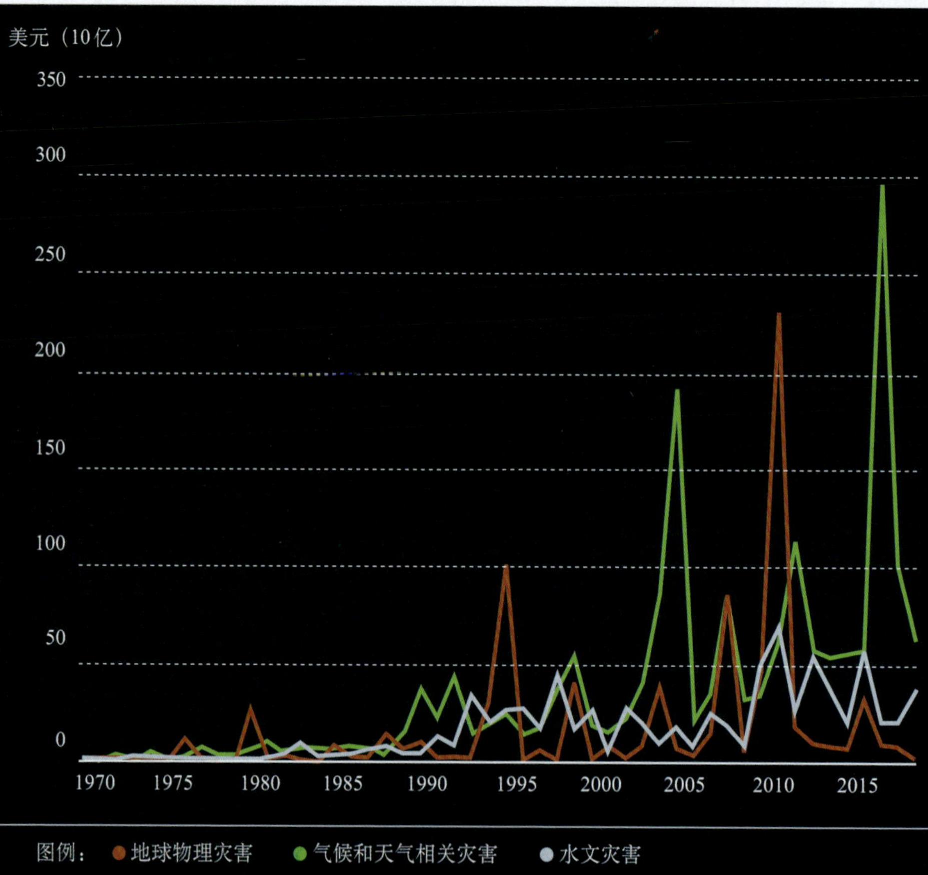


图0-3　1970—2019年全球灾害造成的经济损失

别。随着干旱、洪水、风暴和极端温度成为有记录以来代价最大的灾害，目前的减少灾害风险（DRR）系统需要进行关注系统性风险的战略飞跃，将缓慢发生的灾害与洪水、地震等突发灾害事件共同纳入系统。这需要更强大的机构伙伴关系和共同责任，以及强大的部门所有权。

此外，这样全球维度的数字并没有反映出最脆弱的国家所承担的不成比例的负担。许多遭受经济损失较多的国家是小岛屿发展中国家（SIDS）。例如，由于2015年“帕姆”气旋造成的破坏，瓦努阿图原定于2017年脱离最不发达国家（LDC）地位的时间被推迟到2020年12月。脆弱性不一定等于贫困，但有证据表明：一般来说，城市和农村中的穷人（包括小农和自耕农、牧民、渔民和雇佣劳动者）在灾害中受灾最重。然而，并不是每一种危险都会演变成灾难。这正好解释了农业的预防和减少灾害风险措施在避免或减少不太严重的高、中频率事件的损害和损失方面特别有用的原因。加强社区及其机构预防或减轻灾害影响的能力，以及及时、有效和可持续地适应或恢复灾害的能力，是粮农组织进行减少灾害风险工作的核心。

灾害首先冲击的是城市和农村的穷人，包括小农和自耕农、牧民、渔民和雇佣劳动者。

## 对农业而言，例外是新的规则

农业部门特别容易受到自然灾害的影响。虽然天气和气候条件的多变性是既定的规律，并且相关损失已被纳入农业产出的预期，但对于突发灾害，由于其突发性和不可预测性，其造成的损失并不在农业产出的预期损失之中。因此，鉴于农业系统对天气和气候的严重依赖，过去几十年来观察到的与天气和气候有关的极端事件的频率和强度的明显增加，对农业系统构成了重大挑战。灾害会对作物生长、牲畜健康、渔业和水产养殖业生产造成损害，并会严重损害森林和其他生态系统。此外，跨界动植物病虫害暴发数量惊人地增加，给人类食物链带来了巨大压力。

鉴于农业对天气和气候的依赖，它特别容易受到由天气和气候引起的极端事件的频率和强度增加的影响。

2008—2018年进行的71次灾后需求评估（PDNA）的数据显示，在灾害影响方面，农业仍然是一个关键部门。**在此期间，农业（包括农作物、畜牧业、林业、渔业和水产养殖业）吸收了低收入和中低收入国家大中型灾害总体影响的26%（图0-4b）。在农业、工业、商业和旅游业整体所承受的灾害损失中，仅农业便承担了63%的灾害破坏和损失，比例过高（图0-4a）。**

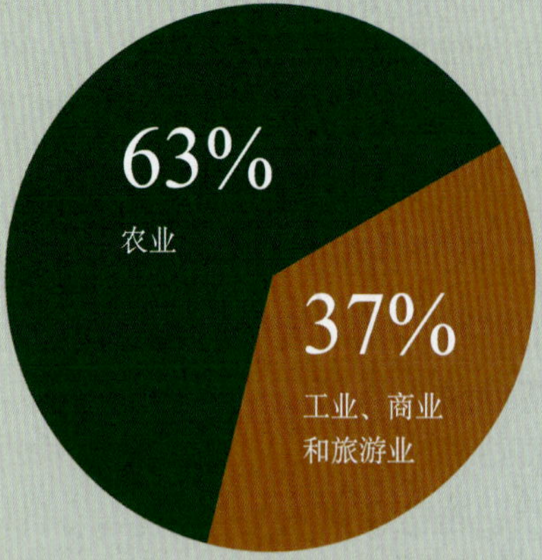


图0-4 a　2008—2018年农业与工业、商业和旅游业总和相比的损害和损失情况

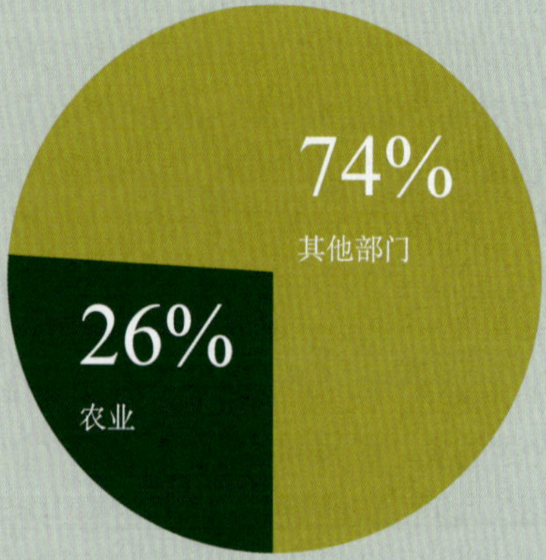


图0-4 b　2008—2018年农业损害和损失占所有部门损害和损失总额的比例

鉴于农业对全球许多国家经济发展的重要性，农业在灾害损失上承受如此高的份额显得更沉重。农业是低收入和中低收入国家（LICs和LMICs）的主要经济活动之一，在中低收入国家占国内生产总值（GDP）的10%～20%，在低收入国家占40%以上。

> 2008—2018年，干旱在低收入和中低收入国家造成的所有破坏和损失中有82%被农业吸收。

正如本报告前几版所述，干旱的影响几乎完全由农业承担。特别是，与其他所有经济部门相比，干旱对农作物和畜牧业的影响尤为严重。2008—2018年期间，干旱在低收入和中低收入国家造成的所有破坏和损失中，有82%均由农业吸收。干旱不仅造成短期和中期缺水，而且对牲畜和作物（包括饲料）造成极端热压力，从而对产量造成损害。长期或经常性干旱可能会产生较长期的影响，如土地沉降、沿河系统的海水入侵，进而导致水流减少和生态系统破坏。此外，当与社会经济因素或冲突相结合，干旱更是造成了历史上最严重的饥荒。

## 生物危害：虫害和疾病的暴发正在突破界限

生物危害，如虫害和疾病的暴发，对人类、动物和植物的生命和健康都会构成较高的风险。它们往往与其他灾害、威胁和长期危机同时发生，从而导致连带影响，既加剧了风险，又加深了脆弱性。动物和人类疾病的暴发以及大流行病都具有周期性，并可能随着气候变暖、人口规模增长和农业扩大而加剧。

在国家和全球层面，新冠疫情通过快速发病和爆炸性传播，迅速主导了农业向新十年的过渡。虽然目前新冠疫情在世界范围内的传播带来了一系列前所未有的独特挑战，但从这次疫情和以前暴发的埃博拉病毒病（EVD）、中东呼吸综合征冠状病毒（MERS-CoV）和严重急性呼吸系统综合征病毒（SARS-CoV）以及它们各自对农业和粮食系统的影响中，可以吸取重要的教训。也就是说，在国家、区域和全球层面上，疫情和大流行病对粮食安全的影响相当大。自新冠疫情（由新发现的SARS-CoV-2病毒引起）暴发以来，一方面对食品价格产生了深远的影响，如索马里进口食品的价格增加了50%；另一方面，还影响了国家、区域和全球层面的食品系统。此外，行动和贸易上的限制中断了农业劳动力的迁移，影响了国际粮食价格，并降低了整个农业部门的生产和食物链的活力。国际粮食政策研究所预测，由于新冠疫情，低收入国家和中低收入国家的农业和粮食相关商品出口可能减少25%。大规模的粮食不安全不仅在许多发展中国家已经发生，在发达国家的弱势社区也在加剧。随着新冠疫情以及未来类似大流行病的发生，许多受影响的食物链中，短缺甚至生产下降的现象将持续存在。

> 由于新冠疫情，低收入国家和中低收入国家的农业和食品相关商品出口可能减少25%。

一般来说，在历史上，动植物病虫害是农业的不稳定因素，是粮食安全的主要威胁。蝗虫、军虫、果蝇、香蕉疾病、木薯疾病和小麦锈病是最具破坏性的跨界植物害虫和疾病。另一方面，如口蹄疫、小反刍兽疫、经典或非洲猪瘟等高影响力的动物疾病，虽然不直接影响人类健康，但切实影响着粮食和营养安全以及畜牧业的生产和贸易。虽然动物疾病的暴发在2000年代达到顶峰，但并没有充分的报道和分析来研究它们对畜牧业和人类食物链的影响。不断变化的农业生态条件、不断强化的粮食生产系统和不断扩大的全球贸易都会影响跨界虫害和动物疾病暴发的可能性及其影响范围，某些国家和地理区域相比于其他国家和地区更容易受到其传播的影响，这取决于国家的经济发展水平、政治环境、监管制度和生态条件。

### 遏制亚洲的非洲猪瘟疫情

2018年，非洲猪瘟（ASF）在亚洲造成了破坏，成为亚洲最紧迫的问题，也对全球产生了深远影响。中国2019年的猪肉产量减少了21%，而猪肉平均价格上涨了40%以上。随着疫情继续在中国、东南亚甚至蒙古的蔓延，最脆弱的小规模养殖户的生计受到了最严重的打击。第5章详细介绍了最近的非洲猪瘟疫情及其对粮食安全、市场稳定和贸易的影响。

> 干旱和洪水本身具有破坏性，也催化了疾病的传播条件，促进了病媒的繁殖，加剧了疾病的传播。

动植物病虫害暴发与自然灾害之间的相互联系越来越紧密，带来了进一步的挑战。干旱和洪水是威胁农业生产系统最常见的事件，而且常常使农业生产系统受到打击，两者与病虫害的暴发有着复杂的关系。它们可以催化疾病的传播条件，促进病媒的滋生，加剧疾病的传播。虽然自然灾害和病虫害这两类威胁以多种方式相互作用，但后者对前者的影响在很大程度上仍未得到探索，在评估和政策规划中也很少考虑到。

新冠疫情这样的生物灾害凸显了风险的系统性，也展现出了我们的经济和社会面临具有连带效应的多灾种紧急情况。在一个人口越来越多的网络化和全球化社会中，许多风险管理机构对风险的性质和规模发展的程度已经无能为力。这就凸显了设立部门内部及跨部门协调的系统性多灾害风险减少和预防机制的必要性。我们不需要从头开始。在全球达成共识的《2015—2030年仙台减少灾害风险框架》（SFDRR）（以下简称《仙台框架》）中，生物灾害已经占据了突出位置，该框架是第一个将生物灾害纳入的框架。因此，《仙台框架》目前的抗灾机制和战略可以作为更广泛、系统的抗风险方法的一部分建立，它可以加强对流行病或全球大流行病（如新冠疫情）的预防、准备和应对。在此基础上，有一个独特的机会来促进风险知情的政策和决策，促进采用多灾害和跨部门的风险评估方法，并鼓励在不同部门内部和部门之间更深入地了解社会经济和环境的脆弱性。在评估与新冠疫情有关的农业生产损失时，粮农组织关于损害和损失评估的工作为影响分析提供了一个良好的起点。

> 《仙台框架》对风险采取的系统性方法是第一个包括生物危害的方法，可以加强对流行病和大流行病的预防、防备和应对。

## 东非的沙漠蝗虫危机

沙漠蝗虫是世界上最具破坏性的迁徙性害虫。自2020年年初以来，庞大的蝗虫群横扫东非和其他地区，破坏了沿途的农作物和饲料。这次暴发是埃塞俄比亚和索马里25年来最严重的一次，也是肯尼亚和乌干达70年来经历的最严重的一次。该地区有近4 200万人本就在应对严重的粮食不安全问题，蝗灾又使牧场和农田遭受了相当大的破坏，对该地区造成了严重后果。第6章对这一情况进行了仔细的分析。

生物威胁的发生是本报告的一个亮点。第5章探讨了动物疾病暴发的程度及其对畜牧业的影响，同时强调了其对粮食安全和人类食物系统的影响。第6章讨论了世界上最具破坏性的害虫，即蝗虫的问题。

## 持续升温

灾害发生率增加的同时，地球的全球平均表面温度也呈持续上升趋势。2019年结束了全球气温奇高、冰层退缩和海平面创纪录上升的10年。而事实上，在大气中难以承受的大量温室气体（GHG）的人为推动下，地球已经持续“发烧”了很长时间。与1961—1980年的基线时期相比，全球平均地表温度在过去50年里一直在逐步上升（图0-5）。

> 地球一直在持续升温：与1961—1980年相比，全球平均地表温度在过去50年里一直在逐步上升。

虽然归因科学仍然是新生事物，但我们已经开始看到气候变化是如何导致极端天气事件的频率、强度（或两者兼而有之）增加的证据。气候的微小变化可以产生最初的涟漪，这些涟漪可以被非线性效应和危害所放大，表现为一系列的极端事件。当涉及农业这个严重依赖气候生产的部门时，其影响往往是严重和深远的。

另一方面，如农业这样的传统人类活动，不仅仅是气候变化后果的接受者，也是促成因素。随着时间的推移，农业不仅改变了景观、经济和生活方式，还改变了自然，带来了更多的风险暴露，并增加了多个系统之间交互作用的倾向，产生了不可预测的影响。然而，虽然农业排放的温室气体约占所有温室气体的四分之一，但它也提供了提高排放效率、绝对减排和碳汇的解决方案。该部门在复原力建设和社会经济发展方面都可以发挥关键作用。因此，农业必须实现从问题的一部分到解决方案的一部分的身份转变。

《2030年可持续发展议程》（以下简称《2023年议程》）和《巴黎协定》要求我们的粮食体系以及我们的运作模式发生深刻转变：我们不能再单独考虑粮食、生计和自然资源管理。以农业密集型为主的国家依照《2030年议程》追求可管理、可再生和可持续的发展轨迹，而这需要有更明智的政策框架。其中，了解灾害（包括与气候有关的灾害）如何以及在何种程度上影响农业是一个先决条件。为此，根据华沙与气候变化影响相关的损失和损害国际机制（WIM），在2017年版本的报告中被引入的粮农组织的损害和损失（DL）评估方法，很适合为《巴黎协定》的实施提供信息。

> 粮农组织关于损害和损失的评估方法完全可以为《巴黎协定》的实施提供信息。

第7章进一步讨论了农业、灾害和气候变化适应之间的关系。

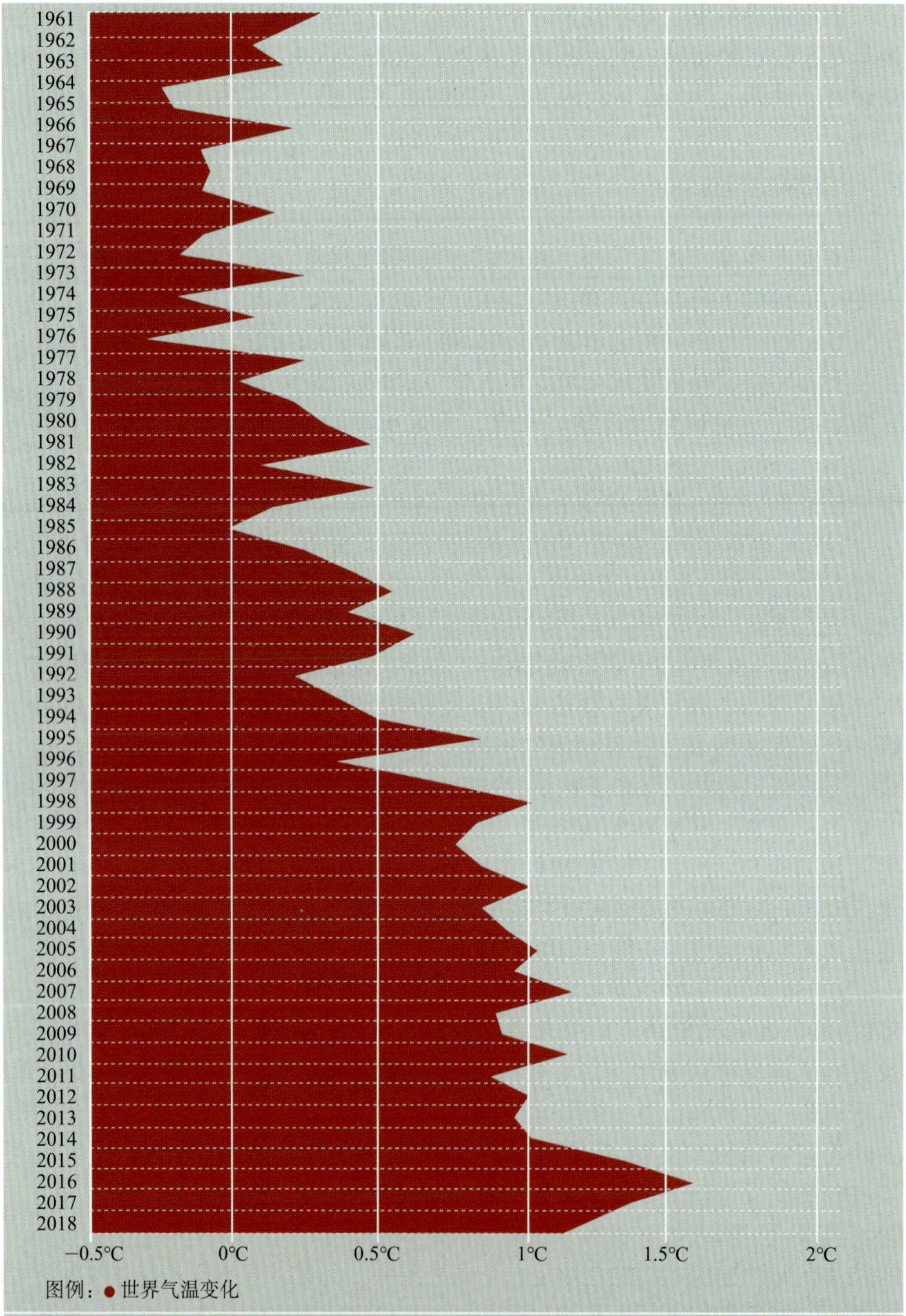


来源：数据基于美国国家航空航天局戈达德太空研究所（NASA-GISS）的全球地表温度分析（GISTEMP），由粮农组织汇编和计算。

图0-5　1961—2018年各年全球平均气温变化

2020年菲律宾　台风“尤利西斯”的后果

©Basilio H. Sepe/绿色和平组织

2017年南苏丹　伊罗勒牧民的牛群

©粮农组织/Albert Gonzalez Farran

## 全球2030年议程——还剩十年

随着2020年的到来，实现可持续发展目标和《仙台框架》的紧迫性愈发明显。尽管《2030年议程》自2015年启动以来取得了巨大进展，但速度和规模仍不足以实现变革。为了在最后期限内实现17项可持续发展目标，我们需要采取更加雄心勃勃的行动，加速解决世界上最紧迫的挑战。未来十年被称为“行动的十年”，将设法加速解决世界上最关键的挑战，新冠疫情正是其中一项，并且肯定会被视为21世纪的主要风险之一。

然而，灾害及其直接影响有可能逆转发展成果，放缓减贫和减轻饥饿的速度。灾害频率增加的威胁对实现包括《2030年议程》在内的国际承诺构成了根本威胁。

同时必须了解，虽然灾害威胁着发展成果，但发展也是造成灾害风险的一个重要因素。灾害通常被认为是外部冲击，但它们是发展进程之间复杂相互作用的结果，这些过程产生了暴露、脆弱和危险的条件。**灾害造成的破坏和损失不仅来自灾害事件本身的严重性，还来自之前的暴露和脆弱性。**

因此，从各个方面（危害、暴露、脆弱性）建设抗灾能力和减少灾害风险不仅是目的本身，也是实现消除极端贫困、结束饥饿和确保粮食安全和营养目标的关键手段。减少灾害风险和提高抗灾能力是通往成功的重要途径。

> 各种里程碑式的全球协议构成了实现新冠疫情转型恢复的基础。

新冠疫情迅速造成了深刻的社会经济危机，对17个可持续发展目标产生影响。然而，尽管它极大地危及了可持续发展目标的实现进展，但也使实现这些目标变得更加紧迫和必要。现在比以往任何时候都更重要的是，保护当前已经累积的发展成果，并努力全面实现可持续发展目标。此外，可以在制定《2030年议程》的原则中找到新冠疫情后复苏重建的关键。在此基础上追求变革性的新冠疫情后的复苏，以解决危机、减少未来的风险并重新启动实施工作，在“行动十年”内实现《2030年议程》和可持续发展目标。继续追求这些普遍承诺可以保持国家对经济增长和稳定的关注，同时也优先考虑包容、公平、生计、粮食安全和可持续性。

农业是全世界超过25亿人和最不发达国家高达60%的人口的生计基础（世界银行开放数据，2020），是实现可持续发展目标和《仙台框架》的组成部分。此外，通过在减少灾害影响、建立抗灾能力和提供可持续解决方案之间建立逻辑联系，农业部门加强了《2030年议程》《巴黎协定》与华沙国际损失和损害国际机制之间的联系。鉴于农业部门与环境的内在互动，农业生产对自然资源的直接依赖，以及农业对国家社会经济发展的重要性，农业是至关重要的。因此，在这个新出现的“行动十年”中，必须考虑到农业在面对风险、灾害和气候变化时的脆弱性，以及其在可持续解决方案方面的巨大潜力，并为该部门制定新的角色。

**粮农组织与联合国减少灾害风险办公室（UNDRR）合作开发的评估灾害直接损失的损害和损失方法，目前正用于跟踪实现《仙台框架》指标C-2（目标C）和可持续发展目标指标1.5.2的进展。**粮农组织的定制工具使农业灾害影响评估标准化，以确保农业损失在全球层级得到一致的代表性报告。已经接受培训并采用粮农组织损害和损失方法的地区有：拉丁美洲和加勒比地区，其中智利、乌拉圭和哥伦比亚已经处于实施阶段；中亚，正在吉尔吉斯斯坦和塔吉克斯坦进行试点；东南亚；东欧；北非和近东；东非。然而，为了使《仙台框架》在农业方面发挥作用，这种方法必须进一步制度化，特别是对于高度暴露在风险中的国家。

粮农组织的损害和损失评估方法已经在拉丁美洲和加勒比地区、中亚、东南亚、东欧、北非和近东以及东非使用。

## 继续寻求有关损害和损失的部门分类数据

为了实施风险指引的、有弹性的可持续农业发展战略，我们需要一个运作良好的风险信息系统提供及时、准确、分类、性别敏感和广泛使用的可靠数据和统计数据。这将有助于各国较好地制定政策并指导投资，以满足具体需求和情况。粮农组织一直致力于在国家、区域和全球层面改善农业及其分部门（作物、畜牧业、林业、渔业和水产养殖业）的灾害影响统计数据的可用性和质量。尽管一直在努力，但由于缺乏系统的数据报告或根本没有数据，数据缺口普遍存在，尤其在生物灾害方面。此外，关于灾害造成的损害和损失的现有统计资料没有完全分类，即按作物或动物类型等进行分类，无法深入了解发挥作用的机制。

同时，《2030年议程》和《仙台框架》对国家层面的数据收集和报告提出了新要求。通过在线仙台框架监测（SFM）使用共同的指标和衡量标准，《仙台框架》和与灾害相关的可持续发展目标的监测和报告已经在不断完善。各国统计局正在建立一个框架，将包括与灾害相关的农业统计等数据纳入官方统计领域。然而，尽管取得了这些进展，成员国对农业损失指标C-2的报告率仍然落后，需要特别注意解决分类、分部门的数据要求。

**2017年索马里**　因干旱而骨瘦如柴的牲畜

**2017年孟加拉国**科克斯巴扎尔　洪水

按照粮农组织指标C-2方法的方式报告年度农业生产因灾损失是一个明显的挑战。虽然数据的可获得性和质量正在稳步提高，但我们需要更多地关注建立国家信息系统，以收集和报告农业灾害造成的损失。为此，粮农组织一直在为国家机构提供支持和帮助发展其能力，以便采用、操作和实施该方法。在拉丁美洲、加勒比地区、东非、东南亚和中亚地区，越来越多的国家已经在采用这种新方法，准备跟踪和报告其关于《仙台框架》和可持续发展目标的承诺，特别是在2020年目标C的报告成了强制性要求以后。

既然《仙台框架》关于目标C的报告是强制性的，那么就迫切需要做出更多的努力来改善国家信息系统，收集和报告与灾害有关的损失数据。

统计能力发展领域为日益复杂的数据系统之间的合作协同提供了巨大的潜力，以期产生更完整、可靠和及时的农业灾害影响数据。

必须加强协调、综合的全球和国家努力，以加强农业灾害影响的数据生成、分类、互操作性、统计能力和报告，从而与不同全球框架内正在进行的相关努力和进程建立合作协同关系。这包括支持和借鉴联合国秘书长独立专家咨询小组（IEAG）建议的可持续发展的数据革命、粮农组织的农业综合调查计划（AGRISurvey）；还包括最近启动的多机构缩小农业数据差距的50×2030倡议，它是迄今为止全球范围内收集和调查农业灾害损失数据的最大努力。国际社会对不同目标的关注和有针对性的资助正在慢慢开始有所成果。至关重要的是，不能丧失这一势头。

发展统计能力可以促进不同学科和全球框架之间的合作协同，但需要国际社会更多的关注和资助。

此外，应当更好地利用智能数据。开放数据和分析、共享和互操作软件、计算能力、遥感、地理信息系统（GIS）和其他技术的发展使数据科学得到了更好的发展，这些技术应该投入使用，用以改善农业灾害统计。第8章讨论了通过遥感和地理信息系统技术进行灾害影响评估的新领域。

## 从证据治理到行动治理

全世界农业食品系统笼罩着普遍的、相互关联的和多层面的威胁，需要在了解灾害对农业所有部门以及生计影响的性质的基础上，采取系统的计划和方法。这将培养出一个适应环境的治理结构。利用国家和区域层面已经存在的治理框架，这些结构可以是正式的政府间机制，也可以是创新的多利益相关者伙伴关系。

建立和加强农业灾害风险减少、农业灾害风险管理（DRR、DRM）以及抗灾能力建设的治理框架，是各国政府实现《仙台框架》和《2030年议程》目标并向更具抗灾能力的农业系统发展的核心步骤。要达成这一步需要更好的数据，包括风险和影响的规模，不同部门的信息整合、不同级别政府之间的合作以及与民间社会和私营部门的接触。此外，还需要对当前和历史数据进行分析，以了解该部门的灾害风险状况。鉴于此，在仙台框架监测系统的指导下，国家减灾政策和规划框架将农业、生计、粮食安全和营养纳入其中，将恰如其分地为风险敏感的决策创造必要证据。它们进一步为以部门为基础的技术解决方案提供全面指导，以实现可持续和有弹性的发展。在国家的农作物、畜牧业、林业、渔业、水产养殖业和自然资源的政策和计划之中，纳入减少灾害风险系统提供的关于灾害影响和模式的知识，是从部门角度提高小农户抗灾能力的关键步骤。

### 粮农组织的复原力

粮农组织的复原力议程涵盖三类冲击：自然灾害，包括极端气候变化事件；食物链危机和跨界威胁，包括虫害、疾病和食品安全；长期危机，包括暴力冲突。粮农组织通过这种全面的方法致力于解决灾害的复合性质和威胁的相互关联性。

更有力的国家层面治理也会转化为更有力的全球治理。诸如世界粮食安全委员会（CFS）（以下简称“粮安委”）等行为主体已经在协调国家和区域层面的付出与行动，以保障全球粮食安全。粮安委促进政策趋同、问责制和知识共享。国家农业灾害风险治理结构通过使用灾害影响信息作为证据基础，在加强全球粮食安全和营养战略框架方面可以发挥重要作用。

在加强治理的同时，我们还有机会释放公私伙伴关系的潜力。这些伙伴关系不仅可以解决在减少农业对灾害和气候变化的脆弱性方面进行大量投资的迫切需要，还可以作为广泛的多边机构和国家政府的专业知识利用平台或工具。混合融资解决方案可用于降低项目风险，使其具有银行可担保性，同时缩小脆弱性的差距。为此，如果要利用这些投资来建立可持续的复原力，就必须估计和量化自然灾害引起的灾难、气候相关事件、食物链危害和长期危机对农业部门的影响。

对农业方面的减灾和抗灾能力建设采取包容的、性别敏感的方法，可以进一步获得增效。气候变化和灾害并不是不分性别的，它对女性和男性的影响是不同的。妇女作为一个群体，并非天生就更脆弱。但是，由于性别角色的不同和不平等的条件，灾害对妇女的社会经济影响可能确实比对男性的影

2016年南苏丹　捕鱼

2011年巴基斯坦　修复被洪水毁坏的水渠

响更大。在农业方面尤其如此，妇女面临更多的结构性挑战，如减少获得土地、资源和信贷的机会。举例而言，新冠疫情对农村妇女的生产和创收能力产生了不成比例的影响，因为疫情在减少她们经济机会的同时增加了她们的工作量，还使得基于性别的暴力升级。因此，对新冠疫情和其他灾害的针对性政策应考虑农业食品系统中的性别角色，并确保妇女作为家庭粮食安全的监护人、粮食生产者、农场管理者、商人、雇佣工人和企业家的多种需求得到充分满足。重要的是，国家、区域和全球政策应建立在充分认识灾害对农业影响的性别敏感性的分析基础上。

> 妇女作为家庭安全的守护者，灾害对其社会经济的影响可能比对男性的影响更大，特别是在农业领域，妇女已经面临更大的挑战。

事实上，我们对灾害如何从性别角度影响农业生计的理解已经滞后了。为了建立一个初步基线，第一步是确保提供关于灾害造成的农业破坏和损失的分类数据。尽管在《仙台框架》中已经认可了与性别敏感的发展相关的目标，并在《2030年议程》中进行了更详细的阐述，但这些目标主要是通过增加妇女在各个层面的参与来实现的。

**世界粮食安全委员会**

世界粮食安全委员会（CFS）是世界领先的国际和政府间平台，利益相关者在此平台上共同努力以确保普遍的粮食安全和营养。粮安委通过经济及社会理事会（ECOSOC）向联合国大会和粮农组织大会报告，粮安委帮助各国推行谈判达成的跨领域政策产品。粮安委就一系列紧迫的粮食安全和营养议题制定并批准政策建议和指导文件。

## 采取行动的时机

> 鉴于灾害风险的加剧，迫切需要将粮农组织的损害和损失评估方法在国家层级制度化，并将其作为《仙台框架》和灾害损失信息治理系统的一部分。

在“行动十年”中，有充分的理由对抗灾能力和减少灾害风险进行投资，特别是在数据和信息生成方面。将粮农组织的损害和损失评估框架作为可持续森林管理的一部分加以制度化，巩固这些衡量和分析农业受灾影响的努力，对为国家抗灾能力、减灾和气候变化适应政策和规划提供有针对性的证据基础至关重要。

采取相关的行动已然迫在眉睫。灾害并非新鲜事物，对农民来说如此，对我们这些依靠管理应对灾害确保集体粮食安全的人来说也如此。但是，在人类历史的这一时刻，改变我们管理灾害的方式十分迫切且必要。为了行之有效，关于减灾、应急、复原力和适应气候变化的国家战略必须牢固建立在全面理解灾害对农业的特殊影响之上，包括：

- 识别损害和损失模式。
- 提供对农作物、牲畜、林业、渔业和水产养殖业影响的分部门细目。
- 建立所有灾害类型的档案：从飓风等快速发生的大规模灾难，到干旱等缓慢发展的事件，以及小规模的地方性或“无声”的灾害，这些灾害往往没有被报告，但会对小规模农民的生计造成损害。
- 不仅要考虑与自然灾害有关的影响，而且要考虑更广泛的威胁，如大流行病、食物链危机、冲突以及持久危机。
- 把控灾害评估、减少风险和适应气候变化的关系。

本报告阐述了解决这些问题的最新思路和前沿分析。

2015年印度新德里　水牛在火灾中逃生

# 第1部分

# 灾害频发对农业的影响日益增强

2008年中国四川省　什邡市地震灾区

©路透社/Nicky Loh

# 第 1 章

# 证明案例：2008—2018 年的测量和证据

灾害、极端事件和气候多变性对农业和粮食生产系统有着深远的影响。灾害对农业的最直接影响是减产，由此波及整个价值链，影响农业发展和农村生计，致使粮食安全和营养的方方面面暴露在风险之中。本章研究了过去十年间所有国家和地区的大中型灾害的累积影响，并从营养学的角度研究了灾害对农业的影响，量化了损失背后的营养物质。

## 扩大范围

回顾十年来的严重恶劣天气、超级风暴、害虫侵袭和地震，其影响规模是以前无法想象的，现在迫切需要了解所造成的损失。仅在2019年，从东非的干旱到莫桑比克的台风再到亚马孙的野火，全球与灾害有关的经济损失达到1 220亿美元（EM-DAT CRED，2020）。气候变化使天气模式更加极端，未来十年的前景是令人生畏的。随着预防、减轻和补偿损失的需求增加，农业损失的规模和该部门承受的冲击仍然是关键问题。

灾害给农业带来了长期的后果，如动物健康的恶化、水产资源的污染、收成的损失、疾病的暴发和基础设施的破坏等。

由于农业兴衰严重依赖天气、气候和水，特别容易受到灾害、极端天气和气候变化的影响。许多以农业为主的国家的主要粮食生产仍然依靠雨水灌溉，并且对天气和气候变化造成的巨大波动没有保险措施。农业部门往往承受着灾害之下多方面、长期性的后果，如动物健康的恶化、水产养殖设施的污染、收成的损失、疾病的暴发或灌溉系统以及其他基础设施的破坏。灾害给农业带来的这些恶劣影响在最不发达国家尤其严重，因为在这些国家，农业往往是经济支柱，农业对国家GDP和就业的贡献率高达20%～30%。

粮农组织2017年版《灾害和危机对农业和粮食安全的影响》报告提出了一种分析农业生产的灾害损失数据改进方法。研究结果显示，2005至2015年，非洲、拉丁美洲和加勒比地区以及亚洲和太平洋地区的最不发达国家和中低收入国家因332次大中型灾害而遭受的农作物和牲畜生产损失共计960亿美元，其中一半以上的损失归因于洪水和干旱。

**本版报告探讨了农业生产损失的最新趋势及其与灾害的关系并对不断变化的趋势进行了评估**。本版报告对2008—2018年因灾害造成的农业减产数量和价值进行了研究。本版报告与2017年版一致，分析的范围和水平不仅包括大规模灾害，还包括影响人数10万以上或占全国人口10%的中小规模灾害。因而，小岛屿发展中国家等小型和人口较少的国家也同样在报告内得到体现。农业部门因灾害造成的经济损失是通过分析有灾害记录年份的农作物和牲畜生产流量的趋势和相关偏差来估计的。本版报告分析涵盖了所有地区和收入类别的109个国家的457起灾害，并且首次包括了中高收入国家（UMICs和HICs），从而提供了更广泛的视角和损失比较。在109个登记与灾害有关的农业损

本报告的全球分析涵盖了所有地区和收入类别的109个国家的457起灾难。

2017年孟加拉国科克斯巴扎尔　洪水

2016年海地　飓风“马修”来袭之后

失的国家中，94个属于最不发达国家和中低收入国家，这些国家遭遇了389次妨碍农业生产的灾害。本版报告分析可视作全球性的，因为它包括了每一个登记与灾害有关的生产变化的国家（插文2）。作物和牲畜部门被视为一个整体，以考察每个国家生产的每一种报告商品（每个国家平均为125种商品）。

作为进一步的创新，本章还从营养层面来审视农业损失。利用美国农业部（USDA）提供的调整后的食物成分数据，将估计为与灾害有关的损失的农作物和牲畜产量转换为卡路里*和基本营养素的等价物。虽然本版报告分析没有量化有关灾害发生后的实际饮食缺陷，但它强调了灾害损失对人类营养和食品安全的潜在影响程度。见插文1、3和图1-10～图1-14。

## 生产损失概述

灾害影响农业的最直接方式之一是产量低于预期。这不仅会导致农民的直接经济损失，还可能会沿着整个价值链连带影响到该部门或整个国家经济的整体增长。因此，减产不仅是衡量灾害影响的最直接标准，也是灾害影响范围和规模的有力说明。2008年至2018年，最不发达国家和中低收入国家因灾后农作物和牲畜产量下降而损失了约1 085亿美元，包括中高收入国家在内的所有收入群体共损失2 800亿美元。

> 2008—2018年，农作物和畜牧业生产中记录的灾害相关损失为2 800亿美元。

在此期间，非洲（包括撒哈拉以南和北非）的损失达300亿美元，拉丁美洲和加勒比地区的损失略低，为290亿美元（图1-1），仅加勒比海小岛屿发展中国家的损失就达87亿美元。在同一时期，亚洲的作物和牲畜生产损失高达490亿美元，其中东南亚和南亚的损失分别为207亿美元和250亿美元，超过了亚洲所有其他分区。整个大洋洲的太平洋小岛屿发展中国家在2008—2018年的估计损失总额绝对值相较以上地区则低得多，损失为1.08亿美元。

## 损失的潜在产量

正如本系列报告先前所展示的，若以潜在产量的份额来表示，农业生产损失的范围和严重性就会变得更加明显，并且更容易进行各地区间的比较（图1-3）。因而，对每种商品在正常条件下的预期产量进行估算，灾害年的预期产量和实际产量之间的差异代表了因灾害而放弃的潜在产量份额。

---

* 卡路里为非国际单位制下的计量单位，1卡路里＝4.2焦耳。——编者注

2008—2018年，灾害造成的损失占全球农作物和牲畜潜在产量的4%。**这是一个足以造成可感知的生产中断的巨大数字，对国际市场和全球粮食供应都会产生严重影响。此外，灾害往往发生在有限的地理区域内，它们可能导致当地生产或基础设施的完全破坏。尽管这种影响不一定总是延伸至国家层面，但可能从根本上扰乱受影响地区的生计和粮食安全。**

通过分析图1-3可以看出，尽管一些地区的总损失绝对值相对较低，但总体上经历了较大的减产份额，北非、中非和南非的情况尤其明显。2008—2018年三个地区的产量损失分别为40亿美元、30亿美元和10亿美元。然而，这三个地区产量损失与潜在总产量的占比都在5%～8%之间，远高于全球水平。加勒比海和太平洋地区的小岛屿发展中国家是一个特殊的例子：绝对值的低水平损失转化成了当地农业部门的巨大负担，加勒比海地区损失了高达14%的潜在产量。与此相反的是亚洲，亚洲的生产损失量的绝对值极高，但产量损失占潜在产量的比例相对较小，这表明灾害造成的冲击更容易被该地区的粮食生产系统所吸收（图1-3）。

> 在北非、中非和南非，每个地区的产量损失都达到了潜在总产量的5%～8%，这数值非常惊人。

图1-2显示了所有地区的农业损失规模。损失总额为2 800亿美元，其中，高达39%（1 085亿美元）的损失集中在最不发达国家及低收入国家。此外，仅亚洲就占据了所有农作物和牲畜生产损失的74%（2 070亿美元）。

中国是一个特殊的例子，中国2008—2018年由灾害造成的损失超过1 530亿美元，占全球农业损失的55%。

## 聚焦中国

2008—2018年，中国遭受的农业损失累计达1 530亿美元，这对任何国家来说都是一个十分惊人的数字。中国的损失占全球总损失的55%，而在本报告包括的15个中高收入国家中，中国的损失占比达到了压倒性的90%。

> 2008—2018年中国农业因灾损失1 530亿美元。

**中国农业因灾损失较为严重，一方面是由于中国农业极易受到灾害的影响，另一方面是由于中国农业经营尤其是畜牧业生产拥有着巨大的规模。**

中国是遭受灾害和与气候有关的极端事件严重影响的国家之一。就中国的灾害风险状况而言，几乎涵盖了所有的灾害，而且灾害发生的频率也特别高（GFDRR，2019；Meiyan等，2015）。因气候变化而加剧升高的海洋温度导致了

图1-1　2008—2018年最不发达国家和中低收入国家的农作物和牲畜生产总损失

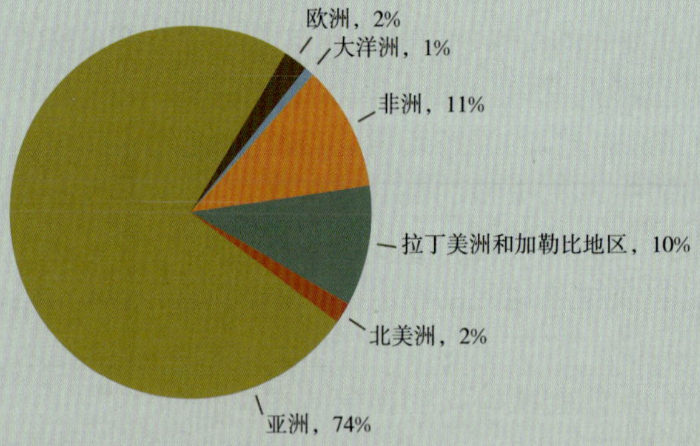


图1-2　2008—2018年农作物和畜牧业生产损失的区域分布情况

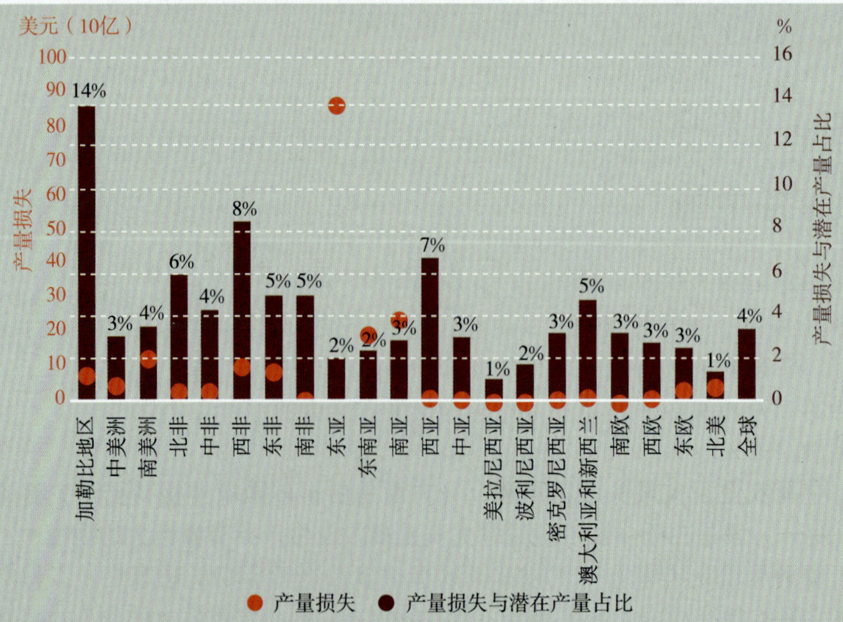


图1-3　2008—2018年各地区农作物和牲畜的产量损失及其与潜在产量的占比

更严重的台风，而更低的冬季温度则催生了更频繁的暴风雪；此外，近期干旱事件增加的趋势则加剧了土地荒漠化。

在本报告的分析范围内，中国达到了平均每年发生27次大中型灾害事件的历史新高，几乎是中高收入国家年均发生次数的6倍。就农业损失而言，最具破坏性的灾害是干旱（造成约280亿美元的农作物和畜牧业生产损失）、地震和风暴（分别造成约270亿美元的农业损失）。动植物病虫害对农业特别是畜牧生产方面也造成了极大的损失，共造成180亿美元的损失。

中国每年因灾害造成的总体经济损失平均达1 110亿美元（EM-DAT CRED）。其中，中国农业每年平均因灾损失153亿美元，鉴于中国农业的总体规模和近几十年的增长，这个数额显然是十分庞大的（图1-4）。中国的农业在过去70年里经历了快速发展，中国粮食产量扩大了5倍并在2018年达到6.58亿吨。目前，中国的农业生产能够用不到世界上9%的耕地养活约20%的人口（中国国家统计局，2019）。此外，中国通过扩大畜牧业，使国内粮食供应多样化。在这种背景下，中国农业损失的绝对值很高，却只相当于其潜在产量的1.8%，这远远低于全球范围内4%的平均损失占比。尽管中国每年因灾害而损失的产量的绝对数额很大，但中国农业部门的相对规模表明其有可能吸收和缓冲灾害对粮食供应、粮食安全和营养的任何后续影响。

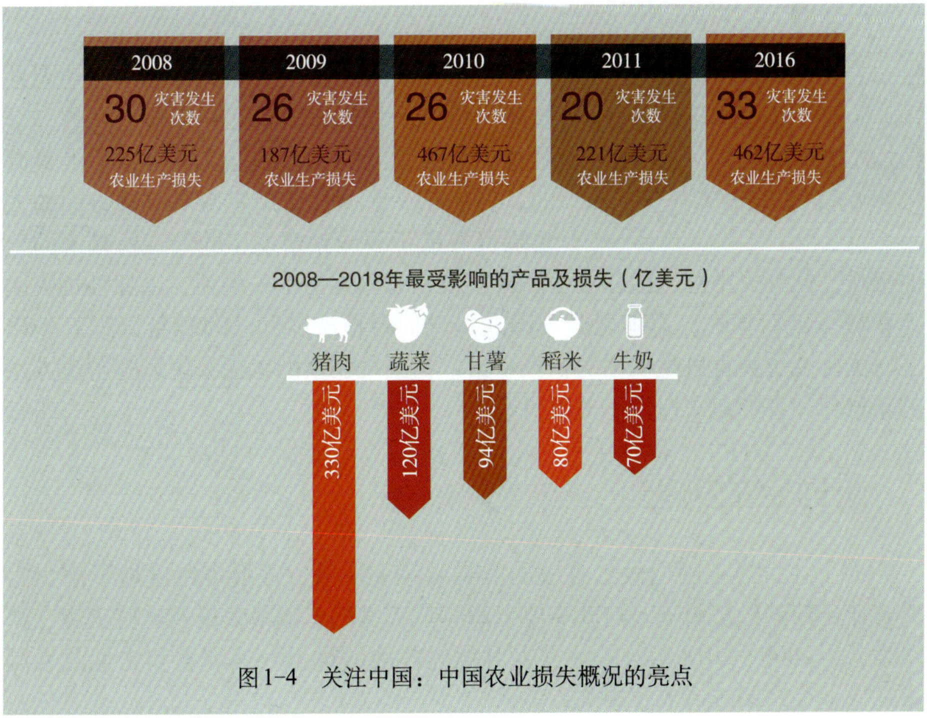


图1-4　关注中国：中国农业损失概况的亮点

**2009年中国**浙江省　台风“莫拉克”袭击后

> 鉴于中国的灾害风险极高，中国已经制定了全面的减灾议程，以减少经济损失并加强抗灾能力。

因此，中国的情况表明灾害作用的动态性质是风险暴露程度、脆弱性和应对能力的一个函数。虽然中国的灾害风险水平是世界上最高的，但在减少脆弱性和制定应对策略方面的大量投资有助于缓冲频繁发生的灾害所带来的负面影响。此外，中国已经将全面的减灾政策议程列为优先事项，以加强抗灾能力和减少灾后损失。再加之，中国通过《仙台框架》和《2030年议程》作出了对国际减少灾害风险议程的积极承诺，为围绕创新的减少灾害风险解决方案的新伙伴关系的建立提供了关键机会。

## 跨时空的灾害

为了在世界范围内做出有效的减灾政策和决策，需要多维度地了解灾害对农业部门的经济影响。这就需要了解哪些灾害的影响最大以及这些灾害在哪里发生。2008—2018年，以下灾害对世界各地的最不发达国家和中低收入国家的农业生产系统造成了损失：

- 在本系列报告中，干旱曾被确定为农业生产损失的罪魁祸首（粮农组织，《灾害和危机对农业和粮食安全的影响》，2017），现在依然如此。最不发达国家和中低收入国家超过34%的作物和牲畜生产损失可归因为干旱的发生（图1-5），导致农业部门总体损失达370亿美元。此外，正如本版导语中所强调的，干旱几乎只影响农业；干旱带来的所有影响中，农业部门承受了82%，而其他所有部门只有18%。因此，农业干旱风险评估是整个干旱风险管理的核心，也是制定可持续干旱缓解措施的先决条件。

> 在全球范围内，82%的干旱影响都集中在农业部门。

- 洪水是农业部门的第二大灾害，2008—2018年最不发达国家和中低收入国家的农作物和牲畜生产损失中，共有210亿美元是洪水造成的，相当于总损失的19%。
- 在本报告所述期间，风暴导致的农业损失几乎与洪水一致。这主要是由于2017年的大西洋飓风季，它是有记录以来造成损失最高且最活跃的热带气旋季节之一。它有17个命名的风暴，10个飓风，以及包括“哈维”“厄玛”“玛莉娅”和“奈特”在内的6个主要飓风。“奈特”飓风是哥斯达黎加历史上最严重的灾难。2008—2018年，热带飓风等极端风暴造成了超过190亿美元的农作物和牲畜生产损失，占总体损失的18%以上。
- 作物和牲畜的病虫害也是农业部门的一个重要压力因素。2008—2018年此类生物灾害造成的损失占所有作物和牲畜生产损失的9%。2020—2021年东非的沙漠蝗群灾害可能会加剧生物灾害在生产中断中的作用，该地区在遭受虫害后不得不为干旱、半干旱地区的作物收成大幅减少和草场的重大损失做好准备。

> 2020—2021年东非沙漠蝗群灾害及其造成的巨大生产损失要求在整个减灾背景下更加关注食物链危机，并加强蝗虫预防和备灾能力。

- 野火对农业生产系统的影响似乎较小，只造成了10多亿美元或占比1%的损失。然而，这只是对农作物和畜牧业生产造成的损害，并没有包括林业部门关于木材及其他方面的损失。举例而言，在加利福尼亚（2017年）、希腊（2018年）、亚马孙（2019年）和澳大利亚（2019—2020年），肆虐的野火烧毁了数百万英亩的土地，其影响可能是巨大的。第2章将进一步揭示评估农业部门灾害带来的损害和损失的解决方案。

与全球趋势一致，干旱在区域层面仍然是非洲作物和畜牧业生产的主要灾害压力源（图1-6），在2008—2018年造成的生产损失超过140亿美元。病虫害是造成非洲大陆生产损失的第二大灾害，在此期间造成的累计损失为65

亿美元。干旱也是拉丁美洲和加勒比地区冲击农业的最具破坏性的灾害，共造成130亿美元的作物和生产损失；该地区排在第二位的灾害是风暴，它在该地区的发生率也很高，在2008—2018年造成了60亿美元的损失。同时，地球物理灾害在亚洲成了一个重要威胁，在该地区造成了114亿美元的农作物和牲畜损失。洪水和风暴也在亚洲造成了巨大的损失，在2008—2018年分别造成约110亿美元和100亿美元的损失。

干旱是对农业最具破坏性的灾害，2008—2018年造成了370亿美元的作物和畜牧业生产损失。

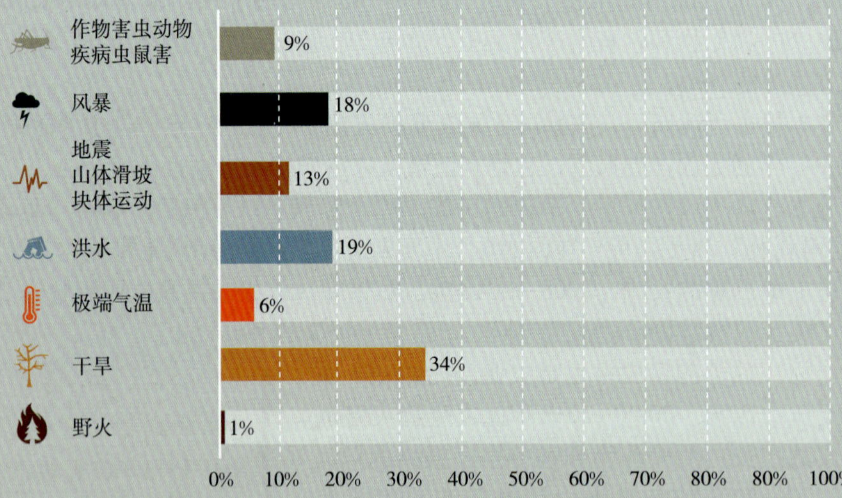


图1-5　2008—2018年最不发达国家和中低收入国家各灾害类型的农作物和畜牧业生产总损失

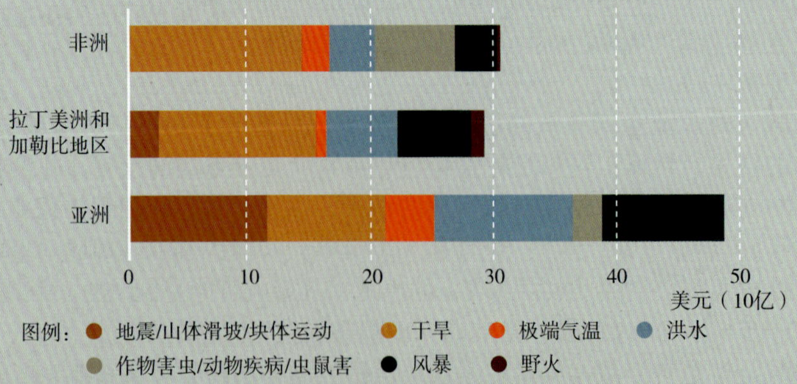


图1-6　2008—2018年最不发达国家和中低收入国家各地区受灾农作物和畜牧业生产总损失

逐年来看，灾难性事件对最不发达国家和中低收入国家的农作物和畜牧业生产造成了持续的高额损失。在具有特别破坏性的大西洋飓风季与萨赫勒地区长期干旱的复合效应下，2012年灾害的影响达到顶峰，损失达到了200亿美元；2015年亚洲各地发生一系列破坏性事件后，灾害的影响再次达到顶峰。虽然2018年的损失与2016年相比似乎有所放缓，但总体趋势是波动和不规则的（图1-7）。因此，特别是最不发达国家和中低收入国家，应该采取动态、灵活的减灾方法，以确保在不确定且快速变化的灾害背景下做好准备。

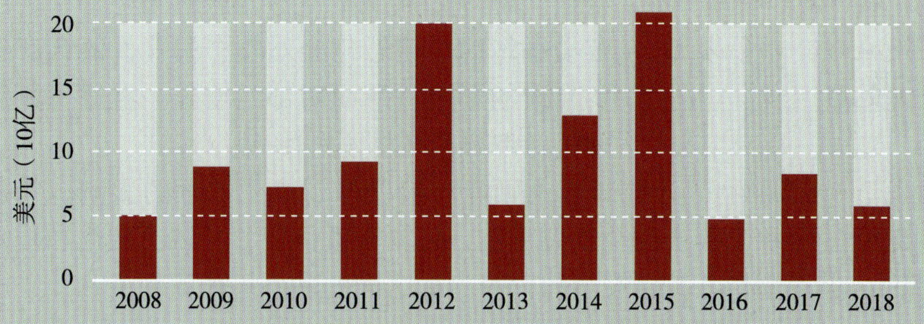


图1-7　2008—2018年三个地区所有发展中国家农作物和畜牧业生产的总损失

**在非洲**——撒哈拉以南地区和北部地区的作物和牲畜损失往往波动很大，高峰期分布在2011年、2012年、2015年和2017年（图1-8a）。这些损失高峰主要是由萨赫勒和非洲之角地区反复发生的干旱所导致，而非洲南部的干旱和洪水则是2015年数据的背后驱动因素。

**在拉丁美洲和加勒比地区**，这十年中产生了重大损失，并在2012年和2014年达到了明显高峰（图1-8b）。这背后是与拉尼娜现象有关的严重干旱事件，2012年阿根廷和巴西的作物收成遭到破坏，2014年中美洲大部分地区的作物收成遭到破坏。自2015年以来，该地区农业损失正在持续减少。

**在亚洲**，农业生产的总体损失相对较高。2015年的明显高峰反映了亚洲地区的一系列大规模灾害，即尼泊尔地震，缅甸、孟加拉国和印度的季风洪水以及印度钦奈的大面积洪水（图1-8c）。

灾害对各地区不同商品的影响各不相同（图1-9）。各类商品的损失分布情况在很大程度上反映了其在每个国家生产组合中的相对重要性，以及其生产系统的脆弱性。2008—2018年，非洲的根茎类商品（如土豆、红薯、木薯和山药）生产遭受的损失最高，略高于100亿美元；谷物生产的损失紧随其后，为50亿美元；而咖啡、茶叶和香料作物的生产则相对没有受到灾害的影响。在亚洲，谷物生产损失突出，10年间的累计损失约为110亿美元。其中，大米和小麦是受影响最大的商品之一。此外，亚洲的灾害对水果（损失100亿美元）、油菜籽（损失70亿美元）和蔬菜（损失约50亿美元）的生产也都产生了严重影响。在拉丁美洲和加勒比地区发生的灾害主要影响了畜牧业，造成牛奶、鸡蛋和蜂蜜生产的损失略低于70亿美元。

灾害对农业的影响不仅仅是生产损失。灾害发生后，作物和牲畜产量的下降会引发农业贸易流动的突发性变化。当国家试图补偿国内损失时，往往会增加进口支出，减少出口收入。在非洲的一些案例中，进口的补偿性增长高达损失的一半（粮农组织，2018）。此外，大中型灾害发生后，生产和贸易平衡的普遍恶化会对整个粮食价值链产生切实有形的影响，继而对部门增长、农业工业甚至国民经济都会产生不利影响。

> 灾害发生后，随着各国对农作物和牲畜产量下降的补偿，贸易流会发生变化。

同样，生产和生产力的降低也可能对粮食体系产生深远的影响。灾害可能会对粮食安全和营养产生全方位影响，包括粮食供应、获取、利用和稳定等方方面面。极端事件与粮食安全和营养指标之间的联系可作为佐证。

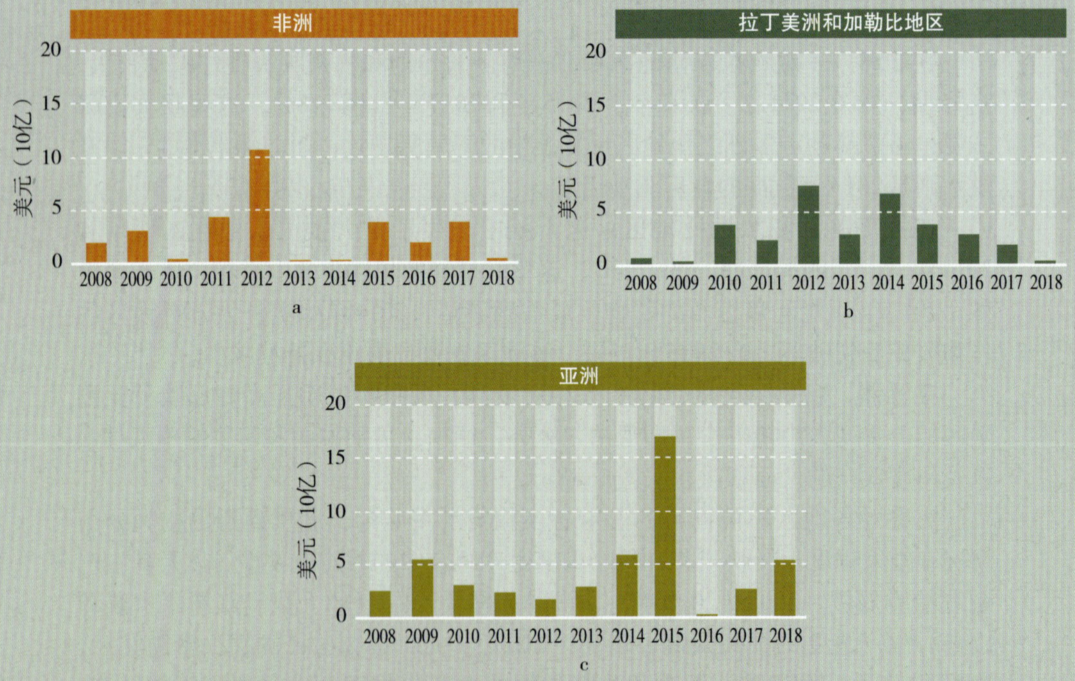


图1-8　2008—2018年各年度农作物和畜牧业生产的总损失

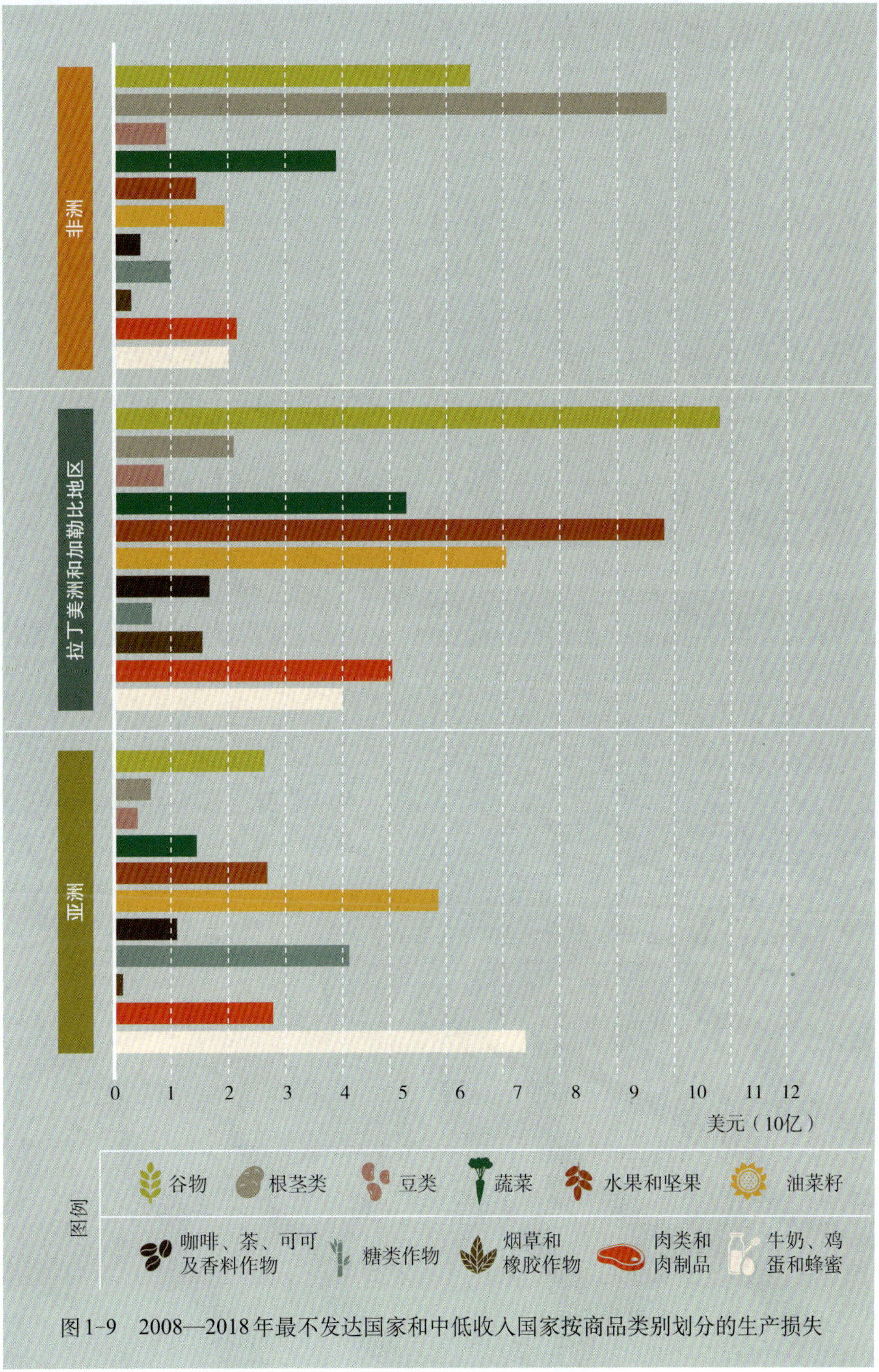


图1-9　2008—2018年最不发达国家和中低收入国家按商品类别划分的生产损失

©Paul Langrock/绿色和平组织

**2020年德国** 遭受旱灾的威斯特瓦尔德地区

©路透社/Mike Hutchings

**2019年南非** 干旱

## 灾害对粮食安全和营养的影响

现在每年发生的灾害是20世纪70年代和80年代的三倍以上。

如前所述，灾害发生的频率一直很高，其发生次数是20世纪70年代和80年代的三倍还多。灾害带来的经济影响正在不断增加。最值得注意的是，与气候和天气有关的灾害和洪水的发生率和严重程度都在不成比例地上升。这证明了日常经历的气候多变性和极端天气，以及可能导致这些变化的潜在气候变化趋势。与灾害有关的农业生产损失的规模数量和经济价值十分庞大，会给国家粮食体系带来巨大的问题。粮食供应根据贸易平衡以及其他因素可能会减少，与此同时，灾害发生后可用粮食的获取也可能受到限制。这种由灾害引发的转变可能导致正常的粮食供应中断，再加上粮食体系的低效率，最终会造成国家或地方层面的粮食不安全状况。

### 农业产量损失以膳食能量当量表示

2008—2018年，最不发达国家和中低收入国家农作物和畜牧业生产的损失相当于700万成年人每年的能量摄入量。

通过将损失量转换为能量和基本矿物质，可以看出灾害引起的减产对粮食安全和营养的潜在影响。2008年至2018年，最不发达国家和中低收入国家的农作物和牲畜产量损失可折算为每年6.9万亿卡路里[①]，这相当于700万成年人的年能量摄入量[②]。

在非洲，同时期的灾后累计生产损失相当于每年人均204 000卡路里的饮食能量供应，即82天的卡路里摄入量。

在拉丁美洲和加勒比地区，农作物和牲畜生产的损失可转化为人均年损失355 000卡路里，或142天的能量摄入量，这个数值是十分惊人的。尽管在三个地区中，拉丁美洲和加勒比地区的货币损失最低（290亿美元），但似乎更容易受到由此产生的潜在饮食影响。该地区的商品损失情况证实了这一点：该地区大部分农业生产损失集中在牛奶和乳制品、蜂蜜、油菜籽和糖类等高卡路里商品（图1-9）。

另一方面，尽管亚洲的总体货币损失水平最高（490亿美元），但其人均年卡路里损失相对较低，为103 000卡路里或41天的膳食能量供应（图1-10）。这相当于每天人均损失约283卡路里，或每日推荐膳食摄入量（RDA）[③]的11%。这反映了该地区的损失份额相对于总体潜在产量较低：亚洲大部分地区的产量损

---

① 粮农组织利用FAOSTAT、EM-DAT CRED和USDA的数据所进行的分析。

② 根据推荐膳食营养素供给量（recommended dietary allowance，简称RDA）2 500卡路里计算。

③ RDA是指足以满足大多数（97% ～ 98%）健康人的营养需求的平均每日摄入水平。

失份额约为2%，是全球水平的一半（图1-3）。此外，该地区受影响最大的商品是热量密度相对较低的谷物、水果和蔬菜，肉类和乳制品的损失相对较低。

### 插文1　计算营养物质的损失

在推导出农作物和牲畜生产损失量的营养价值后，再进行卡路里和基本营养素损失的估计。将损失量转换为能量当量，并确定其各自的铁、锌、钙和维生素A含量，通过借助美国农业部国家标准参考营养素数据库来获取分析中每种商品的营养成分数据。

若没有灾害影响，收获后的原始可食用食物本来是可供人食用的，根据上述方法得出的估计值则说明了这些食物中的卡路里、铁、锌、钙和维生素A含量。分析所用数据没有专门针对烹饪和加工损失、储存不足的损失、食物浪费和其他从农场到餐桌的热量和营养素损失进行调整。

图1-10　2008—2018年灾害引起的生产损失当量，以人均日膳食能量供应量表示

## 以基本营养素当量表示的农业生产损失

> 这一推测性评估首次揭示了与灾害有关的生产损失如何产生重大的负面营养结果。

单纯以卡路里进行估计和分析并不能全面衡量膳食的充足性。在与农业生产有关的粮食安全和营养方面的大量研究和信息中，对于量化营养素损失的探讨仍然不够充分。同时，饮食缺陷和基本营养素供应不足，有时也被称作“隐性饥饿”，是导致营养不良和粮食不安全的长期因素之一。在最不发达国家和中低收入国家，维生素A的缺乏仍然很普遍，这也被怀疑是每年数百万儿童死亡的原因。由于铁、锌和钙等矿物质构成了酶并且控制着关键的化学反应，因此它们对身体的正常运作至关重要。缺锌可能导致儿童身体发育不良以及智力发育不良。

通过将农业生产损失转换为受影响的作物和牲畜商品的全部营养成分来

量化农业生产损失的营养价值，可以深入了解灾害对食物链下游人类营养的潜在影响。这只是一个推测性和指示性的评估，因此并不能提供关于饮食实际趋势的证据。损失的产量是否会以其他方式变成有营养的食物将取决于多种因素，如食品安全考虑、储存、运输成本等。因此，这里处理的结果并未估计灾害后作物和生产损失造成的实际营养和卡路里不足。然而，这些结果确实首次揭示了与灾害有关的生产损失如何转化为重大的负面营养结果。该分析还反过来强调了通过减少灾害风险和提高农业抗灾能力可以实现积极的营养贡献。

### 铁①

2008—2018年最不发达国家和中低收入国家的农作物和牲畜产量损失折算成铁含量为994万亿毫克，平均每年为2 560亿毫克，这相当于7 800万名成年男性或4 700万名成年女性的年度推荐铁摄入量②。

在非洲以及拉丁美洲和加勒比地区，农业生产损失可分别转化为年均8 500毫克和10 000毫克的铁，这是成年男性年度推荐铁摄入量的3倍多，成年女性年度推荐铁摄入量的2倍不到。亚洲的人均铁流失量为4 000毫克，相当于成年男性年度推荐铁摄入量的120%、成年女性年度推荐铁摄入量的73%，相较以上两个地区要低得多。图1-11提供了每日细分情况。

### 锌③

2008—2018年最不发达国家和中低收入国家的农业生产损失可折算为21万亿毫克的锌，相当于每年平均1 770亿毫克的锌，这相当于5 000万名成年女性或3 600万名成年男性的年度推荐锌摄入量④。按人均计算，非洲以及拉丁美洲和加勒比地区的潜在锌损失量至少是亚洲的两倍。图1-12提供了按地区划分的每日细目。

### 钙⑤

2008—2018年最不发达国家和中低收入国家因灾害造成的农作物和牲畜生产损失，折合成钙的总量为494万亿毫克，这相当于900万人的年度推荐钙摄入量⑥。

---

① 粮农组织利用FAOSTAT、EM-DAT CRED和USDA的数据所进行的分析。
② 根据成年男性每天9毫克铁的RDA和成年女性15毫克的RDA计算。
③ 粮农组织利用FAOSTAT、EM-DAT CRED和USDA的数据所进行的分析。
④ 根据成年男性每天11毫克的锌的RDA和成年女性8毫克的RDA计算。
⑤ 粮农组织利用FAOSTAT、EM-DAT CRED和USDA的数据所进行的分析。
⑥ 根据成年男性和女性每天1 000毫克的钙的RDA计算。

按人均计算，这相当于每年人均100 000毫克的钙，大约是成年男性或女性年度推荐钙摄入量的三分之一。从区域来看，非洲的人均年钙损失为107 000毫克，拉丁美洲和加勒比地区为155 000毫克。亚洲生产损失的影响相对较低，可折算为每年人均51 000毫克的钙。图1-13提供了每日细分情况。

## 维生素A①

2008—2018年最不发达国家和中低收入国家的农业生产损失折算成维生素A总量为994万亿微克，即平均每年7万亿微克。这相当于2 100万名成年男性或2 700万名成年女性的年度推荐维生素A摄入量②。

按人均计算，最不发达国家和中低收入国家在此期间的农作物和牲畜商品生产损失可折算为略高于20万微克的年平均维生素A摄入量，即成年女性288天，成年男性220天。图1-14提供了按地区划分的每日细目。

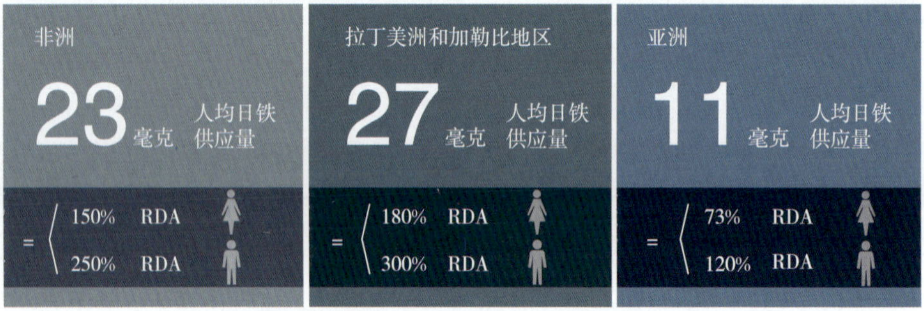


图1-11　2008—2018年灾害引起的生产损失当量（以人均日铁供应量表示）

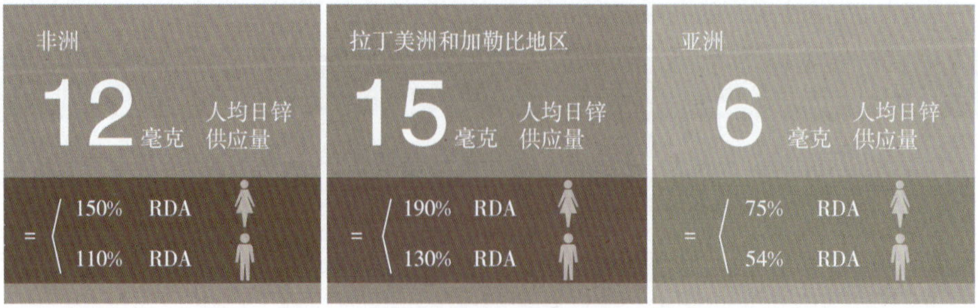


图1-12　2008—2018年灾害引起的生产损失当量（以人均日锌供应量表示）

① 粮农组织利用FAOSTAT、EM-DAT CRED和USDA的数据所进行的分析。

② 基于成年男性每天900微克的维生素A的RDA和成年女性700微克的维生素A的RDA计算。

图1-13　2008—2018年灾害引起的生产损失当量（以人均日钙供应量表示）

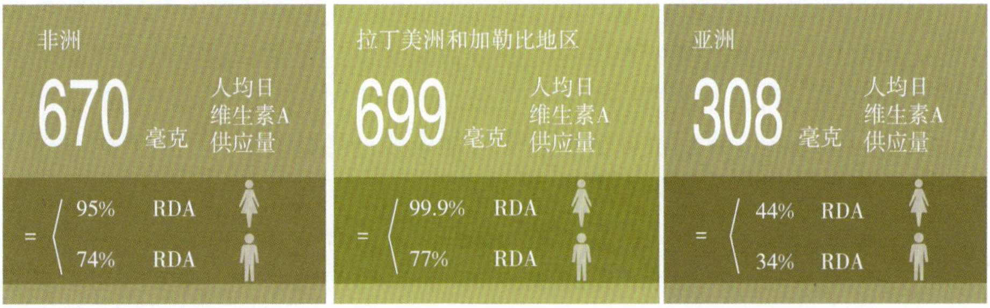


图1-14　2008—2018年灾害引起的生产损失当量（以人均日维生素A供应量表示）

## 灾后的粮食安全和营养：塑造叙述的方式

因为分析灾害和营养之间的直接关系比分析灾害对生产力的影响更加广泛和复杂，所以为理解灾害和极端事件的后果提供了一个宝贵的视角。它揭示了这样一个事实，即：生产损失不仅仅意味着农民收入的减少，还意味着卡路里和营养物质的流失。在最不发达国家和中低收入国家，平均每日因灾害而损失22%的卡路里摄入量。主要基本营养物质的损失是惊人的（图1-10至图1-14）。在一个超过6.9亿人没有足够食物的世界里（FAO，2020），如此规模的营养潜力损失会产生深远的有害后果，比如长期发展倒退、收入潜力损失、社会资本的侵蚀和不稳定。

为了有效地应对灾害、极端事件和气候变异对粮食安全和营养构成的挑战，必须考虑其各种直接和间接影响的规模和互动。这些影响可以通过各种渠道流动，进一步加剧了粮食不安全和营养不良的基本诱因。以干旱为例，干旱可以直接破坏作物产量和牲畜健康，导致粮食生产和供应减少；同时，与干旱有关的作物歉收会在粮食价格大幅上涨的情况下，通过间接渠道进一步阻碍粮食的获取。这些直接和间接影响的累积效应导致了日益加剧的粮食不安全以及营养状况的持续恶化。

生产损失并不仅仅意味着农民收入的损失，灾害与放弃的热量和营养物质之间存在着直接的关系。

此外，本章展示的生产损失程度会不可避免地转化为主要依靠农业为生的农民的收入损失。再加上灾害发生后粮食价格的惯性波动，这可能会大大影响农民获得粮食的能力。妇女和儿童特别容易受到灾害对生产、粮食安全和营养的广泛影响。由于生产损失会造成粮食短缺和营养不足，灾害和极端气候可能会损害产妇健康和儿童保育实践。虽然存在基于案例的轶事证据，但还需要进一步分析，以阐明灾害对农业和粮食安全方面的影响。

随着最不发达国家和中低收入国家越来越多地受到极端天气事件和气候变化的影响，其农业系统的脆弱性可能导致粮食供应受损和营养状况恶化。本章介绍的卡路里和营养素损失数字是在静态条件下对全方位影响程度的首次说明。农业生产系统、食品供应链和基于自然资源的生计在面对灾害时的脆弱性值得在全球决策议程上得到高度关注。

灾害和极端气候损害了孕产妇健康和儿童保育实践，因为生产损失造成了粮食短缺和营养不足。

灾害对粮食安全和营养的深远影响，需要在整个食物链上加大跨部门的行动，以加强食物系统应对危害和极端天气的复原力。上述分析表明，规模化、多样化、凝聚力和响应性是支持农业生产和农业食品价值链复原力的关键特征。这种行动应以综合的灾害风险减少和管理、气候变化适应以及可持续生产政策、计划和实践为基础，具有短期、中期和长期的愿景。此外，粮食生产系统的脆弱性突出了这样一个事实：传统的灾害风险减少、管理和适应系统并非没有限制或挑战。这就需要对系统本身进行改造，以提高复原力和改善粮食安全。

此外，必须加强立法、政策和治理环境，以最大限度地在营养方面发挥旨在提高复原力的措施的影响。有针对性的营养目标应被纳入国家复原力和灾害风险管理政策框架，包括与气候变化等具体危害和风险有关的发展政策。这既能确保最脆弱人群的需求得到满足，还将保证抗灾能力建设和减灾管理计划迎合人们的营养状况。应当寻求复原力/灾害风险管理战略与多部门粮食和营养安全政策和规划进程之间的普遍协同作用。

有针对性的营养目标应纳入国家复原力和灾害风险管理政策框架中。

## 为韧性农业制定变革性框架、政策和方案

正如上述数据所显示的，采取行动的时机已经成熟，应当加快集体行动

以加强对灾害和气候变化引起的极端事件影响的复原力和适应能力。有证据表明，需要全面提高包括农业生计、生产、粮食体系和营养在内的农业系统抗灾能力。但是，创新综合的抗灾战略、计划和投资不仅要解决直接影响，还要解决潜在的脆弱性，这些脆弱性是通过其他发展优先事项建立起来的，而且往往因气候变化而加剧。

无论在什么情况下，各国政府在应对气候变化带来的更大影响的同时，也都面临着越来越多的挑战，即如何制定协调一致的措施来预防和减少灾害风险。他们以当前全球政策平台的综合架构为指导，即《2015—2030年仙台减少灾害风险框架》《2015年巴黎协定》《2015年亚的斯亚贝巴行动议程》《联合国营养问题行动十年（2016—2025）》、2016年世界人道主义峰会以及总体的《2030年可持续发展议程》。在推动落实其指示和准则的过程中，必须坚持将加强整合这些全球框架作为一个优先事项。这将确保各国、各地区和各部门的协调行动能够实现相互关联的变革性目标和成果。对于农业来说，这最终有望在可预见的未来实现农业受灾影响大幅减少。

决策者在制定抗灾计划和干预措施时必须牢记关键因素。系统性的多灾种风险评估是了解风险及其对农业、粮食安全和营养影响的基础。数据对于确定关键需求、脆弱性以及设计适当的解决方案至关重要。整个抗灾政策、计划或投资周期必须采用公平、包容且基于性别、共同参与的方法进行指导，同时将弱势群体置于关注中心。我们需要了解粮食体系的全面性，包括如何通过对环境、营养和健康的敏感的可持续行动来改造粮食体系以应对灾害和气候风险。

> 需要了解粮食体系的全面性，包括如何通过可持续的对环境、营养和健康的敏感行动来转变粮食系统，以应对灾害和气候风险。

国际社会正面临着复杂的风险环境，其特点是累积性或连带性的灾害、气候变化、环境退化、大流行病、冲突、长期的危机以及被迫流离失所和移民。这就要求重新评价脆弱国家的复原力建设和减少灾害风险/灾害风险管理计划的目标、宗旨和模式。粮食安全和营养政策制定的一个重要例子是粮安委《长期危机中的粮食安全和营养行动框架》（CFS-FFA），该框架提供了一套具体准则以解决危机情况下的关键潜在脆弱性因素。

它进一步确定了长期危机是需要特别关注的情况，因此，长期危机下适当的反应与短期危机或非危机情况下所需的反应不同。CFS-FFA代表了关于如何在长期危机中减轻对粮食安全和营养的威胁的第一个全球共识。插文3强调了粮食危机背景下的营养不良问题。

> CFS-FFA代表了在长期危机中减轻对粮食安全和营养威胁的第一个全球共识。

总的来说，减少农业生产中与灾害有关的损失，并在加强整体生计、复原力政策、方案和投资方面取得真正的进展，需要有跨部门的循证依据，以及以综合全面的方式解决系统性风险的意愿和能力。该方法应保持包容性和参与性，同时将人道主义和发展战略更好地结合起来，以满足弱势群体的需求。

### 插文2 计算生产的损失——方法与分析

**2008—2018年的农业灾害损失是通过分析期间发生灾害后作物和牲畜生产流量的趋势和相关偏差来估计的。**该分析涵盖了109个国家的457次灾害。在非洲、拉丁美洲和加勒比地区、亚洲和太平洋地区的94个最不发达国家和中产阶级国家发生了389次灾害；在所有地区的15个多民族国家和高收入国家发生了68次灾害。该分析是全球性的，因为它包括每个登记了与灾害有关的生产变化的国家。此外，该分析将作物和牲畜部门作为一个整体，研究每个国家生产的每一种报告商品（每个国家平均125种商品）。最后，分析涵盖了大型和中型（至小型）灾害，分析中考虑的危险事件是指影响了10万人以上或至少10%的国家人口的事件。

必须强调的是，要用生产趋势的偏差作为生产损失的估计，则需要一些限制以及一些严格的假设。农业生产受灾害以外的因素影响，每年也都会有很大的变化。总的来说，每种商品的年产量会因市场趋势和预期需求、正常气候变化、疾病暴发或其他区域、国家或地方层面的直接原因而变化。使用“预期”产量作为衡量灾害对生产影响的起点，意味着在没有灾害的情况下，这些与灾害无关的因素都不会对生产产生重大影响。此外，对生产趋势的偏离既可以是积极的也可以是消极的。在本分析中只考虑负面的趋势，因为目的是记录由于灾害而发生的生产总量下降。

最后，所采用的程序假定灾害对生产的影响仅限于在灾害发生的同一年，而不考虑可能发生在一年以上的累积影响。虽然这种假设与强调损失而非损害的观念是一致的，但对于某些产品，如多年生的作物，它仍然会有问题。尽管有这样的局限性，在缺乏更准确数据的情况下，采用这种方法进行大规模比较评估是良好可行的选择。

### 插文3 粮食危机中的营养问题

2020年《全球粮食危机报告》分析了2019年经历粮食危机的55个国家和地区的数据。这些国家接纳了1.35亿处于粮食危机或更严重情况下的人，即这些人位于粮食安全阶段综合分类/和谐社会（IPC/CH）阶段3或以上。据估计，在这些国家中，有1 700万的5岁以下儿童患有急性营养不良（消瘦），而7 500万儿童患有慢性营养不良（发育不良）。

在危机期间，粮食生产、储存、加工、分配和市场可能会被打乱，导致个人饮食需求更难以满足。在经历2019年最严重粮食危机的十个国家（也门、刚果民主共和国、阿富汗、委内瑞拉玻利瓦尔共和国、埃塞俄比亚、南苏丹、阿拉伯叙利亚共和国、苏丹、尼日利亚和海地）中，只有不到20%的6至23个月大的儿童获得了最低限度的饮食多样性。

利用人口统计与健康调查（DHS）和其他数据，报告显示，有限的饮食多样性也会增加微量营养素缺乏的风险。其中，缺铁是导致贫血的最常见原因。例如，在埃塞俄比亚，超过一半（57%）的5岁以下儿童和近四分之一（24%）的15至49岁妇女患有贫血（DHS 2016）。在尼日利亚，贫血是主要的营养不良问题之一，因为超过三分之二（68%）的6至59个月的儿童和超过一半（58%）的育龄妇女贫血（DHS 2018）。这个问题在也门达到了更高的水平，有83%的6至59个月的儿童和70%的育龄妇女患有贫血。

同样，在粮食危机国家，缺乏安全的水和卫生设施增加了疾病暴发的可能性，这也是营养状况的另一个直接决定因素。人们在经济上获得的医疗服务通常也很有限，或者医疗系统已经崩溃，导致缺乏基础设施、药品、设备或受过培训的工作人员。高发病率损害了人口的营养状况，特别是儿童、孕妇和哺乳期妇女。

来源：全球应对粮食危机网络（GNAFC）和粮食安全信息网络（FSIN），2020，2020年《全球粮食危机报告》；世界银行公开数据（也门）。

©粮农组织/Jake Salvador

**2016年菲律宾**阿克兰省　粮食和营养安全

**2020年俄罗斯联邦**西伯利亚克拉斯诺亚尔斯克地区　森林火灾

# 第2章

## 灾害与森林：解读二者间的复杂关系

在应对气候变化、灾害风险、粮食安全以及人口增长与生活质量提升等全球挑战时，森林逐渐发挥了核心作用。极端天气、火灾、动植物害虫、冲突、内乱以及无家可归等问题往往会导致森林退化和毁林。然而，对森林产生的影响往往是无法衡量的。本章重点介绍了一种评估灾害造成的森林破坏和损失的改进方法，突显了森林在预防、减灾以及灾后重建和恢复方面的作用。

©Julia Petrenko/绿色和平组织

## 森林：一个关于力量和脆弱的故事

世界各地的森林在保护周围社区和生态系统免受气候变化有害影响的同时，也因日益发生的自然灾害面临前所未有的压力。

2019年是世界森林火灾频发的一年。在亚马孙河、加利福尼亚州和澳大利亚，森林大火烧了数百万公顷。这些在历史上并不罕见，但有证据表明，气候变化正在使火灾更加频繁和激烈。火灾以及病虫害、疾病、入侵物种、风暴、飓风、干旱、洪水和山体滑坡等灾害共同对森林和林业活动产生重大影响。这种灾难不可避免地破坏了森林产品的供应以及环境服务，威胁着当地人的生存、生计和森林加工行业发展。灾难幸存者和无家可归的人会过度开发森林资源，以获取食物、木材、木柴燃料和饲料，甚至开垦森林耕作，从而给森林造成前所未有的压力。

森林与灾害、气候变化有着复杂的关系。由于砍伐、过度使用或树木退化造成的森林毁坏，造成了近20%的全球碳排放量。另一方面，健康的森林可以进行碳汇，约吸收和储存每年全球碳排放的十分之一，将其转化为生物量、土壤和其他产品。据估计，世界森林具有每年吸收26亿吨二氧化碳的总能力，相当于燃烧化石燃料释放的二氧化碳的三分之一。

虽然森林遭受了灾害造成的巨大破坏，但它们也具有很强的缓解和恢复潜力。在灾害频发地区，森林在减轻海啸、潮汐等灾害的破坏方面发挥了巨大作用，并且有助于受灾人群的恢复。此外，森林生态系统在社区应对灾难的脆弱性方面发挥着重要的作用，一方面能够减少地区遭受自然灾害的风险，另一方面为地区提供抵御危机和从危机中恢复过来的生计资源。当前，森林生态系统的退化、火灾和入侵物种等问题正在加剧世界各地面对灾害的脆弱性。

## 两种破坏性力量：超级火灾和火灾蔓延

### 在更热、更干燥的地区发生的火灾

在每年的“火灾季”（6—11月），亚马孙都会发生火灾。2019年8月，火灾的数量达到了9年来的最高点，引发了一场国际危机。2019年，热带地区失去了1 190万公顷的树木覆盖，其中三分之一发生在潮湿的热带原生林，而这类林木对生物多样性和碳储量尤为重要。据估计，2019年原始森林的损失造成了18亿

2019年，森林火灾造成超过18亿吨的碳排放，几乎相当于国际运输的年排放量。

吨碳排放，几乎相当于国际运输的年排放量。尽管采取了全球和局部的缓解和预防措施，但2019年火灾造成的主要森林损失比2018年高了2.8%，延续了过去二十年来的持续上升趋势（Weisse和Goldman，2020，全球森林观察）。

炎热和干燥是造成超级火灾的两个要素，炎热和干燥的大气条件决定了火灾暴发的可能性、强度及蔓延速度。随着世界变暖，超级火灾暴发的可能性也在增加。炎热和干燥与过去几十年最具破坏性的火灾有关（Bowman等，2017）。虽然2003年至2012年期间，全球每年约有6 700万公顷的森林被烧毁（van Lierop等，2015），但这个数字在2015年飙升，火灾烧毁了9 800万公顷的森林。火灾主要发生在热带地区，大火烧毁的森林面积约占当地森林总面积的4%。其中，超过三分之二的受灾森林在非洲和南美洲。

在过去的十年里，最具破坏性的火灾与热浪和干旱有关。

极端的火灾对地表景观造成相当大的破坏，给环境服务带来压力并造成沉重的经济损失。火灾对电力和通信线路、供水系统、公路和铁路等基础设施和服务造成破坏，还产生了救火的高昂费用。此外，火灾事件对人类健康产生严重影响，可能使国家卫生服务不堪重负。人类活动以及不利的天气条件是火灾最常见的原因。气候变化正在使极端的森林火灾更加频繁且具有破坏性，并使火灾的发生范围扩大。

在未来，气候变化将延长全球大部分地区的火灾季并带来更严重的火灾，还包括新增火灾地区等问题。森林火灾是不可避免的，但通过实施综合火灾管理和火灾智能森林管理，以及在发生火灾的地区中综合考虑到社会-生态系统平衡，可以显著减少火灾的发生与影响。各国有可能通过改善消防管理来实现减少温室气体的承诺，并从气候变化的资金流动中获益。

虽然世界上有很多国家火灾发生频繁，但由于气候干旱以及农业燃烧等人类活动，南半球经历了尤其严重的火灾季。

## 入侵物种问题

植物、动物、昆虫和微生物等入侵物种对世界各地的天然森林和人工林的健康、可持续性和生产力构成了越来越大的威胁。全球范围内商品和人员的不断流动以及气候变化的影响加剧了这种情况。在许多国家，森林和森林生态系统遭受了入侵物种严重暴发的影响，对经济、环境和社会文化习俗造成了价值数十亿美元的损失。2015年，昆虫、疾病和恶劣天气事件破坏了约4 000万公顷的森林，主要分布在温带和北方地区。

然而，计算入侵物种对森林的全部影响是复杂的，因为需要考虑许多组仅计算六个国家由植物、动物、昆虫和微生物等入侵物种每年造成的损害和损失就高达3 140亿美元。

成部分，例如生物多样性、生态系统功能、人类健康、社会和文化价值以及间接费用。因此，尽管迫切需要可靠的数据，但这一问题从未在全球尺度上进行过研究。我们最接近上述问题的研究是对六个国家（澳大利亚、巴西、印度、南非、大不列颠及北爱尔兰联合王国和美利坚合众国）20年前的数据进行回顾。尽管已经过时，但这项研究表明入侵物种对农业和林业造成了相当大的损害和损失：每年损失3 140亿美元(Pementel等，2001)。

从具体威胁的角度来研究这个问题，一些入侵森林物种显然造成了严重的环境和经济影响，包括某些树种的濒临灭绝。例如，板栗枯萎病的入侵（由一种原产于东南亚的真菌病原体寄生引起），在美国导致了40多亿棵树的死亡；在大不列颠及北爱尔兰联合王国首次发现灰枯梢（由一种真菌病原体引起)；原产于南美洲的树木，改变了法属波利尼西亚和其他太平洋岛屿的原始森林（Denslow，2002)。

松枯病是世界上最具破坏性的疾病之一，导致贸易禁运，并要求对松树制成的运输材料进行特殊处理，防止松枯病传播。

另一种侵袭性疾病——松树枯萎病，是侵害全球松树的最主要疾病之一（Mota和Vieira，2008)。它是由松木线虫（嗜木松木线虫）引起、由媒介甲虫传播，可以在几周内杀死受影响的树木，并在入侵国家扩张，导致大量的管理成本和木材损失。例如，日本在1978年到1988年间每

2007年葡萄牙　松木线虫取样树皮

年损失了超过1亿立方米的木材，在1989年至2014年期间每年木材损失超过5 000万立方米，导致木材损失总计约37亿美元（Hirata等，2017）。在中国，1995—2006年，松树枯萎病每年杀死100多万棵树（Zhao，2008），2008年达到230万棵树（Robinet等，2009）。

在韩国，从2008年到2018年，松树枯萎病造成林产品直接损失共计750万美元。如果考虑到更广泛的环境影响，如森林碳储存和生物多样性的损失，影响约为8.9亿美元（An等，2019）。韩国每年额外花费6 700万美元应对松木线虫入侵。至于欧盟，松木线虫预计将在2008—2030年的22年间造成约220亿欧元的林业库存损失（Soliman等，2012）。为了遏制松木线虫传播而实施的贸易限制又影响了林业产品的进出口市场（Dwinell和Nickle，1989）。

例如，欧洲的进口限制可能导致美国每年损失1.5亿美元，导致加拿大每年损失7亿美元（Carnegie等，2018）。为了保护森林免受松木线虫以及其他害虫和病原体的侵害，联合国粮农组织的《国际植物保护公约》（IPPC）要求所有用于跨国运输产品的木材材料（托盘、板条箱等），必须去皮、处理并加盖合规标志。

## 专项评估

火灾、风暴、海啸、入侵物种等危险事件，不仅造成森林系统的经济损失，而且对人类生命安全（尤其是最不发达国家和中低收入国家的人民）构成巨大威胁。虽然全世界的森林系统每年都遭受与灾害有关的重大破坏和损失，

大不列颠及北爱尔兰联合王国　白蜡树枯梢病

©路透社/Darren Staples

但在不完整的报告、数据收集和系统评估缺失的条件下，无法清楚了解森林的破坏与损失。

改善数据和监测是更好地了解灾害每年对林业造成的重大损害和损失的先决条件。

改进数据采集和监测系统是防止火灾和入侵物种的冲击和灾害的先决条件。本报告的2017年版介绍了粮农组织的林业损害和损失评估方法。这个方法包括每个农业分部门的一套程序和步骤，可在国家以下、国家和全球各级用于计算和分析损害和损失。这确保了评估类别在所有分部门之间的一致性，以及在灾害和国家之间的一致性。

自那时起，粮农组织与联合国减少灾害风险办公室合作采用这种方法，将其作为可持续发展目标和《仙台框架》等国际抵御力议程的一部分，并被越来越多的国家采用和制度化，将其作为国家定制的数据收集和报告框架的一部分。预计这种全球标准化方法将成为数据抗灾战略和实践的支柱。

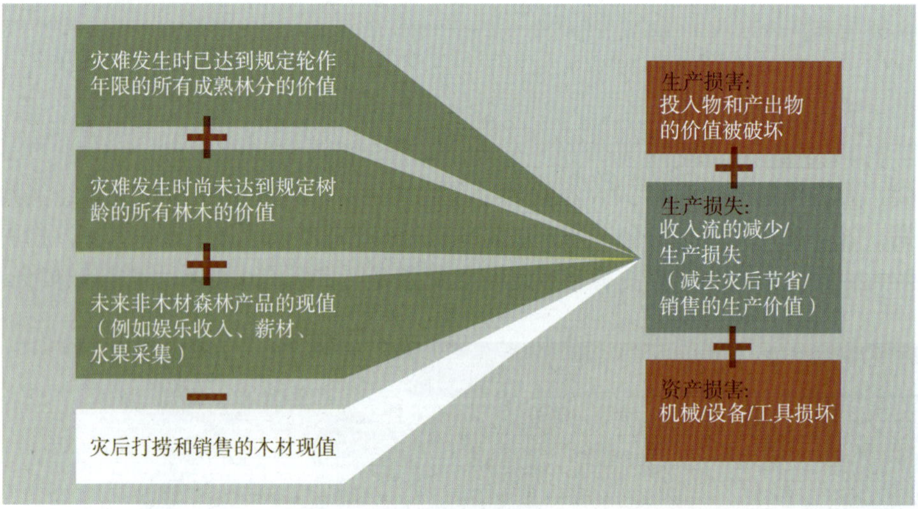


图2-1　粮农组织评估林业损害和损失的方法

方法的先进性在实际利用中得到了体现，因此，粮农组织现在能够加强计算林业生产损失的公式，解决林业部门公式中的结构性差距。此外，粮农组织方法中针对林业的部分现在增加了适合林业部门评估的具体情况，如以林分为基本空间实体进行分类，独立核算立木损失、回收木材和非木材林产品。这些细节将帮助林业部门更好地实现《仙台框架》应用和可持续发展目标。

在提出改进林业公式（见技术附件）之前，有必要重新概述粮农组织的总体方法。损害和损失评估方法区分了**损害**（即全部或部分毁坏有形资产）和

**损失**（即灾害引起的经济流量变化）。损害和损失包括两个主要组成部分：**生产和资产**。生产部分衡量灾害对投入和产出的影响。

**生产损害**包括被灾害全部或部分毁坏的投入物（如种子）和产出物（如农作物）的价值。**生产损失**是指灾害造成的农业生产价值下降。**资产损害**部分衡量灾害对与农业生产相关的设施、机械、工具和关键基础设施的影响。

作为《仙台框架》农业指标的一项关键创新，森林损害和损失方法最近得到了粮农组织与联合国减少灾害风险办公室的修订和加强，从而能更全面地监测林业灾害损失。

## 森林生产损失

森林通常由两类生产性资产组成：森林和生长森林的土地。前者是一种资本资产，通过投资、造林和生物木材生长来增加，因木材采伐或自然干扰而减少。土地的供应是固定的，只能根据使用和管理强度进行利用。火灾、虫害或疾病暴发造成的破坏通常是对森林本身造成的，而对土地造成的损害较小（尽管火灾可能对土壤肥力产生不同的影响）。

森林通常由许多木材林分（区或子区）组成，每个林分都有不同的特征（Pearse，1990；Helms，1998）。林分是指在年龄等级分布、组成和结构上足够统一的连续树木群，生长在质量足够统一的场地上，从而成为一个可区分的单元。可销售的木材林分由可销售的树木组成（Helms，1998）。预销售木材林场指的是无法进行盈利的采伐和销售的树木林场（Zhang 和 Pearse，2011）。

这里所涉及的森林资源生产损失评估是指在损害和损失发生时在市场上交易的现存森林（不经过加工的商品，如原木、胶合板、纸浆等）的货币价值。它不包括环境价值（如减缓气候变化和节约用水）或生计，因为这些都不在市场上交易[①]。森林的生产损失值是所有林分价值的总和。图2-1概述了灾害造成的森林损失的价值；林业部门完整公式见技术附件。

# 林业生产和资产损失

与其他分部门一样，林业的生产损害类别包括林业生产的投入物被毁的价值以及被灾难损坏的任何储存的木材或其他林产品。林业的资产损

对森林进行风险监测有助于减轻气候变化、灾害和极端天气事件对森林以及依赖森林的地区的影响。

① 换言之，这里评估的货币价值是森林损害和损失的市场价值，而不是受损和丧失的生态系统服务的全部价值，即人们从生态系统中获得的惠益。生态系统服务包括食物和水的供应等服务；抵御洪水和疾病控制等服务；如精神、娱乐和文化福利等文化服务；以及维持条件的养分循环等辅助服务（FAO，2018）。

害是因灾害而损坏或摧毁的任何林业机械和设备的价值，包括滑板车、伐木机、货代和收割机。

总之，简化的损害和损失评估方法提供了一个评估框架，并最终为及时、知情和有针对性的政策和行动提供必要的证据基础，以促进林业部门的备灾、防灾、减灾、反应和恢复。此外，了解风险的可持续森林管理有助于确保森林在减轻气候变化、灾害和气候极端事件的影响时发挥适当作用。现在作出的森林管理决策将在未来几十年影响森林和依赖森林的人群。

## 双重作用：在防灾减灾方面的作用

### 森林系统的社会影响

森林是应对灾害、威胁和危机的复原力的重要组成部分，对解决粮食不安全和贫困具有重要作用。大约有10亿至17亿人依靠森林资源为生。到目前为止，木材仍然是食物烹饪和涵养水源的主要资源。目前，全球约有24亿人依靠木材作为烹饪的主要能源。此外，在全球前所未有的7 950万无家可归者中，约有80%依赖传统的生物质燃料（主要是木柴和木炭）来烹饪和取暖(FAO, 2019)。除了提供野生食物、饲料和庇护材料外，森林还保护了水资源，并提供多种生态系统服务。

> 在世界范围内，超过10亿人依靠森林粮食养活自己或牲畜，在影响农业和粮食生产的危机期间，这个数字会更高。

几个世纪以来，森林在饥荒、冲击或其他影响农业和粮食生产的事件期间为社区提供了天然安全网。因为森林可以为人类和畜禽提供食物，如水果、橡胶、蜂蜜、树叶、蘑菇、坚果、根、种子、块茎、可食用昆虫、丛林肉和鱼等森林资源，通常用于季节性填补缺口或在作物歉收时食用。在世界范围内，大约有10亿人在某种程度上依赖森林获得食物。在发生危机、冲突和流离失所的情况下，这种情况会显著增加，因为人们不仅要向森林寻求食物，还要寻求住所和安全。不仅低收入和中等收入国家受益于森林食品的营养价值，欧盟有超过1亿人经常食用野生食物。目前，森林在全球范围内提供了8 600多万个绿色就业岗位，并为更多人的生计提供支持（FAO和UNEP，2020）。

与此同时，由于人类活动和气候变化，世界上很大一部分森林面临的危机与日俱增。虽然一些地区的森林砍伐速度已放缓，但自1990年以来，约有4.2亿公顷森林消失，而且仍以每年约1 450万公顷的速度继续发展（FAO和UNEP，2020）。在亚马孙雨林的部分地区，气温上升和降雨量变化与灾难性枯死病的风险增加有关，这将对当地、区域和全球产生严重的后果。在刚果盆地，矿产开发的巨大压力、不断增长的能源需求和日益加剧的交通排放正在挑战这片广阔的热带雨林地区的完整性。此外，越来越多的研究认为传染病的出现与土地利用或覆盖变化以及森林砍伐、森林碎片化息息相关。源自森林的最突出的两种疾病是艾滋病毒和登革热，它们始于非洲森林灵长类动物之间的传播，最终蔓延到全球。其他与森林有关的疾病包括疟疾、南美锥虫病（也称为美洲锥虫病）、非洲锥虫病、利什曼病、莱姆病和埃博拉病毒。大多数新的传染病都是人畜共患的，它们的出现可能与植树造林的变化和人类人口扩大到森林地区导致人类更多地接触野生动物有关。

为了实现可持续发展目标，避免、遏制和扭转生物多样性的丧失，需要大规模的恢复森林。如果各国能够实施大规模植树造林战略，克服造林与森林保护之间的权衡问题，许多国家的森林破坏可以得到减缓，从而为减缓气候变化作出重要贡献。尽管61个国家在波恩挑战下承诺恢复总计1.7亿公顷的退化林地，但迄今进展缓慢。2019年3月，联合国宣布《2021—2030年联合国生态系统恢复十年》，旨在加快全球生态系统恢复行动。

> 大规模的绿色植树造林战略可以减缓森林砍伐，从而有助于缓解气候变化。

## 沿海森林

沿海森林，包括红树林和沿海防护林，可以减少风暴潮和海啸的强度、

**2019年巴西**　渔民在红树林中捕获螃蟹

深度和速度，减少财产损害，减少生命损失。根据2011年3月11日日本地震和海啸后的评估，沿海森林降低了海啸的强度和速度，并提供了漂流物，减轻了海啸对生命财产安全的影响（Ohta，2012；坂本，2012）。

一些研究表明，远离沿海森林前沿的树木受到损害较小，这意味着森林本身就减弱了海浪的力量，保护了后方的树木。尽管沿海森林只能抵御部分海啸，但可以通过减弱海浪，限制其破坏程度。

虽然在风暴潮或海啸易发的海岸线上建立一个完整的、有足够宽度和密度的沿海森林“生物屏障”是不可行的，但森林在减轻沿海灾害的影响方面发挥了重要作用。相比较海堤和防洪堤等其他保护性结构，沿海森林带的建立和维护成本较低，且具有产生环境效益的潜力，这些“绿色”结构应该得到更广泛的利用。沿海森林还可以增强一系列相关利益和生态系统服务的流动，有助于提升沿海系统的整体社会、经济和生态弹性（Spurrier等，2019）。

## 森林的其他保护功能

> 据估计，截至2015年，全球230个主要流域的森林覆盖率从68%下降到29%，增加了土壤侵蚀、森林火灾和基线压力的风险。

森林和树木在调节水流和减少土壤侵蚀方面发挥着重要的作用，通常被称为森林的保护功能。森林通过若干过程调节水分，包括截流降水，促进土壤水分的渗透储存并进行蒸散发；而树木和植被减少了地表径流，促进土壤入渗和地下水补给，减轻了土壤侵蚀和沉积。森林覆盖的减少、土地利用转换、不可持续的土地措施可能会降低森林及其土壤提供这些保护服务的功能。

据估计，在2000年之前，世界上230个主要流域的树木覆盖率平均为68%。2015年，这一比例急剧下降至29%，近一半的流域失去了它们50%以上的树木覆盖（FAO，2018）。在那些失去了50%以上树木覆盖的主要流域中，88%处于中高侵蚀风险，68%处于中高森林火灾风险，48%处于中高基线压力风险（Springgay等，2019；FAO，2018）。这些潜在风险对地区、粮食安全和生计构成了重大威胁。

> 截至2019年底，东非收容了400万难民和寻求庇护者，导致森林资源严重过度开发。

根据粮农组织的《2020年全球森林资源评估》，约有3.99亿公顷的森林指定用于保护土壤和水，自1990年以来增加了1.19亿公顷。虽然在整个时期内，为保护土壤和水而制定的森林公顷数都在增长，最近十年尤其如此，同时世界上约有25%的森林是为了保护水土资源而进行管理的，但其中只有不到10%的森林

**2020年阿拉伯叙利亚共和国** 建造难民收容所

©联合国儿童基金会/Akacha

**2019年孟加拉国**科克斯巴扎尔 加固被洪水淹没的道路

©联合国儿童基金会/Brown

主要用于保护水土资源。虽然全球森林土壤和水管理的趋势在增加，但亚热带和热带森林有下降的趋势，这与这些森林类型的森林砍伐有关。

## 森林与人道主义发展的关系

世界上有数百万名难民，大部分是由于长期危机造成的。在考克斯巴扎尔等难民营的平均停留时间超过20年（Betts和Collier，2017）。尤其令人关切的东非局势，截至2019年底，该地区收容了400多万难民和寻求庇护者，其中大多数在乌干达（130万）、苏丹（110万）和埃塞俄比亚（70万）。此外，东非流离失所者超过900万，主要分布在埃塞俄比亚（320万）、索马里（270多万）、苏丹（190万）和南苏丹（近180万）。

在可持续管理下，森林和林地为无家可归者定居点提供重要的安全网和维持生活的资产，同时还可以作为缓冲区，帮助难民社区抵御极端天气和其他冲击。然而，最近强制无家可归的人的数量迅速增加，加上收容地区人口总体迅速增长，对木材燃料、建筑材料和农业扩张的需求增加，导致森林资源过度开发。

本报告的2017年版讨论了四步法，用于评估无家可归者营地建设后的木材燃料供需，以制定可持续的森林管理计划。根据这种方法，粮农组织和世界银行在2018年至2019年评估了乌干达难民收容地区的森林资源退化情况，确定林业干预措施（包括造林、再造林和恢复），为这些社区提供可持续的木燃料、木材和其他林产品，促进可持续发展并最大限度地减少对环境的影响。

> 在粮农组织和世界银行评估的6个乌干达难民定居点，难民家庭几乎完全依靠木材燃料来满足其能源需求。

目标地区是一个广阔的“缓冲区”，距离基亚卡二世、基扬瓦里、鲁兰万尼亚、基里扬东戈、纳基瓦尔和奥鲁钦加六个定居点的边界5千米。还评估了距离定居点边界15千米的更大范围，以了解收容社区内的动态。收容家庭和难民家庭几乎完全依赖木材燃料来满足他们的能源需求，比例高达92.5%。据估计，在5千米缓冲区内的难民和收容社区的所有人口中，木材燃料的总消耗

2019年乌干达 鲁瓦万加难民营

©联合国难民事务高级专员公署/Vincent Tremeau

量约为每年475万吨。同一地区的地上生物质储量估计为250万吨，每年增加194 000吨。假设只有5千米缓冲区内的生物质才能满足木材燃料的需求，那么每年地上生物质库存的缺口为11%。

商业和自给农业的领土扩张进一步加剧了定居缓冲区的森林退化和森林砍伐，加大了对木炭、木柴和木材等的森林产品的砍伐以及定居点范围的持续扩大。这些驱动因素往往同时发生且相互增强（世界银行和FAO，2020）。

由于森林和林地是难民不可缺少的安全网，因此需要采取一系列干预措施，以缓解森林退化，增加难民和收容地区的能源获取，同时改善两个地区的生计和收入来源。鉴于目前难民和收容地对木炭和木柴的高度依赖，而且这种依赖在未来可能还会持续，对木材资源的可持续管理规划提供了可持续供应的木材燃料、增加林产品价值链、增加就业和收入以及为生态系统服务提供了机会①。

## 林业损失评估的发展方向

鉴于林业部门受灾风险的复杂情况（包括易受特定类型灾害的影响、易受伤害程度以及森林系统参与灾害预防、减轻和恢复的能力），需要采用普遍的方法进行详细分析。粮农组织为林业部门估算灾害的损害和损失制定了一套方法，木材的现值资产估价和可适销木材的补救等实际问题促使其成为林业评估的一种务实的办法。此外，它意味着在一定程度上可以通过增加木材生产和收入使灾害产生总体积极的影响。

> 评估灾害影响的性质、规模和程度的能力取决于有关森林灾前规模、组成和年龄等数据的可用性。

虽然已经有了方法工具，但今后的挑战是在国家和区域层面建立详细的数据库和信息系统。森林地区的规模、组成、森林年龄以及受损和补救木材数量的数据对于评估灾害影响的性质、规模和程度至关重要，无论是火灾、海啸还是病虫害。因此，我们必须加强数据收集和信息管理能力，并在国家和区域层面提高关键部门、利益攸关方对评估方法的重视。这种重视是必要的，可以为政策决策提供充分的信息，并对框架（指标C-2）和可持续发展目标（指标1.5.2）下的国际恢复目标进行有效的、全面的监测。因此，持续全面地报告国家林业灾害损失是确保该部门在全球抗灾能力建设中占有一席之地的关键。

① 粮农组织和世界银行评估提出的干预措施包括：（a）开发农林复合系统；（b）为能源和其他目的建立私人林地；（c）恢复和保护自然保护区的森林；（d）恢复和保护私人和公有土地上的自然森林；（e）升级加工系统和能源价值链。

2019年莫桑比克　飓风“伊代”余波

第3章

# 灾害对渔业和水产养殖的影响

依赖渔业和水产养殖为生的人必须应对气候变化和人为灾害带来的日益增加的灾害风险。为了有效地恢复和应急战略，我们需要深入了解渔业和水产养殖以及损害和损失的监测评估系统和做法。本章讨论分析了在灾害、复杂紧急情况和长期危机背景下减少灾害风险和恢复规划数据的可用性。在南美洲、加勒比和东非的五个不同国家使用粮农组织的损失评估方法进行概念验证，证明使用这一工具能更好地将减少风险纳入渔业和水产养殖管理。

©/@Reefscan/Matt Bjerregaard Walsh

## 在灾害对渔业的影响上撒网

渔业和水产养殖为全世界的弱势群体提供食物安全、营养和生计。鱼肉富含优质蛋白质、欧米伽3脂肪酸以及人体必需的钙、磷、锌等微量营养素，可促进健康和营养。截至2018年，全球有5 951万人从事捕鱼业（3 900万人）和水产养殖渔业（2 050万人）。其中，85%在亚洲，14%为女性（FAO，2020）。

> 渔业社区由于靠近水体，极易受到气旋、海啸、洪水和有毒物质泄漏的冲击，因此非常脆弱。

灾害和极端天气事件的日益增多以及气候变化的结果，对水生生态系统和依赖这些生态系统的人的生计产生了多方面的影响。此外，人口流动、粮食价格上涨会造成更多的捕捞，因此复杂的紧急情况、冲突和长期危机会增加渔业和水产养殖的压力。在冲突和危机的背景下，渔业可以为无家可归的人群提供替代就业和生计的机会。例如，20世纪90年代，当塞拉利昂北部的渔业社区逃离内战时，他们在邻国几内亚定居，扩大了对几内亚渔业的需求。考虑到灾害趋势和未来气候情景，在渔业和水产养殖部门建立抗灾能力和适应能力的变革行动是一个优先事项，并应长期持续下去。

渔民通常处于社会经济阶梯的底层，他们的社区靠近海岸、湖泊和其他水体。这些地方使他们容易受到热带气旋、海啸、洪水以及石油、有毒化学物质和核物质泄漏等许多灾害的影响。渔船、渔具和渔业基础设施（包括市场、港口、制冰和海产品加工设施）往往在这些事件中受损或完全被毁；在水产养殖方面，生产、孵化设备和基础设施（如孵化场、饲料厂、池塘和笼子）受到影响。此外，灾害还威胁着整个水生生态系统（如鱼类栖息地）以及生物多样性。

在灾难后立即恢复渔业活动可以迅速提供有营养的食物和就业，使社区快速恢复正常的经济活动。在发生冲突和复杂情况时，当国内无家可归者和难民的流动加剧时，渔业在难民和当地居民的食物和生计方面发挥重要作用（Lee等，2020）。

这就引出了一个问题：在一场灾难中丢失或损坏的所有船只、装备和设备都应该替换，还是只需要确保渔业保持在可持续发展的水平？修建的原则规定，恢复工作应与可用的水生资源成正比。通过立即更换所有设施、设备，使受影响的人尽快恢复生活的短期利益，实际上会损害旨在提供短期援助的人群中长期生计的可持续性。在这种情况下，最好是提供其他类型的人道主义援助，如农业投入或促进其他类型的经济活动。

**2020年毛里求斯** 马埃堡海岸漏油事件

匿名摄影师

**2020年印度尼西亚** 干旱迫使东松巴岛农民学习如何捕鱼

©路透社/Willy Kurniawan

灾后修复工作取决于灾前捕捞工作和水生资源健康的最新数据。

良好的应急处理需要了解水生资源的状况和管理情况，掌握受灾地区灾前灾后的渔具、船只和渔民数量，监测和管理该部门的能力也同样重要。在某些情况下，有限的管理能力可能已经导致渔业捕捞量超过其可持续捕捞范围，从而导致过度捕捞和过度开发水生资源。在水产养殖方面，必须了解灾难前的养殖密度、生产水平以及从业农民数量，从而确定灾害发生后的投入水平。

渔业和水产养殖部门面临的与灾害有关的最大挑战之一是了解灾害影响的性质、程度和经济成本。在一个整体信息系统的支持下，预估灾害和极端气候事件造成的损害和损失，有助于弥补现有的数据差距，并为渔业和水产养殖部门减少灾害风险和制定未来规划提供证据支撑。及时、准确和可靠的统计数据对确定渔具、船只和基础设施的数量和质量至关重要，这些渔具、船只和基础设施的分配方式应避免因过度捕捞和过度供应捕捞成果而造成鱼群崩溃的风险①。

在决定灾后渔业部门应该如何恢复时，有关捕鱼努力、受影响水生资源的健康状况以及积极参与渔业和水产养殖活动的人数的最新数据和信息同样重要。

## 将减少灾害风险纳入渔业和水产养殖管理的重要性

几乎所有拥有渔业和水产养殖资源的国家都有相应的管理框架，这些框架包括政策、立法、研究、战略规划、粮食安全、国内市场和出口市场以及渔业资源管理计划。气候变化和性别因素也越来越多地纳入国家渔业和水产养殖管理规划。数据和信息是这些框架的核心，为渔业管理计划、政策制定、规章和总体战略规划提供了基础。

当渔业管理计划不到位时，恢复工作可能会很混乱。

然而，大多数发展中国家难以充分执行其渔业管理计划，这主要是由于缺乏财政资源和人力资源。因此，当灾难来袭时，恢复可能会很混乱。

图3-1显示了将减少灾害风险纳入渔业和水产养殖管理规划及政策制定的重要性。虽然在渔业和水产养殖框架中通常可以找到减少灾害风险和损失计算所需的所有数据和信息，但当这些数据和信息质量较差且管理能力弱时，就会出现困难。

① 捕鱼努力量是衡量捕鱼量的指标，指在特定时间内在渔场上使用的特定类型的渔具的数量。例如：每天拖网的小时数，每天设置的钩子数量或每天海滩围网的运输次数。通常与捕鱼的小时数或天数、使用的鱼钩数量（延绳钓）、使用的渔网公里数等捕鱼活动投入的给定组合一起使用。

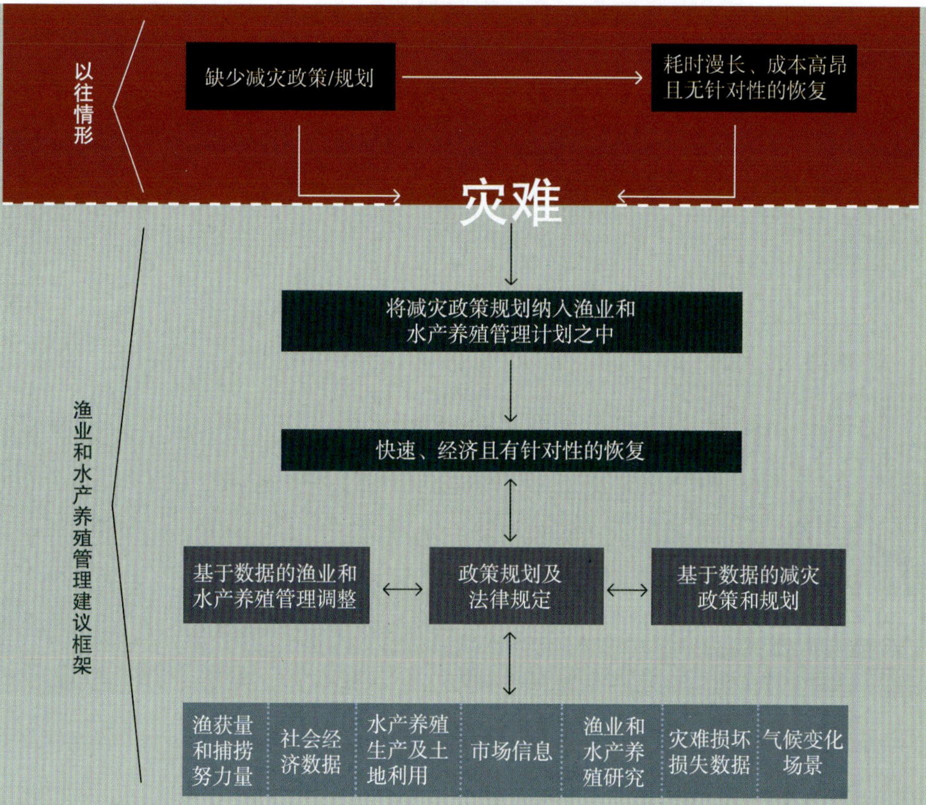


图3-1　将减灾政策规划纳入渔业管理框架

**2020年尼加拉瓜**　码头被飓风“艾奥塔”损坏

**2013年菲律宾**东萨马岛　台风“海燕”余波

**2020年科特迪瓦**　难民出售咸鱼

## 渔业和水产养殖的灾害相关数据的类型、来源和可用性

在发生大规模灾害和危机时，使用灾后需求评估（PDNA）、损害和损失及需求评估（DaLA）和多集群或部门初步快速评估（MIRA）等工具和流程进行高级（通常是多部门）评估，为制定康复和恢复计划提供了至关重要的信息。然而，它们在获取渔业和水产养殖数据方面往往面临重大障碍，而且未能采用适合该部门的评估方法。这意味着关于康复的重要决定是基于没有、很少甚至是不正确的信息。为了帮助解决这一问题，粮农组织开发了专门用于内陆渔业的渔业紧急情况快速评估工具（FERAT）（FAO，2020）。

**为了了解计算渔业和水产养殖业的损害和损失，要有灾害发生前存在情况的基线记录。**然而，在这些灾害发生最频繁的地区，往往缺乏或没有系统的收集数据。在有数据的地方，通常不容易访问。在这种情况下，PDNA、DaLA和MIRA必须依靠其他来源和方法评估实际损失。

> 可靠的基线数据对于灾后评估至关重要，但渔业和水产养殖业往往缺乏基线数据或质量较差。

扭转这种局面是很必要的。定期收集、监测和分析渔业和水产养殖的损害和损失信息是至关重要的。建立国家级灾害影响信息系统可以为应急管理和制定长期恢复和弹性政策提供必要的基线和灾后数据。

表3-1显示了所需的数据种类及来源（如粮农组织发布的《世界渔业和水产养殖状况》、渔业统计局和渔业全球信息）以及在数据无法获得、不完整或不可靠时可能使用的替代方法和来源。**交叉引用各种数据源将加强战略恢复计划。**该表同样适用粮农组织的损害和损失方法。后面将进一步讨论。

## 粮农组织的损害和损失方法及在渔业和水产养殖部门中的应用

损害和损失评估的全球标准是针对不同类型的威胁、生产系统和基础设施进行风险分析的基础。主动管理气候和非气候相关的风险需要可靠的灾难前和灾后数据。然而，在渔业和水产养殖部门，这类数据往往缺乏或不完整。而部门数据的多样性进一步加剧了海洋和内陆渔业及水产养殖活动降低风险、建立复原力和量化灾后损失等方面的挑战。

> 数据的标准化，能将在不同活动（捕捞渔业或水产养殖）、地理位置和各种灾害类型下的数据进行汇总和分类。

表3-1　进行损害和损失评估所需的数据类型及来源

| 数据类型 | 传统来源 | 替代/二级来源 |
|---|---|---|
| 人口 | ➔ 全国人口普查<br>➔ 行政记录<br>➔ 人口登记<br>➔ 人口抽样调查 | ➔ 利用遥感（RS）工具（无人机和卫星图像）对灾前房屋、市场及其灾后遗迹进行估计<br>➔ 国际组织 |
| 难民和国内流离失所人口 | ➔ 注册数据来自联合国难民署、国际移民组织、联合国人道主义事务协调厅、红十字与红新月联会、国际劳工组织、联合国开发计划署、非政府组织<br>➔ 集群4W报告（谁在做什么、在哪里、何时以及向谁） | ➔ 根据遥感卫星监测的避难所及居住者数量的估计数 |
| 数量：<br>➔ 渔夫<br>➔ 船（船队规模）<br>➔ 船工<br>➔ 水产养殖农民<br>➔ 水产养殖机器<br>➔ 水产营销人员 | ➔ 基线调查<br>➔ 农业普查<br>➔ 农业抽样调查<br>➔ 渔业趋势报告<br>➔ 国家渔业年度报告<br>➔ 区域渔业报告<br>➔ 科学报告和研究（学者或大学）<br>➔ 非政府组织的报告<br>➔ 过去的应急项目报告<br>➔ SOFIA和FIGIS报告<br>➔ 集群4W报告 | ➔ 实地调查<br>➔ 采访：<br>——渔业政府官员<br>——社区领导<br>——渔民（重点组）<br>➔ 灾前和灾后遥感监测船的数量<br>➔ 过去渔业项目报告 |
| 渔业生产：<br>按类型划分的捕获量（海洋、内陆等） | ➔ 农业抽样调查<br>➔ 渔业生产调查<br>➔ 基线调查<br>➔ 国家渔业年度报告<br>➔ 区域渔业报告<br>➔ 科学报告和研究（学者或大学）<br>➔ 非政府组织报告（如世界自然基金会）<br>➔ SOFIA和FIGIS报告<br>➔ 地理信息系统制图 | ➔ 现场调查<br>➔ 关于渔业生产趋势的采访：<br>——渔业政府官员<br>——社区领导<br>——渔民（重点组）<br>——水产养殖机器<br>➔ 过去渔业项目报告 |
| 水产养殖生产：<br>➔ 物种数量<br>➔ 生产区域（平方千米）<br>➔ 生产价值<br>➔ 孵化场投资价值<br>➔ 按物种划分的孵化场产量和价值<br>➔ 鱼饲料量和价值 | ➔ 农业抽样调查<br>➔ 国家渔业部门报告<br>➔ 私营生产商的年度报告<br>➔ 科学报告和研究（学者或大学）<br>➔ 海关进出口数据<br>➔ SOFIA和FIGIS报告<br>➔ 地理信息系统制图<br>➔ 国土规划部门报告 | ➔ 关于水产养殖生产趋势的访谈：<br>——水产养殖官员<br>——水产养殖农民<br>——孵化场运营商<br>——鱼类加工商<br>➔ 养鱼场的遥感监测 |

（续）

| 数据类型 | 传统来源 | 替代/二级来源 |
| --- | --- | --- |
| **资产：**<br>➔ 按类型、大小和推进力划分的船的数量<br>➔ 各类渔具数量 | ➔ 农业普查<br>➔ 专项调查<br>➔ 鱼类产量估算<br>➔ 基线调查<br>➔ 过去的渔业项目报告<br>➔ 国家渔业年度报告<br>➔ 区域渔业报告<br>➔ 科学报告和研究（学者或大学）<br>➔ 非政府组织报告（如WWF）<br>➔ 集群4W报告 | ➔ 实地勘察<br>➔ 行政记录<br>➔ 遥感监测数据估计值<br>➔ 采访：<br>——渔民（重点组）<br>——社区领导<br>——渔船供应商<br>——渔具供应商 |
| **贸易和市场：**<br>➔ 鱼类市场和营销商数量<br>➔ 贸易额<br>➔ 出口量<br>➔ 进口量 | ➔ 市场调查<br>➔ 海关进出口数据<br>➔ 鱼类价格和趋势<br>➔ 年度国家渔业报<br>➔ 区域渔业报告 | ➔ 采访：<br>——鱼类营销商和贸易商<br>——渔业管理人员<br>➔ 科学报告和研究（学者或大学）<br>➔ 该地区非政府组织工作报告 |
| **环境对渔业的影响** | ➔ 气象局关于捕鱼季的报告<br>➔ 环境部污染报告<br>➔ 科学报告（学者或大学）<br>➔ 联合国开发计划署等对气候变化影响的科学研究<br>➔ 非政府组织报告<br>➔ 欧盟兽医局的水产养殖报告（农药和重金属残留物的实验室测试） | ➔ 访谈和重点组讨论（关于在湖泊和水库周围使用杀虫剂和其他农用化学品）：<br>——农业管理人员<br>——社区领导<br>——渔民<br>——水产养殖户<br>➔ 观察塑料和非生物降解垃圾的情况 |
| **对受影响人口负责** | ➔ 过去的渔业和水产养殖项目报告<br>➔ 集群4W报告<br>➔ UNOCHA<br>➔ 申诉机制的报告 | ➔ 对受益人群体进行访谈和调查 |

标准化评估方法要求数据收集的一致性，确保涵盖所有活动（海洋、内陆水产养殖），并在灾害类型和国家之间提供一致性的数据。只有这样，才能对数据进行整理，以便在国家、区域和全球各级对捕捞渔业和水产养殖业与灾害有关的综合和分类损害损失进行评估。

粮农组织的损害和损失方法是在考虑这些问题的基础上制定的，该方法于2017年推出，并在本版报告的技术附件中再次提出。它使国家灾害管理官员能够整理以下信息：①以吨计的生产损失（包括销毁的储存捕获物）和市场价值；②资产损坏，包括修理费用和赔偿成本。对于资产损坏，要考虑该部门的生产系统和商品范围（包括海水养殖生产）。

粮农组织的方法使用一种标准化的计算方法来评估直接损害和损失，并旨在衡量不同类型、不同持续时间和严重程度的广泛灾害的直接影响。它被设计用于一系列灾害——从大规模冲击到具有累积影响的中小型规模事件。

在五个国家的渔业和水产养殖进行粮农组织损害和损失方法的概念验证。

**在南美洲、加勒比和东非国家的布隆迪、哥伦比亚、多米尼加、圣卢西亚和坦桑尼亚联合共和国进行概念验证。**针对这些国家的海洋、内陆和水产养殖等各种情境进行了测试。研究发现，损害和损失方法鼓励各国扩大其数据收集系统，将渔业数据纳入现有的渔业基线调查或人口普查，并考虑渔业和水产养殖部门的价值链研究和分析。其中，价值链研究和分析是损害和损失评估的一个组成部分，可以表明鱼类和其他渔业产品的经济价值，并确定了关键的价值链利益方。

这些试验证实，虽然五个国家都有渔民和水产养殖户分类系统，但它们缺乏收集、监测和评估灾害对生产影响的适当工具。粮农组织的损害和损失方法有助于填补这一空白，同时也强调了这些国家需要建立灾后分析所需的支持性信息基础设施。试点国家还表明，灾害对每种渔业类型（海洋或内陆）和水产养殖产生不同的影响，在国家层面制定损害和损失评估系统时，必须考虑到这种类型的具体情况。

## 多米尼加和圣卢西亚的海洋渔业

海洋捕捞渔业特别容易受到风暴、飓风以及热浪和藻华的影响。与气候变化相关的事件往往对岛国的影响最大。例如，在加勒比地区，风暴和飓风增加了对手工和小规模渔业部门的影响。飓风玛丽亚（2017年）给该行业造成了数百万美元的损失。在多米尼加，飓风摧毁了主要生产罗非鱼和沼虾的整个水产养殖活动，但由于缺乏数据收集，无法准确反映农民的损失。

马尾藻阻碍了渔业作业，而防止马尾藻涌入的管理成本很高。

近年来，一些加勒比群岛，如巴巴多斯和圣卢西亚受到马尾藻增加的严重影响。马尾藻是一种被大量冲上海岸的海藻，马尾藻缠在渔具上，使渔船难以启动和操纵，阻碍了渔业作业。据一些渔民所述，马尾藻也改变了捕捞构成（即巴巴多斯飞鱼减少，捕捞努力量从2011年开始大幅减少）。管理马尾藻的成本很高，需要特定的设备和基础设施来收集、运输和储存海藻。尽管该地区马尾藻侵袭的经济损失尚未量化，但其影响是真实的。深入的区域评估对于更好地理解与马尾藻流入有关的社会经济影响和挑战，并确定可持续的应对和预防措施至关重要（UNEP-SPAW，s.d；Ramlogan等，2017）。

多米尼加和圣卢西亚是加勒比地区首批使用粮农组织损害和损失方法的试点国家之一，以损害和损失方法作为建立综合数据收集系统的基础，并为飓风、马尾藻和一般灾害评估建立基线。多米尼加目前正在更新渔民及其资产的数字登记册，并修订数据收集表格，以满足渔业通用损害和损失方法的更广泛的信息需求。

## 坦噶尼喀湖的内陆渔业

任何资源的可持续管理都以获得良好的数据和信息为前提。在渔业管理中，这一原则通常被忽视，因为内陆渔业的数据很薄弱，通常不足以用于决策，导致世界各地内陆渔业资源普遍状况不佳。更好的损害和损失评估需要收集更多关于内陆水环境以及构成这些渔业基本组成部分的鱼类和渔民的数据（Welcomme，2003）。

因此，粮农组织目前正在支持坦噶尼喀湖管理局（LTA）开展数据收集，以定期评估灾害对当地渔业活动的影响。重点有两方面：调查方法和数据库管理方面的技术支持；确定并实施在坦桑尼亚联合共和国和布隆迪有关当局之间进行数据共享的最佳做法。

*粮农组织支持改进坦噶尼喀湖脆弱渔业数据的收集方法。*

坦噶尼喀湖是布隆迪和坦桑尼亚联合共和国的重要渔场，常常受到洪水和干旱引起的水深变化，这种变化会影响营养物质和食物网的动态。和东非的其他水体一样，这个内陆水体的温跃层尤其脆弱，极易受到风变化的影响（Naithani等，2003）。偏于温跃层标准模式的任何偏差都可能影响鱼类的上岸数量，对渔业产生不利影响。该地区的内陆水体也容易出现水葫芦等入侵性杂草，它们会堵塞渔场，损坏船只和引擎。杂草还通过蒸散作用造成大量的水分流失，这改变了整个地区的水平衡；阻碍水流，进而增加沉积，造成洪水和水土流失；并极大改变了被入侵水体生态系统的物理化学性质，对动植物产生有害影响（IUCNISI，2012）。

## 哥伦比亚的水产养殖

哥伦比亚的水产养殖活动在过去十年中稳步增长，尤其是罗非鱼、虾和鳟鱼的产量。气候变化与极端的厄尔尼诺现象和拉尼娜现象有关，从而导致水温上升和更多的干旱，对该国内陆地区产生重大影响。令人感兴趣的是“冬季飓风”，即冬季气温的周期性上升，可能会造成严重的损害和损失。2010—2011年和2018—2019年的事件尤其具有破坏性。2018—2019年事件的数据仍在分析当中，但已经知道了2010—2011年的事件造成的一系列影响，如引发

2019年莫桑比克　飓风“伊代”过后

山体滑坡、洪水、大风和雪崩，增加了鱼种死亡，摧毁池塘、网箱和其他水产养殖基础设施。哥伦比亚和安第斯地区的大部分地区一样，池塘位于沼泽地附近。因此，洪水不仅冲走了养殖的虾和鱼，而且还增加沉积物，改变了水的化学成分。据报道，损失的鱼类资源已超过75%。

根据对2010—2011年事件的初步损害和损失评估，水产养殖占农业部门总损失的13%，占总损失的3.7%。因为未系统收集国家一级水产养殖数据，这些数字可能低估了真实情况的严重性。该国目前正基于粮农组织的方法以及现有的国家平台进行调整，将官方损害和损失信息系统制度化，从而加强和简化整个农业部门特别是水产养殖业的灾害影响数据收集和评估。

## 渔业和水产养殖中损害和损失评估的发展方向

粮农组织试点项目强调，需要增强灾害管理部门和渔业局之间的数据共享，从而加快评估和恢复，改善国家数据，使灾害应对更加协调。

总的来说，在试用粮农组织的损害和损失方法的五个国家中，海洋捕捞渔业的数据收集系统相对完善，便于应用粮农组织的办法。但内陆渔业和水产养殖却不是这样的，尽管哥伦比亚的水产养殖数据收集正在改善，但仍旧严重缺乏。这些试用突出表明，需要在灾害管理部门和渔业当局之间加强系统的数据共享和交流，这将大大加速损害和损失的评估和恢复。此外，还将促进在国家数据收集框架内整合有关渔业和水产养殖部门的有价值的信息，更好地协调分析和应对，并更准确地了解任何特定灾害的后果。

**2020年肯尼亚**　蝗虫防治行动

©粮农组织/Luis Tato

# 第2部分

# 聚焦食物链危机

©路透社/Eloisa Lopez

**2020年菲律宾**　台风“瓦姆科”的后果

# 第4章

## 疫情下的农业：新冠疫情对粮食生产的影响

新冠疫情正在对农业和粮食体系的发展轨迹和经济增长产生负面影响。这场全球危机以前所未有的规模凸显了风险的系统性，以及在各个层面建立协调、结构化的多部门和多灾害的风险应对机制的迫切性。量化和评估对农业生产的直接影响，是政策制定者能够确定供应链上连锁反应程度并恢复和重建一个更具抵御力的农业部门的必由之路。

# 变化中的风险格局

新冠疫情的蔓延对世界经济产生毁灭性的影响。农业部门以直接和间接的方式感受到这些影响，采取了必要的措施来阻止新冠病毒的传播。许多国家为遏制全球健康危机而采取的措施正在扰乱农产品的需求和供应，影响国内外的生产、市场和消费。然而，新冠疫情的范围和持续时间及其经济影响仍有待量化，它带来扰乱生计、就业以及与贫困和粮食不安全的斗争等现象，造成历史性经济危机的趋势越来越明显，为预测疫情的长期和附带影响，有必要更好地了解农业的预期成果。

> 联合国应对框架在卫生、人道主义和社会经济方面应对疫情。

联合国秘书长呼吁团结一致，共同努力应对全球健康危机，并提供一个综合框架来帮助各国人民从新冠疫情的影响中恢复过来。它包括在卫生、人道主义和社会经济方面作出的应对战略，同时保护生活在疫情胁迫下的人的需求和权利，特别关注最脆弱国家、群体和有可能落在后面的人。

与此同时，《仙台框架》将新冠疫情等生物危害纳入21世纪的主要风险。虽然新冠疫情被正式宣布为大流行病，但其潜在因素、影响和后果远远超出了卫生系统范围。它是系统风险的缩影，即单一风险的负面影响威胁到多个系统。新冠疫情对整个经济的连锁反应和毁灭性影响，表明当今风险的相互关联性质，突出表明全球一致努力加快减少风险活动的迫切性。虽然疫情强调需要对生物危害采取紧急行动，并将其系统地纳入国家和区域各级的多灾害风险减少计划，但它也表明，这种系统性办法仍具有达成集体承诺的挑战。

> 新冠疫情的严峻形势有可能从根本上破坏实现可持续发展目标取得的进展。

粮农组织高度关注新冠疫情对农民、渔民和牧民的福祉、生计和粮食安全所带来的影响。在许多中低收入国家，该病毒的流行率出现惊人增长。广泛采取的防止其蔓延和经济负面影响的措施正影响小农和脆弱的农村人口。

新冠疫情的严峻形势有可能从根本上破坏迄今为止在实现可持续发展目标上取得的进展，特别是可持续发展目标1（减少贫困）和可持续发展目标2（消除饥饿、实现粮食安全、改善营养和促进农业可持续发展）。

新冠疫情对粮食安全、营养以及农民、渔民和其他食品供应链工人生计的影响，很大程度上取决于短期、中期和长期的公共政策应对措施。目前，各国政府必须平衡多种考虑因素。除管理卫生危机及随之而来的经济动荡外，它

2020年孟加拉国　出售鱼干

© 粮农组织/Kazi Riasat

2020年德国汉堡　新冠疫情应对

© Daniel Müller 绿色和平组织

们还必须确保正遭受严重挑战的农业和粮食体系的顺利运作。

尽管疫情对维持良好运转的粮食体系带来直接挑战，但危机后的复苏需要农业部门加速转型，以增强其抵御各种系统性冲击的能力，包括气候变化、粮食危机和类似新冠疫情等突发卫生事件。

## 对农业的附带影响

这场疫情直接影响粮食的供需状况，它对抗击新冠疫情国家的数百万农民的生活和生计产生了不利影响。地方、国家和全球供应链的中断已影响他们获得维持生产力和确保粮食安全所需的投入、资源和服务的机会。粮食的购买力正在降低，同时也影响了粮食生产和分发的能力。农业出口同样面临需求中断和供应链问题的困扰。由于空运业务取消和边境的限制，数百万出口农作物的非洲小农失去了进入全球市场的机会。**影响比较严重的是肯尼亚的花卉行业，同时蔬菜、坚果、咖啡和可可的出口都受到不同程度的影响。**为世界提供60%可可的主产地西非在这个阶段也实施了封锁。出口限制、需求和价格下降可能导致高达价值20亿美元的损失，并影响加纳和科特迪瓦的200万农民（麦肯锡公司，2020）。即使在印度和肯尼亚这样的国家，与农业价值链相关的服务也是必不可少的，但许多服务供应商由于担心感染、缺乏需求、物理距离要求或无法给工人提供个人防护设备（PPE）而限制了业务。

> 封锁导致肯尼亚花卉行业崩溃，蔬菜、坚果、咖啡和可可出口严重减少。

供应链的中断也影响了种子、化肥和杀虫剂等农业投入品的流动。许多国家在农业季节的关键时期实施了流动限制，减少了在最需要的时候获得投入、劳动力和农田的机会。因此，许多国家的耕地面积、收获能力以及货物向加工设施和市场的运输都受到了严重影响。中短期的影响包括生产损失和农民收入减少，以及营养状况的恶化，特别是已处于危机中的人群。在孟加拉国，运输系统的故障导致易腐食品的倾销和农场产品的大幅降价，影响了农业生产者的粮食安全（FAO，2020e）。索马里政府为遏制新冠疫情传播而采取的措施将导致牲畜出口下降30%～50%，汇款流量下降30%～50%，进口食品价格上涨20%～50%，城市贫困家庭和国内流离失所者的收入下降20%～30%（FAO，2020a）。

> 农民获得投入、劳动力和农田的机会正在减少，导致生产损失、家庭收入下降和营养下降。

在危机和受冲突影响较重的国家，疫情对农村生计和粮食安全的冲击尤其令人担忧。薄弱的治理和国家机构、弱势群体获得服务的机会不平等以及对

**2020年肯尼亚** 花卉生产

©路透社/Baz Ratner

**2020年苏丹** 应对新冠疫情

©联合国儿童基金会/UN233850/Nooran

政府的不信任，这些挑战使社会和经济条件已不稳定的国家应对疫情更加困难。此外这些国家还可能面临更复杂的挑战，包括气候变化冲击、流离失所和粮食的不安全。在也门，宵禁和减少工作时间给农业企业和市场带来额外的负担。水果、蔬菜和鲜奶等主要食品日益稀缺，进一步加剧了该国营养水平的下降。满足孟加拉国科克斯巴扎尔这个世界上最大的难民定居点的需求，本身就已经很艰巨了，新冠疫情加剧了这一挑战，造成了危机中的危机。由于行动限制，成千上万已处于非常危急和粮食不安全的罗兴亚难民已经失去工作、生计和随后的收入。一项快速评估凸显了疫情对农业生计的负面影响，包括由于缺乏季节性劳动力而导致的收割中断，缺乏种子或肥料而导致的种植中断，运输设施减少而导致的运输中断，以及由于封锁或保持安全距离而导致的市场交易中断（联合国人道主义事务协调办公室，2020）。

量化遏制新冠疫情措施对农业部门的影响有助于确定恢复能力和更好地重建所需的努力。

在瞬息万变的环境中，很难量化与新冠疫情相关的遏制措施对整个农业部门，尤其是对生产的切实影响。然而，很明显，产量、农民收入以及农产品市场和贸易的急剧收缩在不久的将来还会继续。**量化和评估农业产量下降所需的努力使政策制定者能够确定在恢复能力和供应链方面连锁反应的程度，以及重建更具抵御能力农业部门所需的努力。**

## 解决疫情下农业生产损失问题

粮农组织提供了一套工具和方法，以确定和监测新冠疫情对粮食安全和粮食体系造成的风险，并评估对整个食物链的影响。根据这一全球合作方针，粮农组织的损害和损失评估方法可以提供一套有用的手段，帮助了解危机如何影响农业，特别是对生产阶段的农业的影响（即损失）。虽然它最初用于评估自然灾害和极端事件的影响，但它可以进一步作为一种有价值的工具来评估新冠疫情对地区农业季节总体生产的影响（即损失）。

在过去三年中，粮农组织一直支持伙伴国家开发和实施信息系统，以评估与农业相关的损害和损失。已接受培训并采用粮农组织远程学习方法的区域有：拉丁美洲和加勒比地区，智利、乌拉圭和哥伦比亚已处于实施阶段；中亚在吉尔吉斯斯坦和塔吉克斯坦正进行试验；东南亚；东欧；北非和近东；东非。该进程为各国建立了一个信息系统，以便定期收集、记录和分析从大规模冲击到小规模局部事件（如天气异常波动）的灾害影响。影响报告包括林业、渔业和水产养殖在内的所有农业部门的损害（投入和资产）和损失（生产流）。此外，根据《仙台框架》指标C-2和可持续发展目标指标1.5.2，该方法构成了全球监测和减少农业灾害影响的方向。

总之，新冠疫情通过多种渠道对农业生产构成潜在威胁，如需求减少或改变、获得投入和信贷渠道减少、物流问题等。如果不通过粮食进口的增加来补偿，生产因素的中断最终导致受影响地区农业产量下降和潜在的粮食短缺，特别是高价值、易腐烂的商品（FAO，2020b）。

必须根据新冠疫情的潜在影响及其相关的遏制措施，仔细评估农业活动的季节性和确切时间。由于危机在每个国家的发展情况不同，必须确定农业季节实施控制和限制措施的时间表。疫情的强制封锁会扰乱劳动力流动、市场和运输。因此，农民可能难以播种、收获或出售他们的作物，导致广泛的生产损失，同时影响其生计和粮食安全。

> 风暴、干旱和沙漠蝗虫等其他灾害加剧了疫情对许多国家农业的影响。

此外，在新冠疫情全面展开之时，其他即将发生的灾害，如飓风、地震、洪水和虫害，可能会加剧对农业的重大影响。一些国家已经历了这些双重危机。瓦努阿图便是如此，在全球疫情宣布不到一个月就遭受了五级热带气旋哈罗德的破坏；摩尔多瓦共和国同时遭受干旱和新冠疫情；菲律宾和中美洲分别在11月中旬受到台风“瓦姆科”和飓风“约塔”的袭击；还有十几个国家同时与新冠疫情和沙漠蝗虫激增的状况作斗争。在这种形势下，重要的是要交叉参考同时发生的灾害，以区分在评估过程中产生的各自影响或解释复合生产损失。

粮农组织的损害和损失评估方法已被纳入国家农业灾害损失信息系统，以下概述了其如何用于评估新冠疫情背景下的生产成果：

### 1.对生产过程中与新冠疫情相关的风险进行评估

这些主要因素可以表明农业生产是否存在因新冠疫情而造成的中断和潜在损失的风险，从而表明有必要开展评估：

- 新冠疫情的传播时间和各自的遏制措施与农业活动日历（如播种、收割、牲畜迁移）的关系。
- 由于国家和地区在关键时期的限制，农田和牧场的使用减少。
- 关键时期的投入供应（种子、动物饲料、肥料、工具等）中断。
- 关键时期价格投入（包括工具、燃料等）的中断。
- 劳动力中断（特别是季节性劳动力和移民劳动力）。
- 需求中断（由于食品相关企业和加工设施关闭）。
- 利率波动或上升以及农民获得信贷的渠道中断。
- 同时存在冲击和灾害（任何可能进一步危及农业生产的外来危害，如干旱、洪水、飓风或旋风、入侵植物害虫、动物疾病暴发）。

如果上述任何一个风险因素干扰了生产过程，则损害和损失评估方法可用于估计所有受影响的子行业由此产生的生产损失的数量和价值。然而，损害和损失评估方法本身不能将这些损失归因于上述任何风险因素，因为它没有解决因果关系。相反，这些因素表明了何时应使用粮农组织的损害和损失评估框架进行评估。

> 由于新冠疫情大流行不会造成资产和库存的物理破坏，因此相关的方法组成部分是生产损失。

该方法有三个主要组成部分，它们共同涵盖了所有分部门的生产过程，生产损失、生产损害和资产损失（FAO，2016c；Conforti等，2020）。损害类别包括对资产（如机械、工具和结构）和库存（储存的投入和产出）的物理破坏，这些破坏经常发生在洪水、风暴、飓风、滑坡等灾害中。在对资产和库存没有直接物理影响的新冠疫情背景下，相关的方法组成部分是生产损失（图4-1），它衡量的是与灾难前预期相比放弃生产的数量和价值。

| | 损害 | 损失 |
|---|---|---|
| 生产 | 被破坏的生产储存和投入的灾前价值 | 生产预期价值与实际价值之差以及短期灾害费用 |
| 资产 | 被毁机器、设备、工具的更换或修理价值 | |

图4-1　粮农组织损害和损失评估方法的三个组成部分

作物生产损失部分由以下要素（公式）组成：

1）部分受影响（但已收获）地区作物产量的预期价值与实际价值之间的差异：

➔ $p_{i,j,t-1} \times \Delta y_{i,j,t} \times ha_{i,j,t}$

2）完全受影响（未收获）地区被毁坏的作物的灾前价值：

➔ $p_{i,j,t-1} \times y_{i,j,t-1} \times \Delta ha_{i,j,t}$

3）灾后短期维护成本（灾后立即用于暂时维持生产活动费用）：

➔ $P_{short-run}$

为反映新冠疫情的影响，第一个要素可用于生产受到部分影响的情况。这可能是由于投入的减少（如播种减少，收获便减少）、劳动力短缺或需求减少迫使农民放弃收获份额。在这种情况下，生产损失将根据收获后实际（物化）产量与作物预期产量之间的差异计算，后者是基于前几年收获产量报告趋势估计的。

第二个要素侧重于完全受影响的地区，适用于受影响地区没有收获的情况。例如，这可能是由于农业用地的使用中断造成的。在这种情况下，生产损失将根据整个受影响地区的总体预期产量（根据前几年报告的产量和收获产量的趋势）估算来计算。

维护成本要素通常包括在灾难发生后短期内为暂时维持生产活动而产生的所有费用。在新冠疫情背景下，第三个要素可以包括农民和工人的防护装备、消毒、额外运输成本等。它还可以包括支持农民生计的可能的社会转移支持，以及对获得信贷的额外支持（应从总成本中减去）。

损害和损失评估法本身不考虑影响生产的因素和渠道的任何因果归因，也不提供任何关于预测生产是否会受到影响的推论。此外，该方法没有考虑疫情和其他灾害在农业生产之外以及在整个粮食和非粮食价值链上的更广泛或更长期的社会经济影响（如粮食安全、移民、农村就业、贸易平衡、国内价值增值等）。该方法及其计算方法侧重于关注灾害对农业资产和生产流动的影响。在并发或复合发生灾

粮农组织的损害和损失评估法可以帮助决策者为农业社区制定和实施有针对性、及时和有效的新冠疫情应对措施。

**2020年肯尼亚** 替代性动物饲料生产

©粮农组织

**2020年索马里** 分发新冠疫情援助物资

©路透社/Antara Foto/Irwansyah Putra

**2020年印度尼西亚** 稻米生产

难的情况下，如果没有辅助校准信息，该方法可能无法区分或归因不同事件的相应影响。然而，它是一种可以计算和量化所发生的生产损失的多功能工具。在新冠疫情背景下，结合已确定的风险因素（见上文），该方法可以为国家决策者提供证据基础，以便及时有效地应对危机并促进危机后的迅速复苏。

### 2. 数据与信息

迅速采取行动是确保受新冠疫情影响后有效恢复的关键，这也有助于在全球范围内建立有抵御能力的粮食体系。为此，迫切需要提供数据和分析以支持政策制定和方案设计，进而防止生产和粮食体系的中断，从而避免粮食不安全，保护国计民生。然而，国家统计系统和其他数据生产者的能力在很大程度上受遏制措施的限制，从而拉低各国及时、准确分析生产结果的能力。

> 新冠疫情后的有效和强劲复苏将取决于数据收集和分析，但数据生产者本身受到遏制病毒措施的限制，危及国家统计系统提供及时准确生产分析的能力。

在国家层面，需要紧急调整和加强数据收集方法，因为传统的调查过程，如面对面的采访被遏制疫情所采取的控制物理距离的措施干扰。电话和网络访谈以及遥感等创新方法更适合确保及时和响应性的数据，以满足疫情带来的新需求。为获得评估生产结果的必要信息，提供已建立和经过验证的农业数据收集系统是一个关键优势。为使已有的生产和生产力评估数据收集系统适应新冠疫情的情况，应将有针对性的问题纳入现有的调查中。

#### 进行生产损失评估所需的数据点

- 受影响地区的大小；
- 按地区、类型划分的作物；
- 从 $t$-1 到 $t$-3（紧急事件发生前年份）的作物产量；
- $t$-1（疫情前水平）的作物价格。

注：通过推导放弃作物产量的热量和微量营养素，作物损失量也可以为估算营养损失提供基础。

在全球层面，**现有的信息来源和系统应优先用于监测风险因素和实际生产转移**。这包括使用经常更新和可靠的国家、区域、全球数据库，以及其他组织对观察到的与新冠疫情直接和间接影响有关趋势进行的相关分析。例如，当地市场粮价的波动可以从国家和地区市场价格公报和全球数据库中获取。同样，有关新冠疫情传播和遏制措施的信息可以从政府和组织（如世界卫生组织）发布的公告和分析中提取。

> 经常更新的信息源和系统可用于监测风险因素和生产转移。

## 现在学习，为未来做准备

新冠疫情揭示了风险的系统性，并凸显了社会经济系统具有高度连带效应的多种危害。《2019年全球评估报告》（GAR）和《仙台框架》表明，在人口日益增多、网络化和全球化的社会中，风险的性质和规模已变化到超越现有的传统风险管理机构和方法的程度。未来尚不确定疫情何时能够得到控制及恢复，随着国家和区域实体正在设计恢复计划和工具，他们提供了一个机会来重申对多灾害、多部门和多利益相关者风险降低战略的需求。

> 使用粮农组织的损害和损失评估方法来了解疫情对农业的影响，可以帮助确定农业生产系统的弱点瓶颈和脆弱性，以便在未来的危机中得到加强。

鉴于此，确保粮食体系更具可持续、更有抵御能力并为未来的危机做好准备，是一个更加紧迫的优先事项。尤其是必须审查目前可用于粮食体系的恢复工具，以验证那些被证明的最有效的政策措施，并明确需要采取哪些新措施来准备和应对系统性冲击。如果在国家层面实现制度化和可操作化，通过粮农组织的损害和损失评估法提供的评估可以成为分析各种政策措施的基础。结合其他工具，了解与疫情相关的农业损失范围可以帮助建立证据基础，以确定农业生产系统的弱点、瓶颈和脆弱性。这是加强对系统性风险所作的准备和有针对性地减少灾害风险的政策和规划的垫脚石。为了实施损害和损失评估法，有必要在地方、国家和全球层面建立和加强数据系统，以便为评估提供可靠、详细和分部门的具体信息，最终为决策者提供有效信息。

> 疫情的教训强调，需要全面的风险管理，能够以综合方式预测和应对各种挑战。

此外，需要将新冠疫情的经验教训纳入更广泛地应对农业和全球粮食体系面临的其他挑战中。这些挑战包括持续的气候紧急情况以及需要建立能够抵御多种危害和系统性风险的粮食体系；在不断变化的气候中确保粮食安全，同时减少该部门的温室气体排放；保护生物多样性；控制和预防一系列动植物疾病，包括那些通过食源性疾病（如牛海绵状脑病或“疯牛病”）、人际传播（如人畜共患冠状病毒）和诱发人类抗生素耐药性（当抗生素在畜牧业中使用不当时）直接影响人类健康的疾病，以及通过减少动物和作物产量而影响粮食安全的疾病（如非洲猪瘟和秋黏虫）。

在这一具有挑战性的背景下，粮农组织的损害和损失评估方法和类似的工具必须完全制度化。只有这样，今后才能制定出一种真正的综合和跨领域的办法，以便更好地掌握各种新出现的灾害对农业及其分部门的多重危害影响。

2020尼日利亚 运输牲畜

2020年墨西哥墨西哥城 装载菠萝

**2018年土耳其** 提高农业职业技能

©粮农组织/Ridvan Vahapo

## 第5章

# 处于十字路口的动物健康：连接理论、评估和政策的桥梁

动物健康具有广泛的影响，不仅关系到畜牧业的发展和可持续性，而且涉及人类社区的福祉和全球安全问题。动物疾病的直接影响从生产和生产力的减少到消灭整个畜群各不相同，而且往往会带来阻碍进入当地市场的限制以及区域或国际贸易禁令。预防和管理动物疾病风险是一个复杂的过程，需要相应的投资比例来支持实现多个可持续发展目标。本章探讨了主要动物疾病威胁对畜牧业的影响，提出了改进评估技术和重新考虑整个动物卫生系统的缘由。

## 保护牲畜、强化生计和拯救生命

动物健康问题正处于一个十字路口。各种因素正在加剧疾病风险，包括商业系统的进步和整合，全球粮食、农业和动物生产的加强，气候变化动态，城市化和人类对野生动物栖息地的入侵。传染病的传播对象遍及野生动物、牲畜和人群，很少有疾病仅限于一个群体，宿主种群之间相互作用的动态变化为疾病的进一步出现和传播奠定了基础。超过70%的人类新疾病源自动物，并有可能成为当地或全球的公共卫生威胁（FAO，2017a）。这些动态的影响在最近传播的新型冠状病毒中很明显，它导致新冠疫情，并引发了全球大流行，带来了不断扩大的影响。

> 良好的动物健康促进了对自然资源的有效利用，降低了温室气体排放，减少了对抗菌药物的需求，保障了人类健康和生计，并加强了粮食安全。

畜牧业在全球10亿多人的生计中发挥着核心作用，并贡献了全球40%的农业增值。在畜牧业部门促进动物健康及提升福利所产生的好处不仅仅是提高生产力，它还有助于：更高效地利用自然资源；减少牛奶、肉、蛋、羊毛和皮革等商品生产过程中的温室气体排放；减少对抗菌剂的需求；保护农民和消费者免受食源性疾病和其他人畜共患疾病的侵害；保障农民的生计以及最终实现安全。因此，动物健康和福利与《2030年议程》的所有可持续性维度相关，并且在世界各地的资本密集型、劳动密集型和牧民系统中是同等重要的考虑因素。

## 疾病发展的主要因素

尽管近几十年来公共卫生和兽医卫生有所改善，但畜牧业及其动物种群仍然极易受到广泛的健康威胁。在许多最不发达国家和中低收入国家，不受控制的传染病重新出现并危及小农户的牲畜等主要资产，损害他们的生计、收入和粮食安全。通常情况下，动物疾病会对生产产生强烈的负面影响，扰乱畜牧业系统，扰乱市场和贸易。非洲猪瘟（ASF）、口蹄疫（FMD）、小反刍兽疫（PPR）和牛结节疹（LSD）是已知的跨境传播具有较高影响的牲畜疾病。尽管它们不会感染人类，但它们严重破坏了农村社区和小农户的生计，影响了最脆弱人口的粮食安全和营养。

另一方面，某些传染性动物疾病可能会传染给人类或危及食品安全，直接造成公共卫生问题。如H5N1和H7N9禽流感、2009年H1N1流感大流行、裂谷热、布鲁氏菌病、狂犬病和一些冠状病毒，对人类健康造成严重影响，导致发病和死亡。这些具有高度传染性的疾病迅速传播，发酵成局部流行病，甚至全球大流行。

> 传染病在野生动物、牲畜和人类中传播，人类中70%以上的新疾病是由动物引起的。

此外，由感染产生的动物发病率和死亡率增加了畜牧业的温室气体排放，引发了环境问题，并导致了气候变化。疾病导致的牲畜健康恶化与行为和代谢变化有关，这会显著影响温室气体排放。对抗感染的动物将需要更多的能量来维持，从而增加消化过程的温室气体排放率。研究发现，牛的疾病会使每单位牛奶产生的温室气体排放量增加24%，每单位牛肉胴体增加113%（Grossi等，2019）。此外，暂时阻碍牲畜生长的疾病增加了达到成熟期的时间，从而延长了排放期。另一方面，如果牲畜在收获其生产价值之前死于疫情，那么牲畜饲养期间产生的排放就会是净损失。

> 牛的疾病使每单位牛奶产生的温室气体排放量增加24%，每单位牛肉的温室气体排出量增加113%。

了解导致动物体内新出现传染病的环境、流行病学和社会因素，对于预防、应对和管理疫情暴发至关重要。尽管在病原体检测和控制方面有了很大改进，有时还能根除许多地方性疾病，但新的动物健康威胁仍在不断涌现。近年来，感染发生的速度很快，这与适合病原体出现和传播的条件越来越普遍有关。特别是最不发达和中低收入国家，在控制多种使人衰弱的牲畜疾病的流行和影响方面，进展相对较小。传染病发生的主要驱动因素——其中大部分是人为原因——围绕着生态系统的变化、生态系统的入侵、农业实践以及人和牲畜的流动。

## 动物健康动态变化背后的关键因素包括：

- 动物生产系统的集约化改变了动物营养实践，增加了抗菌剂的使用，越来越多的动物饲养条件变差，并减少了遗传多样性。
- 与气候变化相关的因素和灾害的日益发生，将生态干扰引入精细调整的生态系统，改变了病原体载体和动物宿主之间的相互作用。
- 人口增长和人员流动，特别是移民，加剧了病原体传播和扩散的条件。
- 动物食品的快速和大规模贸易，使病原体在更大的地理范围内快速传播。
- 加速的城市化和森林砍伐侵蚀了野生动物的栖息地，使野生动物、人类和牲畜彼此更加接近。大多数人畜共患疾病起源于野生动物，这是科学界的共识。
- 贫困、不适当的生活条件和人口过剩等社会经济因素通常与人和动物之间的密切接触有关，并可能带来更大的病媒暴露和更高的疾病出现风险。

- 公共卫生和动物健康管理能力差的国家，缺乏疾病控制和预防能力。

## 衡量影响、评估成果

报告和共享关于牲畜疾病及其影响信息的能力与检测这些疾病的能力同样重要。事实上，有效控制和应对新发疾病的先决条件是广泛了解这些流行病可能对畜牧业产生的影响。粮农组织的标准化方法提供了一套程序和计算步骤，以便为不同灾害和国家的畜牧业部门进行一致的损害和损失评估。它涵盖了牲畜从投入的可用性到体重、身体状况的恶化，以及肉类、乳制品、羊毛、鸡蛋等动物产品的生产等所有方面。利用粮农组织的专门方法来评估动物疾病有助于更好地了解与牲畜发病率和死亡率有关的经济损失。此外，这可使国家抗灾政策和行动政策更有依据，解决经济损失，并考虑相关的恢复和康复成本。它还有助于畜牧业在仙台框架和可持续发展目标下的全球减灾目标监测中有足够的代表性。

> 粮农组织的标准化方法能够在灾害和国家之间进行一致的损失评估，为国家提供信息，并提高畜牧业相对于全球目标的代表性。

虽然已有评估基础，但必须改进数据和信息结构，以便根据其潜力为畜牧业部门提供信息并成功应用这种方法。虽然最近的趋势表明动物疾病数据的全球可用性和质量有所改善，但在牲畜发病率和死亡率上仍存在大量的“未知领域”。

动物疾病暴发的影响可能通过一个直接渠道，即造成动物死亡和牲畜生产损失，也可能延伸到供应链沿线的进一步中断，例如供需冲击、贸易限制、物流中断。大部分影响是来自工业、政府和农民为遏制疾病传播而实施的控制措施，例如限制行动、捕杀等。表5-1指出了在将粮农组织的损害和损失方法应用于动物疾病暴发时应考虑的主要内容。

2000—2010年的十年中，人畜共患疾病的直接损失估计超过200亿美元，而全球范围内间接损失超过2 000亿美元（世界银行，2010，2012）。1997年至2009年6次高度致命人畜共患病暴发造成的经济损失达800亿美元（世界银行，2012）。这还不包括动物疾病的许多间接影响，这些疾病涉及多个领域，从市场准入的直接中断、贸易限制、补充库存的延迟和价格波动，到对受影响社区、国家和地区的粮食安全、生计甚至政治稳定的长期影响。

根据粮农组织的方法，收集和分析数据作为定期评估动物疾病损害和损失的一部分，需要随时备有（最好以电子方式和以地理参照格式）牲畜清单以及由此造成的死亡率、发病率和生产力影响的数据。此外还需要进行高度的标准化，以便在各级政府和私营部门中整合不同的评估和输入数据。

表5-1 动物疾病对畜牧业生产和销售的影响

| | |
|---|---|
| 疾病的直接影响 | ➔ 更高的动物死亡率<br>➔ 由于身体状况恶化而易患其他疾病<br>➔ 身体状况恶化导致的生产损失<br>➔ 农民可能会丢弃易腐烂的饲料和动物产品 |
| 管制措施效果 | ➔ 宰杀<br>➔ 动物产品浪费<br>➔ 获得供应品、药品和设备的途径受阻<br>➔ 进入市场机会减少，农民无法出售其产品<br>➔ 价格波动<br>➔ 贸易中断<br>➔ 进口和出口限制和减少 |

目前，国家动物疾病报告系统在质量、代表性、及时性和事件覆盖面上差异很大。然而，全球统计不可避免地依赖区域和国家数据，这些数据反映它们各自的优势和劣势。这意味着除了粮农组织的新方法外，目前全球范围内没有统一和一致的系统来收集、分析和核算动物健康威胁造成的损害和损失。这种缺陷极大地限制了政府制定可以有效解决有关动物健康、食品安全、部门生产力、粮食安全以及公共和环境健康等关键问题的全面和综合战略的能力。

> 除粮农组织的方法外，在全球范围内没有统一和一致的系统来收集、分析和核算动物健康威胁造成的损害和损失。

健康的动物功能性信息系统应包括：多种类型的健康指标；执行科学和客观的监测计划；健康事件观察；野外现场数据收集；收集和存储损害和损失资料的数据系统；分析数据处理和传播其结果的能力；针对监测和影响评估信息作出的决定和行动。动物生产系统的类型、规模和强度可能会影响疾病暴发和数据的收集及汇总方式。在评估损害和损失时，与生产周期、种植季节或与其他灾害相关的暴发时间是重要的考虑因素。此外，农民所采取的应对策略多是基于对以往疫情的主观经验，而不是当前事件的客观现实，因而导致对策往往不足或过度。这给依赖家庭调查数据来估计对农场层面的影响带来了额外的挑战。

## 当疾病暴发成为疫情时：新冠疫情时期的畜牧业

疫情可能对动物、牲畜和人的生命产生灾难性影响，甚至引发环境和经济冲击和危机。SARS（2002—2004年）、H5N1（2008年）和H1N1（2009年）疫情说明了新发传染病、人畜共患疾病的持续风险以及可能产生的严重经济后果。虽然新冠疫情的确切来源仍在调查中，但迄今为止，尚未发现与家畜生产有关的联系。

SARS-COV-2和新冠疫情对全球经济的影响攻势必然继续下去，牲畜疾病监测的现有做法可以作为应对一般人畜共患病管理和长期疫情准备的范例。**全球监测和预警系统有助于遏制牲畜疾病跨越国界的传播**。农场和设施管理、动物营养、兽医诊断和治疗方面存在广泛的最佳做法，这些做法正在推动世界许多地区的人畜共患病管理。从畜牧业中获得的经验可以为继续开发更强大的野生动物相关疾病预警系统提供参考，促进及时发现和控制新型冠状病毒等致病病毒。

虽然新型冠状病毒没有感染牲畜，但新冠疫情正在间接损害该行业，这些影响后果需要时间来充分体会和量化。截至2020年年底，还无法进行全面的正式评估。然而，观察数据显示，畜牧业价值链受到严重破坏。受物理距离措施和行动限制，获得动物饲料、投入和服务的机会减少，导致全世界的动物有生产被淘汰的迹象。动物市场的广泛关闭意味着生产者无法出售其产品，物流渠道的中断和需求的下降导致销售和价格大幅下降。例如，截至2020年7月，美国市场的猪价与疫情前的水平相比下降超过27%。此外，有限的需求和市场准入迫使美国、加拿大和其他地方的奶农倾销他们的奶制品，造成巨大的生产损失。同时，由于最不发达国家的小反刍动物和家禽的生产者往往以妇女为主，这些部门的中断对她们的打击最大，危及家庭粮食安全。

## 了解动物疾病的影响——案例研究方法

> 粮农组织的损害和损失评估方法可以针对相关的生产系统和特定的动物疾病进行调整，同时必须消除其他同时间发生的危害。

虽然粮农组织的损害和损失评估方法可用于评估包括目前新冠疫情中的动物疾病在不同情况下的影响，但必须针对相关的生产系统和具体的动物疾病进行选择。定量数据收集、访谈、利益相关者讨论、半结构式问卷调查和参与式农村评估是一些用来提供进行分析所需信息的方法。除非进行更详尽的多评估过程，否则重要的是将影响仅归因于特定的动物疾病，而不归因于系统中可能同时发生的其他动物疾病或危害。然而，如果同时发生干旱或恶劣天气条件等灾害，暴发期间死亡率的增加可能更难区分和归因。

表5-2显示了各种动物疾病对生计、价值链和市场准入、粮食安全和人类健康（人畜共患病）等领域的影响强度。它提供了一个简明的参考点，根据提出的方法、数据要求和潜在部门或要解决的具体问题来指导影响评估的设计和实施。

**表5-2　主要领域动物健康威胁的影响规模**

| 动物健康威胁 | 生计 | 价值链和市场 | 粮食安全 | 人类健康 |
|---|---|---|---|---|
| 非洲猪瘟（ASF） | •• | •••• | ••• | —— |
| 抗生素耐药性（AMR） | •• | • | ••• | •••• |
| 布鲁氏菌病 | •• | ••• | •• | ••• |
| 传染性牛胸膜肺炎（CBPP） | •••• | • | ••• | —— |
| 口蹄疫（FMD） | • | ••••• | •• | —— |
| 高致病性禽流感（HPAI） | •• | •••• | • | ••••• |
| 纽卡斯尔并（NCD） | ••••• | • | ••••• | —— |
| 小反刍兽疫（PPR） | ••••• | •• | •••• | —— |
| 狂犬病 | •• | —— | • | ••••• |
| 裂谷热（RVF） | • | ••• | • | ••••• |
| 注：——无影响　•极低影响　••低影响　•••中等影响　••••高度影响　•••••极大影响 | | | | |

资料来源：联合国粮食及农业组织，2016a。

几种备受瞩目的动物疾病说明了与这种疾病暴发有关的风险、损害和损失，以及在量化其影响方面的挑战和控制它们的相关机会。

## 口蹄疫（FMD）

口蹄疫是最具传染性的动物疾病之一，可迅速跨越国界传播。这种跨界动物疾病（TAD）造成严重的行业损失和社会经济后果。口蹄疫在世界许多地区，特别是非洲、中东和亚洲的大部分地区仍广泛流行。它会迅速导致牲畜大量死亡，具体表现为致其发烧、水泡、口蹄糜烂、产奶量减少和幼畜罕见的死亡。在世界其他地区，口蹄疫已被根除（大洋洲、西欧、北美和中美洲）或得到控制（南美洲），但各国仍面临入侵风险。

根据世界动物卫生组织（OIE）的数据，全球多达77%的牲畜中存在口蹄疫病毒，估计与该病相关的影响中75%发生在最不发达国家和中低收入国家（OIE，2020）。口蹄疫引发的国际肉类贸易禁运，特别是牛肉贸易禁运比任何其他动物疾病都要多，这是口蹄疫造成相关损失的主要因素。在以前已根除的国家，口蹄疫的暴发仍然会造成约15亿美元/年的损失。

> 口蹄疫具有高度传染性，引发的国际肉类贸易的禁运比任何其他动物疾病都要多。

尽管评估起来比较困难，但疫区的损失粗略估计每年超过65亿美元（粮农组织，2018a）。表5-3显示了2017—2019年口蹄疫对全球畜牧业的影响，其依据是世界动物卫生组织的世界动物卫生信息系统（WAHIS）和粮农组织的全球动物疾病信息系统（EMPRES-i）。

感染国家被禁止向无口蹄疫的国家和地区出口牲畜产品，而这些国家和地区的商品价格通常较高，这意味着全球南部地区的潜在出口商将遭受巨大损失。该疾病还涉及对粮食供应的局部影响。在流行地区，口蹄疫最常出现在小规模的养殖系统中，它会减少牛奶产量，限制受严重影响社区的牛奶供应。如果口蹄疫与农作物等其他粮食产品的缺口同时发生，则会对粮食安全、生计和收入产生严重和直接的影响。

控制口蹄疫需要国家区域和全球行动者之间的密切合作，并调动适当的资源。

通过国家和地区的协调控制战略降低疫区国家的口蹄疫发病率是全球关注的问题，应继续成为全世界动物卫生系统关注的优先事项。控制口蹄疫并减少其对牲畜和生计的影响，将为口蹄疫感染国和无口蹄疫国家带来巨大的积极经济影响。然而，这需要国家、地区和全球层面间的密切合作，并合理调动资源。

**表5-3 2017—2019年口蹄疫情况**

| 年份 | 在65个国家所暴发的疫情次数 | 发病率（病例） | 死亡率（死亡数） | 宰杀数量 |
|---|---|---|---|---|
| 2017 | 3 357 | 162 121 | 4 556 | 20 317 |
| 2018 | 4 099 | 353 030 | 23 775 | 18 243 |
| 2019 | 5 328 | 245 066 | 7 315 | 80 477 |
| 按生产系统划分的影响份额（商户与散户） | | 23%/77.7% | | |

资料来源：世界动物卫生信息系统、全球动物疾病信息系统。

## 小反刍兽疫（PPR）

传染性极强的小反刍兽疫在非洲、中东和亚洲流行，这些地区拥有全球80%的绵羊和山羊种群。

小反刍兽疫也被称为绵羊和山羊瘟疫，是一种影响小反刍动物的高度传染性病毒性疾病。一旦出现，可以迅速感染多达90%的动物群，使30%～70%感染的动物死亡。高度传染性的小反刍兽疫在非洲、中东和亚洲流行，这些地区的绵羊和山羊数量约占全球的80%。小反刍兽疫于1942年在科特迪瓦首次被发现，现在已出现在非

2017年南苏丹　疫苗接种运动

2019年肯尼亚　实验室分析样本

洲、中东和亚洲的70多个国家。这些地区总共饲养了大约17亿头绵羊和山羊，约占全球人口的80%。还有许多国家认为具有将该疾病引入其领土的风险。

与小反刍兽疫有关的全球年度损失在14亿～21亿美元（FAO，2016b），然而，其影响远不止这些。与小反刍兽疫有关的影响往往迫使发展中国家的牧民和农民离开他们的土地，寻找其他的生计，诱发贫困、营养不良、社会和经济不稳定以及冲突等。在印度，估计小反刍动物产生兽疫的发病率和死亡率分别为8%和3.45%。在这个水平上，国家每年的相关经济损失是6.53亿～6.69亿美元（Bardhan等，2017）。

在巴基斯坦，小反刍兽疫的年度负面影响估计为3.42亿美元（Hussain等，2008）。在某些情况下，鸡群变得不可持续且无法繁殖。在全国范围内，喀麦隆的家庭收入因饲养牲畜而下降21%～100%不等。表5-4显示了2017—2019年小反刍兽疫对全球畜牧业的影响。

**表5-4　2017—2019年小反刍兽疫情况**

| 年份 | 在50个国家所暴发的疫情次数 | 发病率（病例） | 死亡率（死亡数） | 宰杀数量 |
|---|---|---|---|---|
| 2017 | 2 535 | 81 084 | 40 761 | 1 326 |
| 2018 | 2 512 | 90 704 | 39 409 | 9 231 |
| 2019 | 2 434 | 170 692 | 5 306 | 316 |
| 按生产系统划分的影响份额（商户与散户） | | 暂无 | | |

资料来源：世界动物卫生组织。

截至2019年，有70个国家向世界动物卫生组织报告了感染或疑似感染，另有50个国家被认为存在风险。在前者中，超过60%的国家在撒哈拉以南和北非。然而，与其他传染病不同的是，小反刍兽疫很容易被诊断出来，而且可以通过一种可靠的、负担得起的疫苗进行预防。粮农组织和世界动物卫生组织目前正在领导一场到2030年消除小反刍兽疫的运动。虽然这种行动是可行的和必要的，但仍需要国际和地区的持续支持和投资，以加强实验室诊断，扩大疫苗接种计划，从而提高监测能力，以防止进一步传播和复发。

## 非传染性疾病（NCD）

在最不发达国家，非传染性疾病可导致未受保护地区高达100%的死亡率。

非传染性疾病病毒对全世界家禽生产系统造成的直接损失超过任何其他动物疾病，并且是许多发展中国家农村禽类生产的主要制约因素。在发展中国家，家禽往往由妇女和儿童饲养，同时也是小型农场的重要资产，非传染性疾病可使未受保护的家禽死亡率高达100%。在孟加拉国，非传染性疾病造成的经济损失估计为每年2.885亿美元。在乍得，非传染性疾病平均每年会消灭农村超55%的家禽。表5-5显示了2017—2019年全球非传染性疾病疫情对畜牧业的影响。

表5-5　2017—2019年非传染性疾病疫情

| 年份 | 全球所暴发的疫情次数 | 发病率（病例） | 死亡率（死亡数） | 宰杀数量 |
|---|---|---|---|---|
| 2017 | 2 584 | 1 143 333 | 1 919 900 | 133 529 |
| 2018 | 2 434 | 1 053 082 | 1 036 262 | 466 743 |
| 2019 | 2 358 | 6 239 713 | 3 515 158 | 1 594 847 |
| 按生产系统划分的影响份额（商户与散户） | | 没有完整数据集，但据推测，这些疫情大部分是在小型散养系统中报告的 | | |

资料来源：世界动物卫生组织。

## 裂谷热（RVF）

裂谷热是一种由蚊子传播的急性病毒，对全球牲畜生产和销售以及人类健康构成重大威胁。非洲和中东的裂谷热暴发导致牲畜的高发病率和死亡率，采取了禁止牲畜贸易和减少动物和动物产品出口的措施，牲畜市场、肉类和相关行业受到干扰。在人类中，临床表现从轻微的流感疾病到可能致命的严重出血热不等。

裂谷热严重扰乱了从东非（例如吉布提、埃塞俄比亚、肯尼亚、索马里和坦桑尼亚联合共和国）到中东和阿拉伯半岛的牲畜出口。例如，从2000—2009年，由于非洲之角暴发裂谷热，沙特阿拉伯禁止从索马里进口牲畜。要了解索马里遭受的损失规模，请想一想2014年该国的畜牧业收入占其GDP的40%即3.84亿美元，这一年它向沙特阿拉伯出口了500万只山羊。随着气候变化和与天气有关的事件继续改变非洲生态系统的面貌，预计裂谷热流行病将在西非和非洲之角更加频繁地发生，这对整个非洲大陆的畜牧业生产、牧民生计、粮食安全和市场准入都有严重影响。

## 高致病性禽流感（HPAI）

科学证据表明，野生鸟类，尤其是水禽，是甲型流感病毒的天然宿主，例如导致高致病性禽流感的H5N8亚型。为更好控制这种疾病，必须消除野生鸟类与家禽生产部门的潜在接触。禽流感病毒在家禽中的持续传播会对全球公共卫生构成威胁，并给畜牧业带来重大损害。高致病性禽流感给家禽生产、肉类和鸡蛋价格的变化及人类健康带来影响。2016—2018年暴发的H5N8高致病

**2020年乌干达** 卡拉莫贾区普普村的牧民

性禽流感首次证明了大规模跨大陆传播的速度有多快。该病毒可能于2016年5月左右起源于古北界北部（中国的青海湖），在2016年6月俄罗斯联邦乌布努尔湖的主动监测中首次发现该病毒。在候鸟迁徙的推动下，该病毒在一年内通过北非、西非和东非的传播，2017年5月到达南非，并在其致命的道路上给家禽业造成重大损失。

## 非洲猪瘟：另一种大流行病

没有疫苗的非洲猪瘟在几周内杀死了受感染的动物，并于2018年8月至2020年6月在12个亚洲国家夺走了至少820万头猪的生命。

非洲猪瘟是一种具有传染性和致命性的病毒性疾病，会引起猪和野猪高烧和内出血。虽然对人类无害，但该疾病可致100%的受感染动物在几周内死亡。目前，没有疫苗可控制或防止非洲猪瘟的传播。

2018年8月，亚洲首次暴发非洲猪瘟是在**中国**东北地区。2020年6月，12个亚洲国家报告了非洲猪瘟导致超820万头猪死亡。2020年世界动物卫生组织数据显示，6月底，全球受非洲猪瘟影响的动物数量已经超过2019年。疫情主要集中在中国、越南、菲律宾和东欧的大片地区。

首次非洲猪瘟已覆盖了中国的几乎所有省份，为了阻止污染，**中国**至少扑杀了120万头猪，目前仍在进行中。2019年1月，**蒙古国**也报告了疫情暴发，此后于2019年2月抵达**越南**，并蔓延到该国所有63个行政区，造成全国近20%的生猪死亡。2019年5—8月，**柬埔寨**、**朝鲜**、**老挝**、**菲律宾**和**缅甸**报告了非洲猪瘟疫情。9月，该疾病传播到**韩国**和**东帝汶**；2019年12月，抵达**印度尼西亚**。尽管各国兽医当局都采取了包括限制跨省运输猪、停止在受疾病影响的地区的屠宰场活动以及禁止泔水喂养等行动，但疫情仍在2020年持续传播。例如，2020年5月，**印度**确诊了首例非洲猪瘟病例。

该疫情的主要驱动因素之一是该地区小规模养猪户占主导，其往往未采取有助于阻止疾病传播的生物安全措施。此外，小规模生产者通常用病毒能在其中存活的餐桌残渣或未煮过的有机垃圾（泔水）喂养他们的动物。大多数受影响国家的猪肉行业也缺乏垂直整合，仔猪和母猪必须在农场之间运输，有时甚至需要跨地区运输。这又为疾病的快速和广泛传播提供了有利条件，无论是通过引入受感染的动物，还是通过受污染的车辆和设备进入猪圈。最后，可能被污染的猪肉产品的区域内贸易也是造成高感染率的原因。

> 非洲猪瘟的传播主要是由小规模养猪户推动的，他们往往没有采取适当的生物安全措施。

## 非洲猪瘟对生产和贸易的影响

截至2020年6月，预计亚洲的猪肉产量将进一步下降至4 530万吨（胴体重当量），比2019年受非洲猪瘟影响时还低17%，比非洲猪瘟暴发前的平均水平低30%。减产反映了中国产量的急剧下降，与非洲猪瘟暴发前的平均水平相比，估计2020年中国的产量下降近40%。据估计，亚洲第二大猪肉生产国越南的产量也将大幅下降。

疫区国家尤其是中国和越南的生猪存栏量迅速耗尽，可能导致蛋白质供应出现严重缺口，随之而来的是进口量的增加。粮农组织估计，2019年亚洲国家进口560万吨猪肉，比2018年高出近20%，远高于前五年的平均水平。2020年，猪肉进口量预计将继续增加，达到创纪录的68万吨。根据中国海关统计数据（GACC），仅就中国而言，2020年1—6月的猪肉总进口量为210万吨（相当于胴体重量），是2019年同期进口量的两倍多。

> 2020年亚洲的猪肉产量预计将比非洲猪瘟前的平均水平低30%。

## 非洲猪瘟对市场的影响

在**中国**，猪肉价格经过2019年2月和3月的飙升（图5-1），于4—6月趋于稳定，取决于两个因素：为应对高价格，冷冻库存投放市场；作为遏制非洲猪瘟传播措施的一部分，生产商屠宰了比正常情况下更多的动物后，鲜肉供应量增加。然而，在6—10月期间，价格恢复了上涨趋势，涨幅超过一倍，这反映出猪肉市场供应紧张。2020年7—11月，价格大幅波动并保持在历史高位。

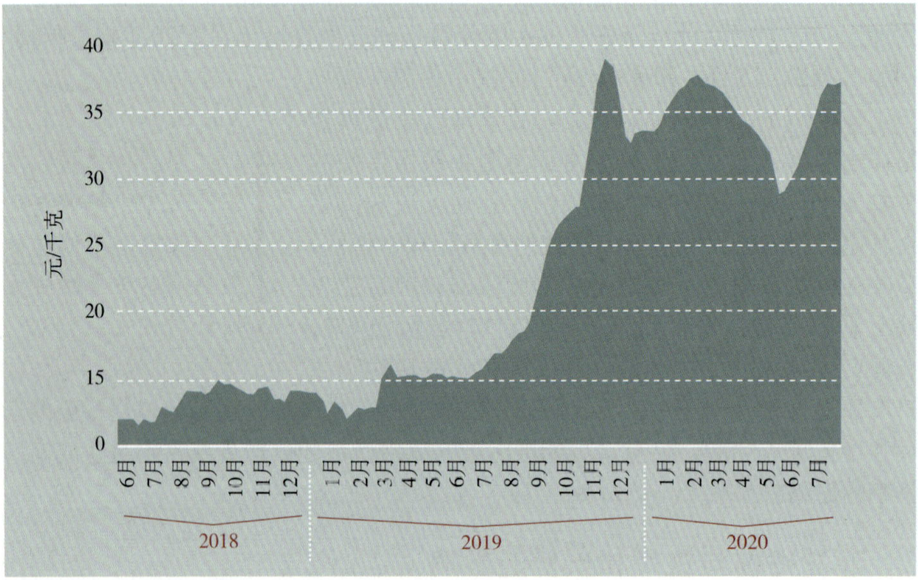


图5-1　2018年6月至2020年7月中国全国生猪现货价格

## 非洲猪瘟对生计和粮食安全的影响

非洲猪瘟在亚洲的传播引起了数百万以养猪业为生的群体的担忧。依靠生产猪肉供自己消费和创收的小规模养猪户是受影响最大的农户之一，因为他们通常缺乏保护畜群免受疾病侵害所需的专业知识和财政资源。

在**中国**，约有1.3亿户家庭从事养猪，全国约30%的生猪产量是由小规模生产者生产的。在**越南**，养猪业约是250万户家庭的主要生计活动。同样地，在**老挝**、**柬埔寨**、**缅甸和菲律宾**，小规模养猪为很大部分人的收入作出了重大贡献。这些国家的报告表明，非洲猪瘟感染或相关扑杀导致的动物死亡大幅缩

> 由于猪肉是非洲猪瘟流行国家消费最多的肉类，人们越来越担心小规模养猪户的粮食不安全、营养和收入下降。

**2019年中国**昌图　非洲猪瘟

© 路透社 /Ryan Woo

减了农民的收入。政府为遏制疾病传播而采取的包括限制运输和销售来自非洲猪瘟疫区的生猪和猪肉产品等措施使情况更加复杂。鉴于家庭收入严重依赖市场，这些措施还严重限制了健康动物的贸易，进一步影响了生计。由于猪肉是这些非洲猪瘟流行国家消费最多的肉类，预计这种疾病将对消费模式产生严重影响，特别是贫困家庭。猪肉产量下降和冷冻库存枯竭预计将使价格在2020年下半年保持在高位，对最脆弱人群的粮食安全产生负面影响。

## 抗生素耐药性：“超级细菌”的兴起

当细菌、病毒和寄生虫等微生物接触到抗菌药物（抗生素、抗真菌药、抗病毒药、抗疟药和抗寄生虫药）时，就会出现抗菌药物耐药性（AMR），导致致病菌变异或获得防御基因以便生存。随着抗生素药性越来越强，使用越来越广泛，细菌和病毒会产生更多的抗药性，并可能演变成几乎无法治疗的微生物，被称为“超级细菌”。

> 随着抗微生物药物越来越强大和广泛使用，细菌和病毒变得具有耐药性，演变成几乎无法治疗的超级细菌，因此AMR可能是对动物健康、福利和公共健康最大的威胁。

2017年肯尼亚　疫苗接种计划

2016年缅甸　牲畜分配

抗生素药物耐药性的出现可能是对动物健康、福利和公共卫生进步的最大威胁。它使动物更容易受到耐药性地方病的影响，从而降低了畜牧业的产量。抗生素药物耐药性可以沿着食物链系统传播，从牲畜生产到人类消费，甚至在整个环境中（如土壤和水）传播，有可能会影响野生动物。尽管抗性感染的真正损失在很大程度上仍不确定，据专家计算，药物耐药性已造成每年70万人类死亡。如果有增无减，这个数字可能会增至每年1 000万人的死亡，给全球经济造成超过1万亿美元的巨大损失（世界银行，2019）。此外，由于感染的牲畜无法得到有效治疗而导致畜牧业生产的减少，到2050年有可能使国际贸易减少1.1%，即降至3.8%，从而减少GDP和加剧营养不良（世界银行，2017）。

在人类、动物或环境中产生的耐药细菌可能会从一个人传播到另一个人，并从一个国家和地区传播到另一个国家和地区。耐药性虽是自然产生的，但其会因广泛使用抗生素而大大增强。如果农业希望继续受益于抗菌药物的兽医治疗效率，那么至关重要的是尽可能减少它们的使用。尽管畜牧业抗药性微生物对人类造成的影响暂无记录可查，但最合理的选择仍然是将畜牧业中使用的抗菌药物保持在必要的最低限度，以此作为限制抗生素耐药性传播和遏制向人类、动物和环境传播的措施。

> 未能减少抗菌兽医治疗的依赖会增加牲畜的脆弱性和死亡，到2050年，这可能会使国际贸易减少1.1%。

此外，在获得和使用抗生素药物方面存在很大的地理和区域差异，形成了复杂的抗生素药物耐药性传播和潜在传播模式。使这种情况更加复杂的是，国家层面执行抗菌药物使用法规的方式以及公众态度和意识方面存在显著差异。然而，无条件减少抗生素的使用并不是最佳答案。

畜牧从业者必须能够获得有效且负担得起的替代品。否则，他们将看到抗生素耐药性目前控制的地方性动物疾病的暴发增加，导致低收入和中等收入国家资产和生产损失，并对粮食安全和生计产生负面影响。动物疫苗接种和生物安全措施的应用等整体措施可以减少整个畜牧系统中抗菌药物的使用。

## 小农处于动物健康挑战的前沿

畜牧业在小农耕作系统中发挥着重要作用，尤其是在最不发达国家和中低收入国家中更为明显。动物产品和动物源食品对全球广大社区的收入、营养、粮食安全、生计和复原力至关重要，尤其是那些最脆弱的社区。由于成本高昂、无法获得或无法获得足够的营养和生产投入，穷人的动物特别容易感染疾病，这给社区带来重大挑战。在经济不景气时或从不景气时期恢复时，小农户——对他们来说，失去一只动物的影响更大——生存或从疾病病发中恢复的现金有限，尤其是动物被无偿扑杀时。

贫农通常拥有较少的牲畜和有限的现金或资本储备，因此个体牲畜的损失会产生更大的影响。此外，当气候或自然灾害引发的灾害（例如洪水或干旱）造成动物疾病暴发时，社会经济影响可能会被无限放大，并可能持续到具体暴发之后。这些情况对农民家庭和周边社区造成严重的经济和粮食安全影响。

当动物疾病暴发而没有采取有效的遏制或缓解措施（例如疫苗、抗菌药物）或无法充分采取这些措施时，可能会导致贫困程度增加以及长期粮食不安全。对此，依赖畜牧生产的社区可能会很长时间无法进入市场，或者无法获得自己消费所需的牛奶或肉类。动物疾病还可能会破坏安全网，如果牲畜由此被无偿宰杀，就会增加农村家庭对其他危机应对的脆弱性。

然而，在具有高影响的牲畜疾病和粮食不安全之间建立明确的因果关系仍然具有挑战性。这是因为粮食体系是充满活力和弹性的，家庭和社区采用应对机制来应对危机，并且世界市场会自行调整以填补供应缺口。鉴于确保人人享有粮食安全作为《2030年议程》优先目标的重要性及其对实现其他一些可持续发展目标的贡献，有必要进一步研究以确定牲畜疾病的发生与社会经济层面的粮食不安全之间的系统联系。

## 迈向更健康的行业

随着人们越来越了解动物疾病对最不发达国家和中低收入国家的影响，不同群体和学科之间关于优先事项和如何以最优方式解决这些问题的意见和方法也越来越多样化。我们面临的挑战是如何将技术上的可行性与经济上的重要性和社会上的可接受性相结合。但不可避免的是，各机构、政府和发展组织在处理可持续畜牧业发展的各种动物卫生制约因素时必须有所选择，根据证据、资源可用性以及国家和地方情况做出决定。

粮农组织的方法与全面的数据收集系统相结合，促进了综合分析，考虑到灾害、动物健康和两者在整个生产过程中的影响之间的相互联系。

当然，还需要更多的数据和证据来鼓励和指导增加投资，以提高动物卫生系统抵御能力，在各个层面预防和减轻动物疾病的影响。粮农组织的损害和损失评估方法使我们更接近综合分析动物疾病暴发对畜牧业的影响，并使我们能考虑到灾害、动物健康之间的相互联系以及这对整个生产过程的影响。该方法还为加强国家机构及其统计能力提供了基础，以便有效监测和收集与畜牧业部门动物疾病暴发造成的损害和损失有关的数据。它还强调需要促进合作和伙伴关系，以支持发展中国家的统计能力的建设。

目前正在努力满足这一需求，如2018年利物浦大学与包括粮农组织和国际兽疫局在内的合作伙伴一起启动了“全球动物疾病负担”项目，作为一个系统收集、验证、分析和传播有关畜牧业生产的投入和产出关系的数据平台。这将为估计与动物疾病和其他健康或营养问题有关的对特定物种的影响提供一个基准。它将包括农场层面的生产损失和支出信息，以便通过具体的建模工具确定疾病更广泛的社会影响。

## 对预防、备灾和恢复力的投资

> 充分投资早期预警、监测、早期发现和早期应对动物疾病，可以在稳定粮食安全和营养以及保护人类生命的同时大幅减少损失。

对动物卫生系统的投资必须解决动物疾病的实际影响，以有效加强畜牧业的预防和整体恢复力。对预防和应对做法以及疫苗接种、生物安全和能力发展等良好做法的投资具有成本效益，可以减少疾病暴发的社会经济损耗。虽然仍没有足够的数据来确定动物健康领域最有效的目标和投资水平，但我们知道，早期预警、监测，早发现和早应对相结合可以显著减少疾病暴发的影响。在这些领域投入足够的资源可以极大促进国家和社区抵御高影响动物疾病的能力，在减少损失的同时稳定食品安全和营养，从而节省时间和金钱，在人畜共患疾病的情况下，还可以挽救生命。

由于现有和新发食物链威胁造成的疫情暴发越来越多，需要更好地了解它们对农业部门，特别是对牲畜的影响。量化和评估与动物疾病暴发有关的损害和损失是设计有效疾病预防、控制和应对机制的关键。虽然粮农组织的损害和损失评估方法为综合分析此类疫情对畜牧业的影响提供了基础，但重要的是，评估要有一个全面的数据收集系统为依据，同时考虑到各种威胁的相互关联性，并关注整个食物链。

预防和管理疾病风险是一个复杂的过程，需要坚实的证据基础。然而，它应该成为维持和提高畜牧业生产力的核心工作。对动物健康的威胁会影响生产、食物链价值、食品系统、食品安全和生计。因此，动物疾病的暴发严重阻碍了几个可持续发展目标的实现，特别是1（无贫困）、2（零饥饿）和15（陆地上的生命），以及整个《2030年议程》。需要相应的投资来大大加强畜牧业部门对动物疾病的抵御能力。

2014年马达加斯加　迁徙蝗群

©粮农组织

第6章

# 蝗虫的旧灾新害：马达加斯加的教训

在整个2020年到2021年，人们在面临新冠疫情挑战的同时，也在持续努力遏制东非几十年来最严重的沙漠蝗虫入侵。这些蝗虫是世界上最危险的迁徙害虫——它们贪婪的胃口在昆虫世界里是无可比拟的——威胁着并进一步破坏本已脆弱的社区生计和粮食安全。准备和管理蝗虫群的行动依赖于强有力的监测、早期预警和及时的反应。从2012—2016年马达加斯加迁徙蝗虫入侵中吸取的教训明确表明了这一点，有助于评估农业损失，同时强调了准备工作的重要性。

## 针对毁灭性害虫的战斗仍在继续

从2020年初开始，经过几个季节的暴雨和蝗虫繁殖区特别潮湿的气旋，非洲之角成为25年来最严重的沙漠蝗虫危机的热点地区，也是肯尼亚和乌干达70年来最严重的沙漠蝗灾。随着蝗虫在该地区蔓延，局势迅速升级，对受影响社区的粮食安全和生计构成前所未有的威胁——除了长期干旱、洪水和地缘政治脆弱性已经造成的威胁之外，还增加了进一步遭受痛苦、流离失所和潜在冲突的风险。

蝗虫群一天的潜在食物摄入量相当于35 000人的食物消耗量。

在风的有力推动下，成熟的沙漠蝗虫群每天可以行进150千米寻找食物，长途迁徙，最糟糕的状况是从一个大陆扩散到另一个大陆。一只蝗虫每天可以食用相当于自己重量的植被；一个占地一平方千米的蝗虫群一天的潜在食物摄入量相当于35 000人的食物消耗量。牧民赖以生存的牧场也不能幸免。2020年至2021年的疫情影响了大非洲之角、红海两岸、伊朗伊斯兰共和国、印度和巴基斯坦。即使是乌干达和坦桑尼亚联合共和国等不常受到虫害影响的国家也受到了影响，而萨赫勒地区的已经在应对其他压力的粮食不安全社区面临着虫害再次入侵的威胁。在印度，蝗虫群越过了通常侵扰的地区到达了几个中央邦，这是自1961年以来从未发生过的事情。一些异常入侵甚至到达尼泊尔。2020年1月，粮农组织、受影响国家和捐助者迅速启动了大规模的扩大行动，以遏制这一蝗虫激增现象并减轻其对生计的影响。2021年，这些努力仍在继续，甚至在某些领域有所加强。粮农组织2017年版的《灾害和危机对农业和粮食安全的影响》报告提出了一种分析农业生产灾害损失数据的改进方法。研究结果显示，2005年至2015年，非洲、拉丁美洲和加勒比地区以及亚洲和太平洋地区的最不发达国家和中低收入国家因332次大中型灾害而遭受的农作物和牲畜生产损失共计960亿美元，其中一半以上的损失归因于洪水和干旱。

沙漠蝗虫被认为是地球上最具破坏性的迁徙害虫。

一般而言，蝗虫和秋黏虫等害虫，以及各种植物病原体和各种杂草，估计会使全球作物产量减少约30%～40%（Savary等，2019）。虽然全球农产品贸易促进了其中一些威胁的传播，但其他威胁无需任何帮助就可以从一个地方转移到另一个地方。其中，沙漠蝗虫被认为是地球上最具破坏性的迁徙害虫。它们攻击各种各样的农作物和野生植物，具有惊人的消耗能力。它们的数量可以迅速增长到灾难性的水平，形成密集的幼蝗带、无翼“跳蝗”以及成群的有翼成年蝗虫，可以在短时间内对广大地区造成严重破坏。

由于损失可对作物和饲料生产产生高达100%的影响，这种害虫对人类食物链构成的威胁可对粮食安全、生计和国民经济产生严重不利影响。举例来说，2003—2005年萨赫勒地区蝗虫激增，布基纳法索、马里和毛里塔尼亚的粮食损失为80%到100%不等。6个国家（布基纳法索、乍得、马里、毛里塔尼亚、尼日尔和塞内加尔）的近840万人受到影响，许多家庭需要粮食援助（FAO，2006）。蝗灾影响加上降雨不足，限制了饲料供应，导致牲畜提前迁徙，牧民和当地农民之间争夺资源的紧张关系加剧，加剧了本已脆弱的局势。

在大非洲之角和萨赫勒地区，受沙漠蝗虫影响的国家的大多数人以农业或畜牧业为生（埃塞俄比亚高达80%的人口和肯尼亚75%的人口）。这些农牧社区严重依赖雨养生产系统，降雨的时机、持续时间和数量对牧场恢复和作物生产发挥着关键作用。该地区过去八个作物季节中有六个低于平均水平或歉收。沙漠蝗灾的冲击不仅会产生直接的短期影响，还会加剧目前的粮食不安全状况，破坏多年建立起来的生计和发展成果。甚至在新冠病毒大流行和沙漠蝗虫的影响尚未开始完全显现时，吉布提、厄立特里亚、埃塞俄比亚、肯尼亚、索马里、南苏丹、苏丹、乌干达、坦桑尼亚联合共和国和也门这10个国家的约4 200万人已经处于严重粮食不安全状态（截至2020年6月的IPC/CH第三阶段及以上数据）。

与蝗虫有关的损失不仅局限于作物损失。蝗虫防治项目包括空中和地面的监测和控制行动，需要使用大量的杀虫剂和其他物质，投入大量的人员。因此，费用可能非常昂贵。2003—2005年，在萨赫勒地区，20多个国家的1 300万公顷沙漠蝗灾防治工作共耗资5亿美元。2020—2021年，粮农组织全球沙漠蝗虫救灾投入共计3.484亿美元，用于支持东非、也门、萨赫勒和西南亚地区的监测、防治协调、生计保护和恢复工作。

> 蝗虫防治措施耗资巨大：2003—2005年萨赫勒地区的蝗灾耗资5亿美元；粮农组织迄今已筹集3.484亿美元用于抗击2020—2021年蝗灾激增。

了解过去的灾害对于帮助各国规划、减轻和准备应对未来的灾害至关重要。马达加斯加2012—2016年发生的历史性蝗虫事件是60年来最严重的一次，这清楚地表明，与蝗虫有关的生产损失可能很大，是粮食不安全的主要驱动因素，特别是在多重冲击和脆弱性已经很高的情况下。对其影响的评估——使用粮农组织的方法确定对主要作物造成的损害和损失——强调了制定有效防控战略的关键优先事项。

# 评估蝗虫对农业的影响——马达加斯加案例

## 马达加斯加的农业——脆弱的生计

> 马达加斯加农业的特点是小型家庭自给农场；60%的农场面积在1.5公顷以下，由碎片化地块组成。

农业是马达加斯加经济的支柱，占其GDP的四分之一以上，约64%的人口从事农业(ILOSTAT)。主要的粮食作物是水稻，大约有一半的农业用地种植水稻。其他重要的作物有木薯、红薯、新鲜蔬菜、香蕉、玉米和豆类。一般来说，马达加斯加农业的特点主要是小型家庭自给农场，其中大多数为混合作物种植和牲畜养殖；60%的农场面积在1.5公顷以下，由碎片化地块组成。很少有专业化的农场。所有地区的生产都是多样化的，因为水稻种植几乎总是伴随着其他作物和多种类型的牲畜。大型农场的定义是每个活跃工人的工作面积为1.2～2.6公顷，大型农场仅占马达加斯加农场的6%。另外94%的农场每个活跃工人的工作面积为0.12～0.86公顷。农业主要是一种维持生计的活动，大约60%的产品在家庭中消费。在市场上销售的剩余粮食中，47%是玉米，20%是木薯，20%是大米。

马达加斯加是世界上最贫穷的国家之一，四分之三的马达加斯加人口生活在每日1.90美元（购买力平价）的国际贫困线以下[①]。粮食贫困——无法获得充足和有营养的健康饮食食物——影响着很大一部分人口，目前营养不良的比例超过44%（粮农组织统计数据），近一半的5岁以下儿童发育迟缓（FAO等，《2019年世界粮食状况》）。在以自给农业为主要经济活动的农村地区，多达86%的家庭生活贫困。对这些家庭中的大多数来说，每年有5个月的时间主要粮食产量（主要是大米）不足以满足膳食需求。在水稻产量通常较低或被飓风、洪水破坏的贫瘠时期，木薯或红薯可作为替代作物，小农的饮食主要以碳水化合物为主。

## 岛上的蝗虫入侵与多重灾害风险并存

考虑到其地理位置、地形和社会经济条件，马达加斯加极易受到风暴、洪水、干旱和动植物病虫害暴发等多重灾害的影响。每年，灾害造成的破坏和损失都对国家的发展产生了负面影响。此外，马达加斯加是全球最容易受到气

① 2019年，在联合国开发计划署人类发展指数中，马达加斯加在189个国家中排名第162位。

2014年马达加斯加　行走在蝗虫群中

2011年马达加斯加　地面上的蝗虫群

候风险影响的十个国家之一（Eckstein，2019）。它经常遭受强大气旋的袭击，气旋会破坏生态系统和基础设施，特别是在沿海地区，而气候变化预计会增加气旋的数量和严重程度。降水模式已经变得越来越不规律和强烈，导致一些地区频繁发生洪水和水土流失，而另一些地区降雨则急剧减少。特别是，在已经相对贫困的南部地区，长期干旱给当地社区的生计、收入和粮食安全带来了压力。气候变化对马达加斯加生物资源造成的损失尚未得到充分评估。大气中二氧化碳含量的增加正在导致海洋温度和海洋酸度的上升，威胁到珊瑚生态系统和其他具有高经济和生态价值的海洋栖息地。最后，这个拥有非洲最长海岸线的岛屿周围的海平面上升，将使社区和栖息地更易受到飓风和洪水事件的破坏，并可能迫使许多人永久离开家园。

> 作为最容易受到气候风险影响的十个国家之一，马达加斯加经常受到强大气旋的袭击，降水模式变得越来越不规律和强烈。

除了不断增加的极端天气事件和气候变化的影响之外，马达加斯加还面临着各种生物灾害，其中蝗虫入侵是农业面临的最大威胁。马达加斯加有两种蝗虫：一种是破坏性较强的马达加斯加迁徙蝗虫，另一种是红蝗虫。红蝗虫曾经被认为是一种次要害虫，但森林砍伐已经导致它在一些地区的行为发生了变化。在西南部可能出现两个物种同时入侵的情况，混合感染是可能的。虽然蝗灾经常发生在该国最南部，但红蝗虫和迁徙蝗虫的暴发也越来越频繁，从南到北蔓延到全国各地。例如1996—2000年和2000—2003年的蝗灾（Lecoq等，2011）。

当蝗虫达到群居期时，它们可以成为可怕的害虫，形成成熟的成虫群。在独居期，蝗虫对作物无害，这主要是由于蝗虫种群密度低，而且它们的食物范围较窄（例如它们不吃所有的草）。群居蝗虫却不是这样。它们的密度更高，新陈代谢更活跃，吃的植被范围更广，经常长途跋涉寻找食物，对农业造成巨大破坏。

> 在它们生命周期的孤独阶段，蝗虫对作物无害，但成群结队的群居蝗虫会造成巨大的破坏。

真正的危险来自蝗虫的数量和密度。每只成年飞蝗体重超过1克，每天能够消耗自己体重一半的食物。由于蝗虫群的种群密度可超过每平方米500只成虫，单个蜂群每天每公顷可消耗约2.5吨食物。

在群居阶段，马达加斯加迁徙蝗虫的饮食主要集中在两种牧草——包括马达加斯加南部和西南部牧场和牧区的牧草——和谷物作物上。根据一年中的不同时间，飞蝗会攻击绿色的草叶子、秸秆和新生的草。在雨季，蝗虫群减少了可供牲畜食用的草的数量和质量，减缓了牲畜的体重增长速度，并恶化了已经受到其他压力源影响的脆弱动物的健康状况（Aublet，2011）。此外，对草地的破坏可能导致寄生虫的滋生，从而影响牲畜的健康和生产力。这些影响主要表现为因牲畜产量下降造成的损失。在某些情况下，牧民可以通过转移牧场来避免一些蝗虫的影响。

由于群居蝗虫喜欢绿色植被，谷物作物也因此成为其主要目标，特别是在旱季替代草地稀疏而干燥时。马达加斯加迁徙蝗虫引起的作物损失取决于该季节某一代的蝗虫群何时发生（表6-1）。如果农民能够及时获得库存重新播种，他们可能能够在作物发育早期，即出苗（玉米）

> 谷物作物是蝗虫的主要目标，但损害程度取决于蝗灾发生的时间，例如农民是否仍有时间重新种植，即使晚开始可能导致收成减少。

**表6-1　马达加斯加作物日历和蝗虫发育**

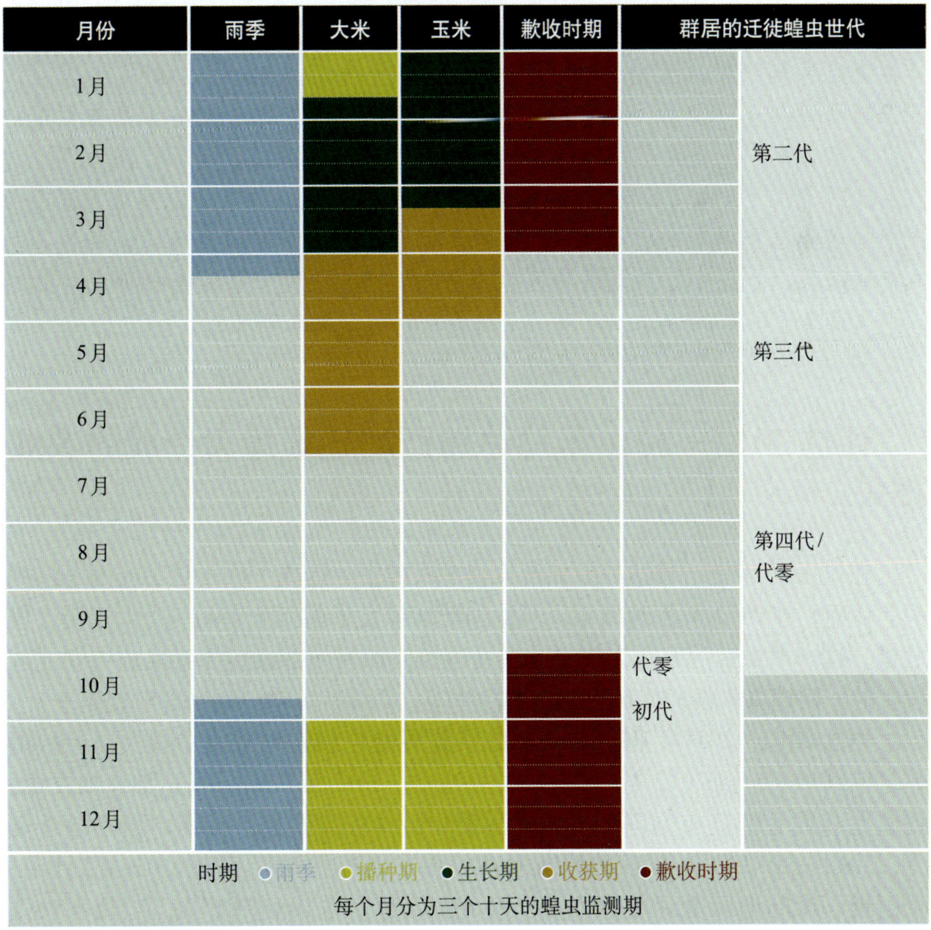

月份
雨季
大米
玉米
歉收时期
群居的迁徙蝗虫世代
1月
2月
3月
4月
5月
6月
7月
8月
9月
10月
11月
12月
第二代
第三代
第四代/代零
代零
初代
时期 ● 雨季 ● 播种期 ● 生长期 ● 收获期 ● 歉收时期
每个月分为三个十天的蝗虫监测期

或移栽（水稻）时从袭击中恢复过来。然而，即使他们能够重新种植，推迟季节开始仍可能导致收成减少。如果灾害发生在水稻孕穗期（穗出现之前），损失一般不大。蝗虫吃了水稻幼苗，就会限制分蘖（导致产量下降），但仍然可以形成谷粒。玉米不分蘖，在发育的这个阶段更脆弱。如果蝗虫在灌浆期袭击，作物非常脆弱，损失可达100%。对成熟作物的攻击也可能造成同样高的损失，因为蝗虫以茎为食，咀嚼会使茎秆在成熟的谷物穗的重量下弯曲，然后落到地上，无法生产。

**马达加斯加的迁徙蝗虫**

像其他蝗虫一样，飞蝗是群居的，也就是说，它有一个相变过程，使个体聚集在一起，形成更大的带或群。种群密度是这种转变的主要触发因素，每个蝗虫物种都有一个典型的相变或聚合阈值。飞蝗的阈值密度约为每公顷2 000只成虫。超过这一阈值，蝗虫逐渐从孤立阶段（孤立个体）转变为群居阶段（大量聚集在一起）。飞蝗一年可以繁殖三到四代，从独居阶段到群居阶段的过渡至少需要三代。当特定的环境条件导致孤独的成虫聚集在更小、更封闭的区域时，它相变的第一阶段就到来了。降水是非生物因子，对飞蝗种群动态影响最大。从生理上讲，群居的个体比独居的个体更能忍受艰难的生态环境，这导致它们占据更大的地理区域。蝗虫不断地移动，寻找中等湿润的地区，那里最适合它的生长，避开因降雨量过少或过多而不利的地区。月降雨量与蝗虫种群动态密切相关。

## 评估2012—2016年马达加斯加迁徙蝗灾造成的农业损失

在过去30年里，马达加斯加发生了多次蝗灾，造成了数十亿美元的经济损失。然而，在2012年至2016年，马达加斯加暴发了前所未有的飞蝗大规模入侵危机。这一严重情况是由2010年4月马达加斯加西南部最容易暴发蝗灾的地区发生的一次蝗虫入侵，使孤立的蝗虫群体转化并维持为合一的种群发展而来。

虽然2010—2011年和2011—2012年开展的控制运动限制了损失，但蝗虫数量继续增长，到2012年4月入侵失去控制。2012年11月，马达加斯加农业、畜牧业和渔业部宣布全国进入蝗灾预警和公共灾害状态。然而，由于缺乏资金，2012—2013年没有开展控制运动，情况急剧恶化。截至2013年3月底，全国近一半的地区受到影响，单个蝗虫群中有多达10亿只蝗虫。牧场和农作物（主要是水稻）面临重大损害的威胁。据估计，如果没有大规模的蝗虫防治行动，1 300万人（60%的人口）的粮食安全可能会受到影响，其中包括900万以农业为生的人（粮农组织，2013）。为了应对这一灾难性情况，粮农组织和马达加斯加农业、畜牧业和渔业部于2012年12月共同制定了一项应急计划，并在三年内（2013—2016年）实施，耗资3 700万美元。它帮助挽救了马达加斯加人的生计，避免了该国本已严重的粮食不安全状况的进一步恶化。

> 粮农组织和马达加斯加农业、畜牧业和渔业部（MAEP）实施了一项3年（2013—2016年）、3 700万美元的计划，挽救了马达加斯加的生计，防止了该国已经十分严重的粮食不安全状况进一步恶化。

虽然2012—2016年的蝗灾是该国60年来最严重的一次，但迄今为止仍缺乏关于蝗灾对农业部门经济影响的详细和全面的报告。通过采用损害和损失评估方法以及不同报告和来源的交叉引用数据，特别是粮农组织/世界粮食计划署的作物和粮食安全评估团（CFSAM）报告，粮农组织现在能够对蝗灾的影响进行分类和评估。虽然该方法确实面临着数据可用性、影响观测的时空变异性以及复合灾害（例如2013年飓风“哈鲁纳”）的叠加效应等挑战，但它确实为校准该部门遭受的与蝗虫有关的总体损害和损失提供了基础。重点是2012—2013年和2013—2014年的农业季节。前者是政府宣布蝗灾为公共灾难，但没有采取有针对性地控制行动的季节；后者是粮农组织和马达加斯加农业、畜牧业和渔业部联合实施三年紧急方案的大规模控制行动的第一年①。这项分析集中于水稻和玉米生产的破坏和损失，因为这两种作物是马达加斯加的主要作物，也是蝗群的首选目标。从地理上看，重点是该国南部和西南部地区的蝗灾热点地区。

> 粮农组织的损害和损失评估方法有助于编写马达加斯加60年来最严重蝗灾的第一份全面报告。

## 2012—2013年作物季节

2013—2014年的蝗灾因哈鲁纳飓风的暴发而加剧，该飓风在西南海岸（主要是阿齐莫-安德列发娜）登陆，并离开远东南，留下了洪水和强风造成的严重破坏。这些同时发生的灾害的影响难以分辨，因为它们影响了相同的生产区域，而且相互加强（与气旋有关的暴雨为蝗虫的繁殖提供了有利的条件）。作物和牧场都受到了这场蝗灾的巨大影响。

---

① 本案例研究不考虑2014—2015年和2015—2016年两个季节，因为CFSAM的报告显示，2013—2014年的防治措施处理了120多万公顷的土地，大大减少了作物的损失。

2014年马达加斯加　蝗虫吞噬树叶

2013年马达加斯加　蝗虫群飞过村庄

Menabe南部地区传统上是自给自足的，经常有水稻生产过剩。由于不利因素的综合作用（水稻分蘖期雨水长期中断和蝗灾频发），2013年的产量显著下降（表6-2）。尽管对国家范围的产量没有明显影响，但受灾地区人民的生计还是受到了严重打击。

2013年，由于蝗灾等多种因素，真边县主要作物产量大幅下降：水稻产量下降40%，玉米产量下降70%。

蝗虫在西南部地区（阿齐莫-安德列发娜和梅纳贝）破坏最为严重，这两个地区总共贡献了全国水稻产量的7%（FAO、WFP，2013）。在阿齐莫-安德列发娜，平均农场规模为2.3公顷，但一半农民的土地小于1.5公顷。农业平均年收入为每户917 000马达加斯加阿里亚里[①]，24.2%的农户种植水稻，水稻总产量估计为139 370吨。与该国其他地区相比，这是水稻地质和气候条件最不利的两个地区之一。这个地区一半以上的水稻生产是用于自给自足，只有四分之一被出售。表6-2显示，蝗灾造成的水稻损失估计为30%，玉米为40%。

梅纳贝地区的平均农场规模为1.8公顷，61%的农场面积小于1.5公顷。每户平均农业收入为828 000马达加斯加阿里亚里。约70%的农业家庭种植水稻，2013年的水稻总产量估计为108 211吨。大约40%的水稻生产用于自给自足，30%用于销售。大约四分之一的农户种植玉米，同样比例的家庭种植木薯。蝗虫对水稻和玉米的攻击变得很普遍，导致水稻损失了40%，玉米损失了70%。

除了与蝗虫和气候相关的损失外，许多农民由于担心庄稼被毁而限制了播种（也限制了耕地面积），产量也有所下降。此外，即使一些农民真的愿意在蝗虫袭击后重新播种，在市场上购买种子也受到成本或供应的限制。最后，许多农民提前收割（包括水稻和玉米）以预防蝗虫袭击，导致总体产量下降。

产量下降是由于蝗灾和其他因素的综合作用。

**表6–2 2012—2013年马达加斯加西南部的产量和损失**

| 地区 | 预期产量（吨） | | 当前产量（吨） | | 估计损失（吨） | | 估计损失（%） | |
|---|---|---|---|---|---|---|---|---|
| | 水稻 | 玉米 | 水稻 | 玉米 | 水稻 | 玉米 | 水稻 | 玉米 |
| 阿齐莫-安德列发娜地区 | 199 100 | 9 933 | 139 370 | 5 960 | 59 730 | 3 973 | 30 | 40 |
| 梅纳贝地区 | 180 352 | 24 623 | 108 211 | 7 387 | 72 141 | 17 236 | 40 | 70 |

① 1马达加斯加阿里亚里≈0.001 6人民币。

## 2013—2014年作物季节

与一般预期相反，2013—2014年水稻种植面积实际上有所增加。虽然蝗灾仍是影响作物生产力的主要因素，但受影响的南部地区也经历了降水分布不均的情况，降水开始的较晚和结束的较早，进一步限制了产量潜力，抵消了种植面积的增加。种子质量差和水分管理不善进一步限制了生产。

这场运动阻止了蝗虫的地理扩张，并遏制了牧场和农作物的损失。

蝗灾造成的地区种植面积的平均损失在8%～37%之间，其中玉米损失最高。尽管南部和西部的水稻和玉米受到了一些重大但局部的损害，但蝗虫控制运动阻止了灾害地理范围的扩张，并遏制了牧场和作物的损失。

在阿齐莫-安德列发娜（西南）地区，实际水稻总产量估计为111 496吨（比2013年产量低20%），玉米总产量估计为5 966吨（与2013年产量相似）（表6-3）。水稻和玉米的平均作物损失分别为30%和39%。

表6-3　2013—2014年马达加斯加西南部的产量和损失

| 地区 | 预期产量（吨） | | 当前产量（吨） | | 估计损失（吨） | | 估计损失（%） | |
|---|---|---|---|---|---|---|---|---|
| | 水稻 | 玉米 | 水稻 | 玉米 | 水稻 | 玉米 | 水稻 | 玉米 |
| 阿齐莫-安德列发娜地区 | 159 280 | 8 403 | 111 496 | 5 966 | 47 784 | 2 437 | 30 | 39 |
| 梅纳贝地区 | 118 999 | 4 784 | 86 274 | 2 631 | 32 725 | 2 153 | 27.5 | 45 |

在梅纳贝地区，水稻总产量估计为86 274吨（比2013年低20%），玉米总产量估计为2 631吨（比2013年低64%）。水稻和玉米的平均作物损失分别为27.5%和45%。

许多农民提前收获庄稼，以保护他们的作物免受蝗虫侵害，从而导致产量下降。

2013—2014年作物季节持续存在的蝗虫威胁，导致许多生产者调整了作物活动的时间，以保护其作物。在一些地方，水稻移栽作业被推迟了两到三周，因为在作物周期结束时出现水分亏缺的风险很高。在另一些国家，一些生产者不得不尽早收获他们的玉米和水稻，以免受蝗虫的袭击。由于作物没有完全成熟，这些栽培方法也导致产量较低。

这两个受灾最严重地区的损失规模可能对区域和国家市场造成严重影响，并可能严重破坏当地人口的粮食供应和粮食安全。虽然国家汇总的生产数据可能掩盖了与蝗灾影响有关的巨大区域差异，但特定区域的影响揭示了蝗灾在次国家级水平造成的真实损失。因此，至关重要的是，数据收集和评估工作要有针对性，以相关地理单元为目标和校准，以捕捉对当地的影响。因此，家庭一级的损害和损失数据对于更好地了解病虫害暴发和其他灾害对农业生计的影响以及确定最容易受到威胁的农民类别至关重要。总体和国家一级的数据更偏向大局，无法为小农提供合理的损失估计，而小农在马达加斯加和其他蝗灾易发国家中占绝大多数。粮农组织的方法为加强国家数据编制机构有效监测和收集有关损害和损失数据的统计能力提供了基础。报告还强调需要开展合作和建立伙伴关系，以支持脆弱国家的统计能力建设。

由于国家汇总数据可能掩盖区域差异，数据收集和评估必须在地理上进行校准，以揭示蝗灾对小农的真实影响。

## 方法上的进步和挑战

了解蝗虫暴发对生产、生计和粮食安全的影响是为预防和控制行动建立证据基础的关键组成部分。上述对马达加斯加2012—2016年蝗虫灾害的评估是在粮农组织损害和损失方法的框架内进行的，利用二级数据来源和产量估算

**2014年马达加斯加**　蝗虫在植被上成群结队

得出可靠且谨慎的估计，说明蝗灾可能对作物生产造成的影响程度。它证明了即使在数据可用性有限的情况下，该方法也可提供有潜力的损害和损失评估结果。因此，可以得出结论，该方法构成了进行系统分析的有用且多功能的工具。反过来，这将有助于建立一个全面的信息系统，以记录蝗虫暴发以及其他灾害对脆弱和暴露国家农业的影响。

由于病虫害、疾病、气候变化和飓风等其他灾害的影响是相互关联的，因此必须在使用粮农组织的损害和损失方法时，将同时存在的因素分离开来。

然而，在应对危机、资源稀缺和数据有限的情况下，衡量病虫害暴发对作物和牧场的影响极具挑战性。虽然粮农组织的损害和损失评估方法使我们更接近全面分析蝗灾等生物灾害对作物和牲畜的影响，但这一评估必须以系统和综合的方式进行，要考虑到病虫害以及飓风和气候变化因素等其他灾害之间的相互联系，同时关注整个食物链。

为此目的，该方法需要额外的校准，而且还存在一些挑战和限制需要解决。例如，通过调整该方法来评估多重和同时发生的危害的累积影响，可以获得更准确的结果。要将在马达加斯加经常发生的气旋与蝗虫激增的影响分开尤其困难，尤其是由于这两种现象可能相互关联。均匀分布的大雨为蝗虫的繁殖提供了有利的条件，而猛烈的风则导致了蝗虫种群的重新分布。此外，评估过程能够而且应该利用地图和遥感技术将土地作为额外的信息来源。增加家庭层面的基础数据的整体可用性也将有益于评估。

虽然近年来农业人口普查和统计数据有了很大改善，但家庭调查数据的质量可能因国而波动，通常导致只有有限的历史信息可供使用。因此，需要进一步努力，改善地方、国家、区域和全球各级的农业数据收集和报告。应为中至大规模灾害以及经常性、小规模事件建立标准化的损害和损失数据收集、监测和报告程序。

必须填补牧草生物量的数据空白，以更好地阐明蝗虫对牲畜的影响，2020—2021年沙漠蝗虫激增证明迫切需要这样做。

此外，马达加斯加以及其他易受蝗灾的最不发达国家和中低收入国家的牧草生物量数据有限，很难将牲畜生产力的任何变化归因于虫害的影响。挑战仍然在于将牧场和牲畜评估这些较少受到关注的领域纳入到蝗虫对农业影响的评估和分析中。

虽然有了总体框架，但普遍存在的数据缺口阻碍了进一步试验。迅速应对这些挑战非常重要。我们迫切需要更准确地了解灾害和危机对农业的影响，大非洲之角、阿拉伯半岛和西南亚正在发生的沙漠蝗虫危机进一步证明了这一点。

2014年马达加斯加　居民们观察蝗虫群

©粮农组织

2011年马达加斯加　喷洒杀虫剂

©粮农组织/Yasuyoshi Chiba

## 对未来暴发病虫害的可借鉴经验

对以往大规模蝗虫灾害的评估，如2012—2016年马达加斯加的蝗灾，提供了令人信服的证据，表明预防是应对蝗灾紧急情况的唯一有效战略。实施这一战略可以避免对作物和牧场的破坏，通过在早期阶段进行有限规模的控制干预，大幅降低了成本，并允许使用更安全、更环保的控制措施。一项预防性控制战略监测了灾情暴发地区的蝗虫数量，旨在使蝗虫数量继续处于长期衰退状态。它包括特定的和早期的控制措施干预，以保持蝗虫数量在聚集阈值以下。大多数蝗虫物种的生态生物学知识现在已掌握足够，可以理解年度的生物地理循环，同时确定主要地点，包括聚集区。通过监测种群动态和相关生态条件的分布，理论上有可能评估和定位虫害和聚集的风险，或者更准确地说，是相变的风险。

> 蝗虫的暴发很容易被发现，因为蝗虫聚集发生在广阔而稀少的地区。

然而，在实践中，尽管进行了数十年的深入研究，预测蝗虫种群时空动态的总体能力仍不够理想。因此，蝗灾的暴发大多是无法预料的，并且常规的蝗虫管理策略难以奏效。这种效率低下的主要原因是，最初蝗虫聚集的区域通常分散在广阔且人口稀少的地区（Latchininsky，2013）。例如，沙漠蝗虫最初群居的面积为1 600万平方公里，大致相当于美国和澳大利亚领土的总和（Duranton&Lecoq，1990）。尽管国家和国际努力实施有效的蝗虫监测，但在某些地区，可能仍然存在未被发现的蝗虫群居种群，从而导致蝗灾大规模暴发，这始终是一种威胁。因此，会在广大地区进行治理性杀虫处理，以最大限度地减少作物损失。例如，在中亚，2008—2012年每年有200多万公顷的土地进行了防治意大利蝗虫、迁徙蝗虫和摩洛哥蝗虫处理（Latchininsky，2013）。此外，蝗虫不定期暴发（因此需要控制），使管理基础设施的可持续性面临巨大挑战。调查项目和后勤专业知识无法在长时间的经济衰退期中维持，最终会恶化并变得效率低下。

当地社区经常尝试手工管理害虫的手段，例如冲击和灭火，试图将它们吓跑，但这些措施的效力是高度可疑的，而且往往是有问题的。农药也常用于治理蝗灾地区，是面对大量蝗虫时唯一有效的解决方案。还存在其他控制选项，例如生长抑制剂和作用较慢的生物农药。在马达加斯加，1997年至2000年有420万公顷的土地使用了蝗虫杀虫剂，耗资5 000万美元（Lecoq，2001）。这种大规模农药处理可能对环境产生重大影响，特别是对非目标生物。在马达加斯

> 农药是防治蝗虫的最常用和最有效的武器，预防性蝗虫控制策略是迄今为止的最佳选择。

加，由于其独特的生物多样性和已经脆弱的生态系统，在控制蝗虫过程中使用杀虫剂引起了一些环境问题。在所有控制行动中，粮农组织建议各国政府实施广泛发现和定点喷洒，重点喷洒蝗虫并避免敏感区域，使用低剂量农药配方，并遵守国际安全和环境标准协议。

为了减轻对广阔的潜在危险地区数百万人生活的影响，不能让蝗虫暴发演变成实际灾害，像马达加斯加2012年那样。面对蝗虫危机（包括沙漠蝗虫）的有效预期行动依赖于国家和地区的建设和维护能力，对广大地区进行定期监测，建立复杂的预警系统，及时制定响应方案。具体而言，这意味着：

- 进行有效和定期地相关数据收集和分析；
- 拥有一个早期预警系统，以捕捉从独居到群居过渡阶段的蝗虫；
- 并具有根据需要进行快速控制操作的能力。

必须建立一个利用实地数据测绘的预警系统，以获得可靠的蝗虫判断和预测，确定应提高警惕的地区，指导控制行动，并评估蝗虫减少时再次暴发的风险。该系统将包括根据先前建立的空间和时间路径收集的蝗虫、降雨和生物生态数据（以十天和每月为基础，在蝗灾暴发地区合理分布调查点）。由于月降雨量与蝗虫种群动态之间存在着密切的相关性，因此分析应基于三个数据层的空间交叉：特定蝗虫种群在其

> 基于数据的风险图表明蝗虫阶段转变的位置，成为保持警惕的基础。

©粮农组织/Yasuyoshi Chiba

**2011年马达加斯加**　通过控制燃烧以吓跑蝗虫

暴发地区的生物群落图；过去三个十天的降雨图；蝗虫地图，包括各个阶段、生态现象和密度。分析的预期结果将是一张带有蝗虫相变位置的风险图。这张地图反过来成为保持警惕的基础。

预警系统使对蝗虫种群动态以及相关生态条件的空间和时间分布进行监测成为可能。侵袭和群聚的地点可以被识别和评估，从而可以预测蝗灾并采取行动，特别是在蝗虫密度可能达到或超过群化阈值的地区。在第一次蝗虫聚集时，应该以高度局部化和有针对性的方式在小面积内采取尽早和迅速的控制行动。

> 虽然不能解决所有蝗虫问题，但遥感提供了有利于蝗虫繁殖和群居的条件的实时信息，使实地小组能够针对特定地点的预防措施。

预防蝗虫控制战略的实施——包括在蝗虫发展的关键时期对蝗虫栖息地进行适当监测，以便及早发现——比紧急情况下采用的治理和防御控制措施更有效，所需资源少得多。但是，这只能通过加强定期收集和分析生态气象和蝗虫数据的能力和系统来实现。只有在数据收集、传输和分析的网络在地方一级有效、可持续和精准的情况下，监测和预警系统才会可靠和有效。

从成本效益的角度来看，依赖于一个前瞻性的预防战略的优势是显而易见的。虽然实施这种控制系统可能每年将花费马达加斯加100万～200万美元，但这与大规模控制行动的成本（1997—2000年为5 000万美元；2012—2016年为3 700万美元）相比是有利的，更不用说农民和牧民所遭受的毁灭性破坏和损失，以及对粮食安全的深远影响。投资国家持续监测能力的理由是显而易见的，且不仅仅是在蝗灾期间。

此外，随着对不同蝗虫物种的生态学研究的不断深入，识别蝗虫地理迁移和主要栖息地成为可能，同时卫星和处理软件也变得愈加易获取。因此，遥感正逐渐成为蝗虫管理实践中常规有效的工具，特别是在预测方面。随着蝗虫栖息地在纬度和海拔上因气候变化而扩大，地理空间技术的优势可能会进一步显现。遥感能够更容易且实时地识别新出现的绿色植被区域，并评估有利于蝗虫繁殖和群居的生态条件。这有助于快速决策和规划实施干预措施。使用卫星图像意味着蝗虫管理团队可以针对特定的高风险蝗虫聚集地点进行定位，这大大降低了成本，并有助于将蝗虫控制战略由治理性战略转向预防性战略。然而，尽管在这方面取得了重大进展，但仅靠遥感无法解决所有蝗虫问题，正如2020—2021年沙漠蝗灾。

总体而言，一个支持有效实施的强大机构框架是预防策略成功的基础。每个国家应该拥有独立和运作良好的国家蝗虫控制机构，具有制定蝗虫控制操作的技术和行政决策权。这个机构必须得到相关政府的有效财政、物质和政策支持。

2014年马达加斯加　躲避成群的害虫

©粮农组织

2011年马达加斯加　蝗虫防治行动

©粮农组织/Yasuyoshi Chiba

2016年海地　飓风“马修”的后果

©联合国儿童基金会/UN038105/LeMoyne

# 第3部分

# 走向未来的损害和损失监测

**第7章**

极端暴露：农业在气候危机中更清晰的图景

**第8章**

从农场到太空：探索遥感技术在农业灾害影响分析中的应用

2010年巴基斯坦　洪水

©粮农组织/Asim Hafeez

# 第7章

# 极端暴露：农业在气候危机中更清晰的图景

迄今为止，在气候谈判中，气候引起的极端天气事件对农业的影响几乎没有得到量化分析支持。这种情况可能会随着归因科学的快速发展而改变，归因科学考虑了气候变异性和变化对慢发和极端天气事件的影响，以及这些因素如何与其他风险驱动因素相互作用，从而影响农业的损害和损失。联合国粮食及农业组织从灾害和气候风险管理的角度出发，其损害和损失方法提供了极端事件经济影响的量化工具。

# 全球气候变化议程背景下的灾害影响

2019年，全球平均气温比工业化前水平高1.1℃（WMO，2020）。温室气体浓度的增加正在给气候带来深刻的变化，最终影响农业生产。这些变化包括极端温度天数的增加，更严重和更频繁的干旱、洪水和风暴，生长季节的开始和长度的变化，虫害和疾病的更大范围传播，以及鱼类的洄游。如果全球平均气温升高达到1.5℃，这些影响将进一步扩大，而在达到2℃时将变得更加严重（IPCC，2018）。

> 灾害和气候变化的综合影响削弱了农民和农村社区，特别是最脆弱群体应对风险和维持生计的能力。

在农作物、畜牧业、林业、渔业和水产养殖业方面，农业部门已经吸收了不发达国家和中低收入国家气候相关灾害造成的约26%的影响（FAO，2018）。灾害和气候变化的影响结合在一起，削弱了农民和农村社区应对风险和维持生计的能力，尤其在高度脆弱和贫穷的国家。因此，灾害和气候变化对农业的影响具有叠加性，需要采取综合办法和工作方法来建立抵御冲击和气候的能力。

当前已经具备了这方面的初步基础。在长期辩论的演变后，目前的国际气候讨论承认与适应和缓解有关的主要目标是“避免、尽量减少和解决与气候变化的不利影响有关的损失和损害的重要性”（《巴黎协定》第8条）。同时，关于气候变化在气候相关灾害中所扮演的角色的科学证据正在迅速发展。因此，气候引起的损失和损害现在构成了气候变化议程中一个紧急重要的工作流。

气候相关的灾害及其对自然和人类系统的影响，自《仙台框架》和全球气候变化议程成立以来就得到了承认，**然而存在术语上差异。《仙台框架》的“损害和损失”（DL）和《巴黎协定》的“损失和损害”（LD）并不相同，每个表达式都来自不同的领域。**

一方面，作为一种减少灾害风险的概念，“损害和损失”涉及自然灾害（包括与气候有关的灾害、地球物理灾害、生物灾害）以及技术灾害。《灾害和危机对农业和粮食安全的影响》系列报告的传统焦点是损害和损失，在减少灾害风险的文献中也有明确的定义（如：CEPAL，1991；FAO等，SOFI 2018）。该术语在各国通过仙台框架监测（SFM）进行的评估中得到了一致的认可和使用。

另一方面，损失和损害（LD）来自华沙国际机制（WIM）指导下的气候变化政策论述，仍缺乏统一的定义。谈到气候变化的负面影响，华沙国际机

2019年尼日尔　干燥的萨赫勒景观

©粮农组织/Luis Tato

2020年塞内加尔　等待新鲜渔获的鱼贩们

©粮农组织/John Wessels

2013年印度尼西亚　火灾后的情况

2019年南苏丹　水灾

制将损失和损害（LD）用于极端事件（与气候相关的自然灾害，如飓风、洪水、干旱）和缓慢发生的事件（如海平面上升、冰川退缩、荒漠化）（《联合国气候变化框架公约》，2013第2/CP号决定）。然而，与“损害和损失”不同，华沙国际机制的“损失和损害”明确包括经济损失和非经济损失（UNFCCC，2013）。因此，减少灾害风险和气候变化工作流之间的术语和定义上的差异并非微不足道。这为跨部门的数据收集、分析和整合的一致性带来了真正的挑战。

围绕损失和损害的歧义主要是政治层面上由于低收入和高收入或工业化国家之间关于气候变化残余影响的争论，承认这一点可能会引发责任和赔偿要求。事实上，“损失和损害”的概念确实与缺乏缓解措施有关（Roberts和Huq，2015；联合国环境规划署，2016）。《联合国气候变化框架公约》（UNFCCC）还承认，损失和损害“包括在某些情况下，涉及的范围超过了通过适应可以减少的范围”（第2/CP号决定）。虽然《巴黎协定》没有提及财务补偿，但损失和损害的讨论经常与气候融资交织在一起，作为缓解和适应工作提供资金的手段。

然而，气候变化界在这一点上确实存在共识：损失和损害可以且应该作为华沙国际机制任务的一部分来处理，以增强理解并促进全面的中短期风险管理，包括风险评估、风险降低、风险转移和风险保留（Gall，2015）。

虽然华沙国际机制的产出很少关注农业部门本身，但许多产出与农业损失和损害有关。作为对华沙国际机制审查的一部分，2019年缔约方大会（COP25）创建了圣地亚哥网络，以加强华沙国际机制对损失和损害的关注。对于那些最容易受到气候变化不利影响的发展中国家，该网络提供了与专家的快速接触渠道以及规划工具和解决方案，并构成了知识交流合作平台，所有这些都着眼于评估及避免或尽量减少气候变化影响的风险，并监测各种措施的有效性。

> 圣地亚哥网络为脆弱国家提供了一个关于气候变化适应和获取急需资源的知识交流合作平台。

虽然以减灾为重点的观点和以气候为重点的观点不同，但观点之间可互为佐证。例如，由于粮农组织的标准化损害和损失方法量化了极端事件对农业造成的经济影响，因此它可以为该部门的华沙国际机制讨论提供量化维度。相反，华沙国际机制的损失和损害方法解决并补充了缓慢发生的长期气候变化的非经济/货币方面，而粮农组织的方法没有解决这一问题。虽然粮农组织的方法没有提供一种将农业损害和损失的任何份额归因于气候变化本身的方法，但随着归因科学的进步，这一点正在气候变化的大框架下出现并有望落实。

在乌拉圭目前开展的工作中，扩展和结合损害和损失以及损失和损害方法的潜力显而易见。例如，在乌拉圭，粮农组织的损害和损失方法被用于国家气候变化适应计划，以估计极端气候事件造成的作物损失。

## 为适应气候变化规划评估乌拉圭的农业损害和损失

乌拉圭的国家气候变化适应计划（畜牧、农业和渔业部，2019）强调量化农业中与气候相关的损失和损害的重要性，以便确定恢复和预防气候风险的必要行动。干旱、过度降雨、热浪、霜冻、风暴、强风、冰雹和极端温度等极端气候事件是乌拉圭农业面临的主要挑战。

> 粮农组织的损害和损失方法在乌拉圭被用来分析40年内极端气候事件对各主要商品造成的损害和生产损失。

2019年，利用粮农组织的损害和损失方法进行了一项评估，以帮助制定乌拉圭的“农业部门应对气候变异和变化的国家适应计划”(NAP-Agro)。该计划分析监测了该国主要商品类别（谷物和油料、牲畜、奶制品、园艺和水果生产）中因不利气候极端事件而造成的损害和生产损失，并与“预期”产量值进行了比较，该值由每次事件前五年的平均生产力确定。气候预测表明，乌拉圭的年际气候变异性呈增加趋势，包括降雨量增加，干旱持续发生。

在所分析的40年中，干旱年份（2007—2008年、2012—2013年和2017—2018年）农业损害和损失的美元价值最高，尤其是大豆和小麦（表7-1和图7-1），尽管这可能部分归因于过去十年耕地面积的扩大。

**表7-1 1978—2019年乌拉圭与气候有关的极端事件造成的主要农作物总产量的年平均和最大损失**

| 作物 | 年平均损失（美元） | 年平均损失（%） | 最大损失（美元） | 最大损失（%） |
|---|---|---|---|---|
| 大豆 | 19 680 841 | 8.0 | 472 493 263 | 57.5 |
| 玉米 | 3 008 570 | 6.3 | 31 987 025 | 48.3 |
| 高粱 | 704 403 | 5.5 | 4 971 016 | 50.3 |
| 大米 | 1 191 490 | 2.1 | 17 919 717 | 17.7 |
| 小麦 | 7 323 292 | 6.8 | 132 505 493 | 52.3 |
| 大麦 | 2 880 877 | 7.2 | 33 987 511 | 59.0 |

资料来源：Hemandez等，2018。

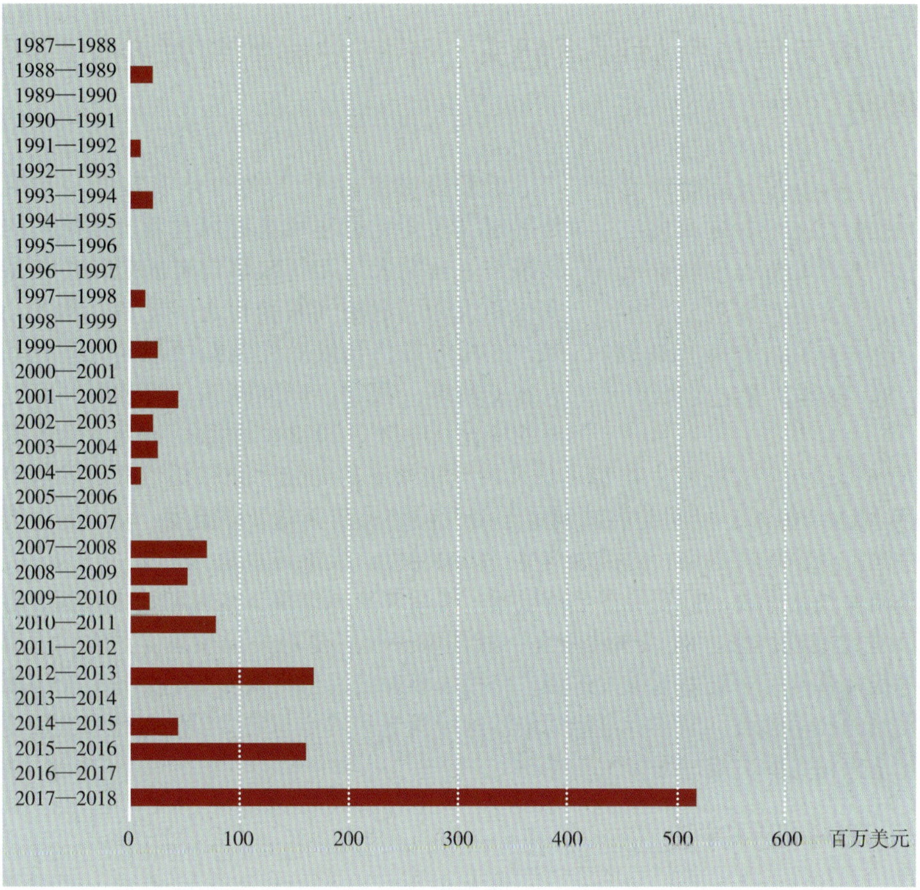


图7-1　1987—2019年乌拉圭主要农作物因气候相关极端事件造成的年度总损失

注：主要农作物为大豆、玉米、高粱、水稻、小麦、大麦。
资料来源：Hemandez等，2018。

对历史损害和损失的分析有助于乌拉圭进行灾害风险评估，并预测由于各种威胁而造成的未来生产系统损失的可能性。这些数据被用于帮助设计气候风险管理和适应政策，以避免或尽量减少损害和损失，例如设计金融保护工具，将风险转移到保险市场。这些数据也有助于设计旨在预防和减少风险的投资的成本效益分析，并有助于创建风险地图，说明全国风险的空间分布，从而明智地确定公共资源的优先次序。作为评估的结果，NAP-Agro的国家管理和评估系统现在包括了有关极端事件造成的损失和损害的指标，并按相关农业部门进行了区分，这有助于定期评估气候适应政策的总体成效。

# 将天气与气候联系起来：不断发展的气候变化归因科学

> 尽管已经取得一定进展，但“事件归因”，即确定人为温室气体排放对任何特定极端事件的概率或强度的贡献程度，仍然具有挑战性。

了解极端事件和气候相关灾害的复杂性是制定气候变化适应和灾害风险管理战略的先决条件。极端天气和气候事件可能是自然气候变化和人为引起的气候变化之间复合互动的结果。众所周知，气候变化包括极端天气事件和灾害的频率、强度、空间范围、持续时间和时间的变化（IPCC，2012），然而，确定人为温室气体排放在多大程度上增加了任何特定极端事件的发生概率仍然极具挑战性（WMO，2019）。早期的尝试侧重于将气候的长期变化（即温度、降水量、海平面上升等缓慢变化）和极端情况（极端温度、极端降水量、干旱）归因于人为温室气体排放，首先是在全球层面，然后越来越侧重于区域和地方层面。自21世纪初期以来，对“事件归因”的理解——主要是关于热浪、洪水、干旱等极端事件——取得了重大进展。将极端事件归因于气候变化仍然是一个不断发展的科学领域，但它有可能为华沙国际机制和其他与灾害风险管理和气候变化适应相关的决策过程提供信息。

## 事件归因方法

> 基于风险的方法更为常见，与降水量过多或减少相关的事件相比，它在温度相关事件上的可信度更高。

概括地说，科学家将个别极端事件归因于气候变化的两种方式（Jézéquel等，2018）：“基于风险的方法”以及“故事情节法”（图7-2）。最常用的基于风险的方法通过使用气候模型比较事实（即当前）和反事实（即无人为气候变化强迫）条件下事件发生的概率和强度，量化了人为和自然力对事件发生的影响程度（Stott等，2016；Knutson等，2017）。基于风险的研究对热浪和寒潮等与温度相关的极端事件的归因置信度最高（美国国家科学院、工程院和医学院，2016）。由于降水量的巨大内部变异性、地表反馈的复杂性以及所需的高分辨率空间模拟，当试图将极端降水、干旱、飓风、强对流风暴和其他极端事件归因时，只能获得较低的置信度（Zhai等，2018）。

故事情节法试图通过提出诸如“气候变化对给定风暴的严重程度有多大影响？”（Shepherd等，2018）等问题来描述气候变化如何影响导致特定事件的物理过程。这里强调理解驱动因素，包括这些因素的合理性以及这些因素的变化。例如，由于最近日本周围气温快速变暖，2018年7月日本异常暴雨期间的总降水量增加了约7%（Kawase等，2020）。

在将极端事件归因于气候变化而非自然气候变化方面存在明显差异。例如，区域间气候的巨大差异、长期观测数据的质量和可用性以及气候模型模拟产生极端天气事件的气候条件的可靠性，这些阻碍了对区域事件进行归因的能力（Otto等，2014）。因此，现有的归因研究侧重于中纬度气候和高收入国家的事件，这些国家的数据更容易获得（Otto等，2015；Pidcock等，2020）。此外，归因研究并不总是评估最严重和影响最大的事件。自2007年以来，对71个灾害进行了灾后需求评估和快速评估报告（可在GFDRR数据库中获得），只有8个进行了相应的归因研究，其中5个与干旱有关。为扭转这一局面，已启动了各种举措，包括欧洲极端天气事件归因方法协调和评估原型演示器（EUPHEME）、哥白尼气候变化服务（C3S）和世界天气归因服务。

由于将极端事件与气候变化联系起来非常困难——这主要是由于缺乏可靠的天气记录和其他统计数据，在存在灾后需求评估的71场灾害中，只有8场进行了归因研究。

**2020年菲律宾** 台风“万科”的后果

©Thoudy Badai/绿色和平组织

2020年印度尼西亚　逃出水灾

©粮农组织/Luis Tato

2019年肯尼亚　修复灌溉水渠

然而，最根本的困难是如何获得可靠的观测天气记录和有关灾害对农业影响的高质量统计数据。这一先决条件不仅适用于影响归因研究，也适用于在灾害和国家之间进行比较的能力研究。

## 明确灾害影响：探索农业中影响归因的新依据

### 影响归因方法

归因建模的范围正在演变，不仅将水文气象事件本身归因于气候变化，还将其对人类和自然系统的影响归因于气候变化，例如与热有关的死亡、珊瑚礁白化、海洋和陆地生态系统的变化、作物歉收。众所周知，所谓的“影响归因”（图7-2）是对评估缓慢发生的事件的社会经济影响相关实践的补充，例如逐渐的长期温度变化、海平面上升、海洋酸化，因为这些事件通常更容易与人为温室气体排放相联系。这导致“完全影响归因”，这是通过所谓的“多步骤”或“联合归因”研究实现的。此类研究采用先进的方法，第一步将平均或极端气候变量的变化与人为温室气体排放量联系起来，第二步将影响与变化联系起来。然而，这些联系的耦合使得影响归因容易沿着因果链出现连带的不确定性，这两个步骤都是如此。因此，迄今为止进行的大多数研究仅限于评估社会经济影响与气候和天气相关事件之间的联系（“单步”研究或“直接”归因），而没有试图从与人为温室气体排放的影响中得出因果关系（Burger等，2020）。

影响归因试图通过单一步骤或更先进的多步骤过程将事件及其社会经济后果与气候变化联系起来。

归因科学的进展

| 归因研究的类型 | 课题实例 | 归因方案 |
| --- | --- | --- |
| 长期变化的归因<br>平均气候的缓慢变化以及极端气候的频率和强度 | 以下方面的趋势：<br>温度<br>降水<br>海平面上升<br>极端天气事件 | |
| 事件归属<br>单一极端事件 | 极端温度<br>干旱<br>极端降水<br>旋风/飓风 | 基于风险的方法<br>故事线方法 |
| 影响归属<br>人类、自然、物理系统；海洋、陆地生态系统 | 与热有关的死亡<br>野生动物<br>珊瑚礁白化<br>鱼类数量<br>变化的作物生产力 | 单步（直接）法<br>多步骤（联合）方法 |

图7-2　三种类型的气候归因研究

资料来源：改编自Zhai等，2018。

正如事件归因研究需要有关天气和灾害相关影响的高质量数据一样，影响归因也依赖于地方、国家和全球各级的社会经济数据的可用性。

## 气候变化和极端事件对作物的长期影响

> 影响归因研究将气候变化与1980年至2008年全球玉米和小麦产量的下降联系起来，并与2000—2009年西非的小米和高粱产量的减少联系起来。

在过去的二十年中，农业影响归因研究试图在不同的空间和时间尺度上量化与气候有关的事件和气候变化的影响。虽然他们大多不区分慢发事件和极端事件，或者他们的定义与政策中的定义不同，但他们确实对气候变化在较长时间内可能对农业生产产生的影响的规模和程度提供了有趣的见解（James等，2019）。例如，在考虑二氧化碳施肥的情况下，1980年至2008年，全球玉米和小麦的平均产量估计因气候变化分别下降了3.8%和2.5%（Lobell和Field，2007；Lobell等，2011）。基于过程的建模表明，全球主要作物的平均产量有所下降：在研究的最近几年（2005—2009年），由于气候变化导致的生产损失的平均年值为玉米223亿美元、大豆65亿美元、大米8亿美元、小麦136亿美元（Iizumi等，2018）。在区域范围内考察对作物生产的长期影响表明，2000—2009年，西非气候变化带来的更频繁的高温和极端降雨导致小米平均减产10%～20%、高粱平均减产5%～15%。这表明相对于非升温的反事实条件，与历史气候变化相关的产量损失为小米23.3亿～40.2亿美元、高粱7.3亿～21.7亿美元（Sultan等，2019）。

## 地方范围内单一事件对气候变化的作物影响归因

> 由于多步骤的影响归因研究会带来各种挑战，大多数研究都采用单步骤的方法，尽管这种方法无法分离出人类对任何特定影响的贡献比例，但还是很有用。

通过多步骤研究将极端事件的局部离散的农业影响完全归因于气候变化具有挑战性，原因如下。第一，必须考虑许多非气候变量（包括自然变量和人为变量），以评估人为气候变化在多大程度上造成了这些影响。包括社会经济数据在内的长期数据集通常不可用，例如鱼类种群的长期自然变化、土地利用变化或作物生产的技术创新，都会极大地影响每个部门农业系统生产力的变化。第二，对农业的影响与不断变化的气候变量之间的关系可能是非线性的，需要使用数值模型（如基于过程的作物模型）来解释这种复杂性，尽管这种模型很少是稳健的，也没有处理非作物子部门。第三，单个极端事件及其影响部分取决于事件发生前的气候和环境条件（如土壤湿度、水位、植被），这意味着不能将事件视为完全独立的现象。最后，影响的空间和时间尺度可能太小，无法用模型和统计方法捕捉。

因此，只有少数研究将对作物的影响归因于单个天气/气候事件的气候变化，其中大部分可以被描述为“单步”研究，它只关注影响和观察到的极端事件变化之间的关系。虽然“多步骤”方法是复杂和具有挑战性的，但“单步骤”研究——尽管它们无法分离出人类对该影响的贡献比例——由于其简单性和多年的科学研究历史，仍然非常有用。

> 农业干旱的空间分布和严重程度可以通过遥感产品监测，如粮农组织的农业干旱胁迫指数系统。

尽管人类活动造成的气候变化对干旱的影响还没有被单独考虑，但仍有可能将作物产量变化归因于干旱等特定的极端事件。农业干旱的空间分布和严重程度可以通过粮农组织的农业干旱胁迫指数系统（ASIS）等遥感产品进行监测（见第8章）。利用作物产量、干旱指数和年降水量之间的经验关系，估计从1983年到2009年，全球平均每次干旱事件引起的产量损失为：小麦8%（0.29吨/公顷），玉米和大豆各7%（分别为0.24吨/公顷和0.15吨/公顷），水稻为3%（0.13吨/公顷），累计损失1 660亿美元（Kim，2019）。从全球平均来看，一次干旱事件会使国内农业总产值减少0.8%，影响程度因国家而异。

## 非作物农业的影响归因

类似的方法正在应用于非作物农业部门的影响归因研究。

在林业方面，野火风险的研究以燃料干旱度为代表，即森林和其他可燃烧的生态系统的干燥度。由于人为排放导致温度上升和蒸汽压力下降，过去几十年，美国西部的燃料干旱程度不断加剧。这导致2000—2015年每年增加了9天的高火灾潜力，1984—2015年又烧毁了420万公顷（95%置信度：270 650万公顷）的森林面积（Abatzoglu和Williams，2016）。此外，在2017年加拿大极端野生火灾季节，86%～91%的烧毁面积被归咎于人为的气候变化（Kirchmeier–Young等，2019）。

在渔业和水产养殖方面，2015—2016年厄尔尼诺现象和人为导致的长期变暖趋势减少了食物供应，由此消耗了浮游生物种群，减少了珊瑚覆盖，从而减少了依赖活珊瑚的鱼类（Brainard等，2018）。也有关于极端高温如何影响珊瑚礁等海洋生态系统的评估（Lewis和Malela，2018）。

## 缓慢事件和极端事件

> 归因研究还不能区分缓慢事件和极端事件的影响，因为相同的气候变量适用于两者，但正在努力改善这种情况。

极端事件归因和影响归因模型都有助于量化气候变化引起的气候或天气灾害造成的农业损失。然而，在科学归因方面，这些模型没有区分缓慢事件和极端事件的影响，因为相同的气候变量输入适用于两种事件类型。此外，气候变化对农业的影响评估在模拟缓慢事件（如季节性降雨、温度和生长期）影响方面要准确得多，但其目的不是全面量化或预测极端事件造成的气候变化相关损失。这是一个巨大的差距，因为与气候相关的灾害造成了农村的贫困并使之长期存在，是严重粮食不安全的关键驱动因素。目前正在努力提高作物模型对极端事件的解释能力（如欧盟资助的MODEXTREME项目）。此外，一些研究通过打开或关闭处理极端情况的模型模块来比较极端事件对作物生产力的影响大小。其中一项研究量化了南非三个主要玉米种植区预计气候变化下的玉米产量。明确考虑了极端天气事件（如极端高温和干旱）的影响，与仅考虑缓慢事件的模型版本相比，模拟产量降低了9%到21%——这取决于地点、时间范围和代表浓度途径[①]（Mangani等，2019）。与只考虑缓慢事件的模型版本相比，该方法允许将极端事件（如干旱、洪水、龙卷风）造成的气候变化影响与缓慢事件（如温度和降雨量的平均变化）分开。

## 展望未来：在气候变化情景下建立作物产量模型

> 在归因科学中，未来气候数据下的模拟生产力与当前气候数据下模拟生产力之间的差异被认为是气候变化的影响。

在统计和基于过程的归因研究中，用于证明农业与气候之间历史关系的模型，也可用于预测各种气候变化情景下农业系统的未来变化。在这种情况下，预测的气候数据被用作模型的输入。这些模型根据观测到的影响和事件进行校准，强调严格的影响或损害和损失评估（包括来自地球物理事件的损害和损失）在农业中的有用性。未来气候数据下的模拟生产力与当前气候数据下模拟生产力之间的差异被认为是气候变化的影响。

① 代表性浓度路径（RCP）表示不同的温室气体浓度轨迹或“假设”情景，每个情景基于未来几年不同的温室气体排放量。

粮农组织的气候变化对农业影响的建模系统（MOSAICC）帮助各国预测潜在的作物损失。根据非气候变化（如生产系统的变化）调整的历史产量时间序列可以分析与气候变量（平均、最低和最高温度和降水量）以及从这些相同气候变量得出的土壤水分相关变量（蒸发量、土壤水分平衡等）之间的相关性。基于这些相关性，根据地点和作物依次使用性能函数量化所选气候和水变量对产量的相对贡献。根据过去的气候和产量数据进行校准后，该性能函数可以与全球气候模型（GCM）提供的未来气候模拟中的缩小气候变量一起使用，以预测未来的产量。全球气候模型是美国国家航空航天局（NASA）实验室戈达德空间研究所的产品。计算出的未来和过去产量之间的差异可用于估计未来气候引起的作物生产力变化。

与其他建模工具一样，MOSAICC使用每日温度和降水量数据来模拟未来生产力的变化。缓慢事件（如多年和几十年来平均气温升高或降雨量减少）和极端事件（如干旱、极端降水、特定年份的极端热浪）都在不同的时间尺度上显示了农业气候风险，尽管来自同一时间的每日数据。这两种类型的气候变化——缓慢事件和极端事件——都被解释为每天的气候数据并被输入到模型中。产量预测结果每年可在潜在的未来气候情景下获得，但以未来20至30年平均产量与当前产量水平相比的变化表示。从相同的结果中，也可以分析未来逐年产量的不同和最大产量减少的变化，揭示极端影响的频率和强度变化。模型结果应始终解释为产量统计特征的变化（如平均值、变异性、最大值、最小值），而不是对未来特定年份的产量预测。

> 通过模拟未来生产力的变化并与历史产量相比较，粮农组织的MOSAICC可以估计气候引起的未来20至30年平均产量的变化。

MOSAICC中使用的统计方法没有明确地处理快速极值，但回归模型包括气候变量和衍生的水变量，这些变量高度相关，当极值是解释产量历史变化的重要因素时，可以作为极值的代用指标。

**表7–2　玉米回归模型中与气候和水有关的变量及其系数**

| 国家/地区 | 用水满意度指数（%） | 生长初期水分亏缺（毫米） | 总降水量（毫米） | 最高温度（℃） |
|---|---|---|---|---|
| 马拉维/布兰太尔 | 0.019 2 | −0.774 | — | — |
| 赞比亚/西部省 | 0.036 6 | −0.024 5 | — | — |
| 乌拉圭/西部省 | — | — | 0.004 3 | −0.53 |

2007年大不列颠及北爱尔兰联合王国牛津郡 洪水

2013年中国内蒙古 干涸的农田

表7-2显示了一个带有气候和水变量的产量回归模型样本。例如，缺水压力指数可以被视为干旱的一个指标，正如在马拉维和赞比亚作物生长初期所观察到的那样。在这两个国家，玉米产量与水满意度指数（WSI）呈高度正相关，与某些时期（如马拉维和赞比亚的初期）的缺水压力呈负相关。在厄尔尼诺现象期间，这两种现象往往都是干旱的迹象。

在一项中长期（分别为2040年和2070年）气候变化对乌拉圭玉米产量的潜在影响的研究中，MOSAICC显示，产量与最高气温呈负相关，与整个玉米生长季节的降雨量呈正相关（Borges等，2020）。最高气温升高1℃将使玉米产量减少0.53吨/公顷，总降水量每减少1毫米，玉米产量将减少0.004 3吨/公顷（表7-2）。根据气候模型和情景，最高温度变化达到1.2℃会使产量减少0.64吨/公顷；而预计降雨量增加到80毫米，产量将增加0.34吨。因此，举例来说，温度升高1℃，同时降雨量增加50毫米，将导致玉米产量减少0.27吨/公顷。总的来说，气温升高和热胁迫的负面影响预计会更加突出，导致乌拉圭未来玉米产量略有下降。

MOSAICC显示，在乌拉圭，气温升高1℃，降雨量增加50毫米，将导致玉米产量减少0.27吨/公顷。

因此，假设气候和产量之间的关系保持不变，经验统计模型可以预测缓慢发生事件和极端事件对作物产量的定量影响，以预测未来气候条件下的产量变化。

## 灾害发生、农业损失和全球平均气温上升的全球趋势

科学界检测到地球变暖与其不断变化的天气模式之间的更强联系。过去二十年，不仅出现了有史以来最高的全球气温，而且发生了最多的灾害。虽然很难确定气候变化是否加剧了某一特定天气事件，但其轨迹是明确的：总体而言，更热的热浪、更干燥的干旱、更大的风暴潮和更大的降雪更频繁。灾害（特别是风暴、干旱和洪水）的加剧，与过去60年全球气温升高的情况不谋而合（图7-3）。

相应地，更频繁和更强烈的气候相关灾害可能会造成更严重的破坏和损失——干旱和热浪的影响在国家产量统计中可以清楚地识别出来。例如，最近的干旱（1985—2007年）导致受干旱影响的最不发达国家和中低收入国家的谷物产量损失，平均占全国产量的13.7%，比早期的干旱（1964—1984年）影响高出7个百分点（Lesk等，2016）。从1980—2014年气候相关事件造成的损

失来看[1]，不仅水稻、玉米和小麦等关键作物的损失在增加（图7-4），所有作物和牲畜的损失也在增加（图7-5）。目前观察到的趋势也已经表明，近几十年来温度变化的加剧对事件的频率和规模产生了影响。

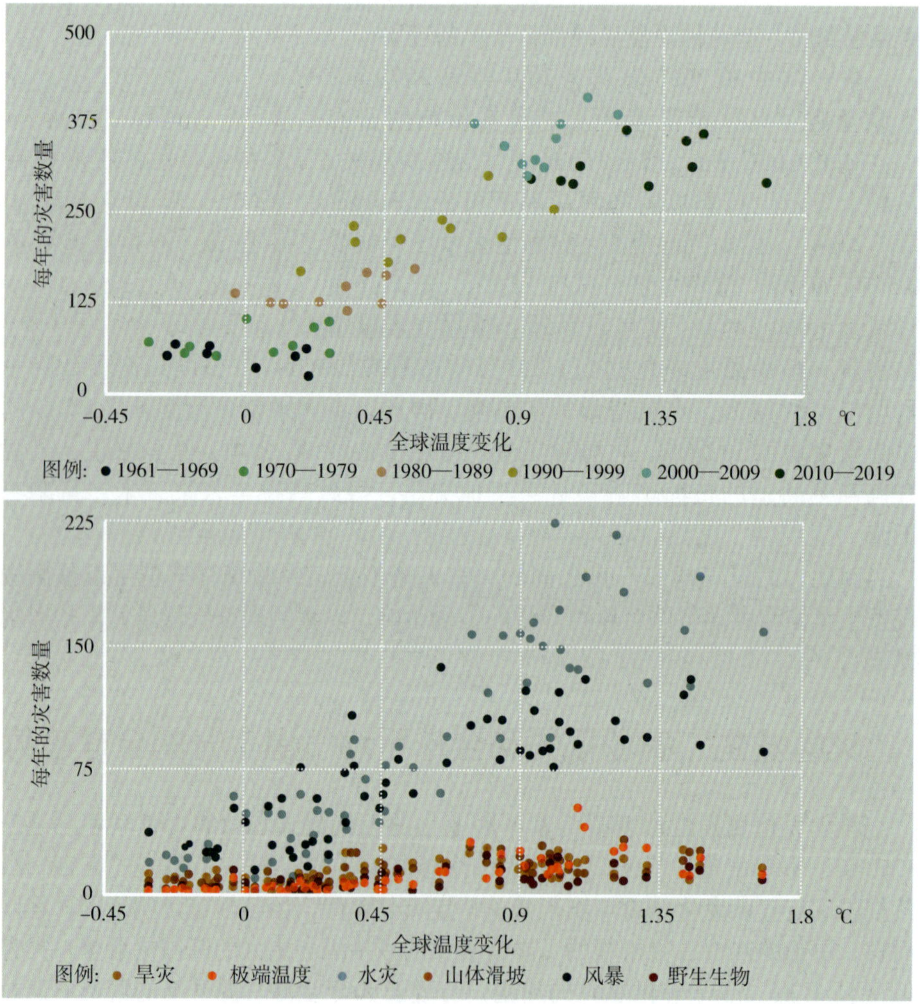


图7-3　观测到的气候相关灾害发生与全球气温变化之间的关系

注：每一点代表一年。全球温度变化是某一年的全球平均温度与1951—1980年长期平均值的偏差。上图显示了每年的灾害事件总数；下图显示了按灾害类型分类的相同数据。

资料来源：粮农组织统计数据库和紧急事件数据库。

① 分析依据：FAOSTAT报告的耕地面积和产量变化；基于EM-DAT CRED事件的损失，以及随机抽样的虚构事件年份的估计。损失的计算遵循第1章中的分析，即估计国家收益率与时间趋势的偏差。

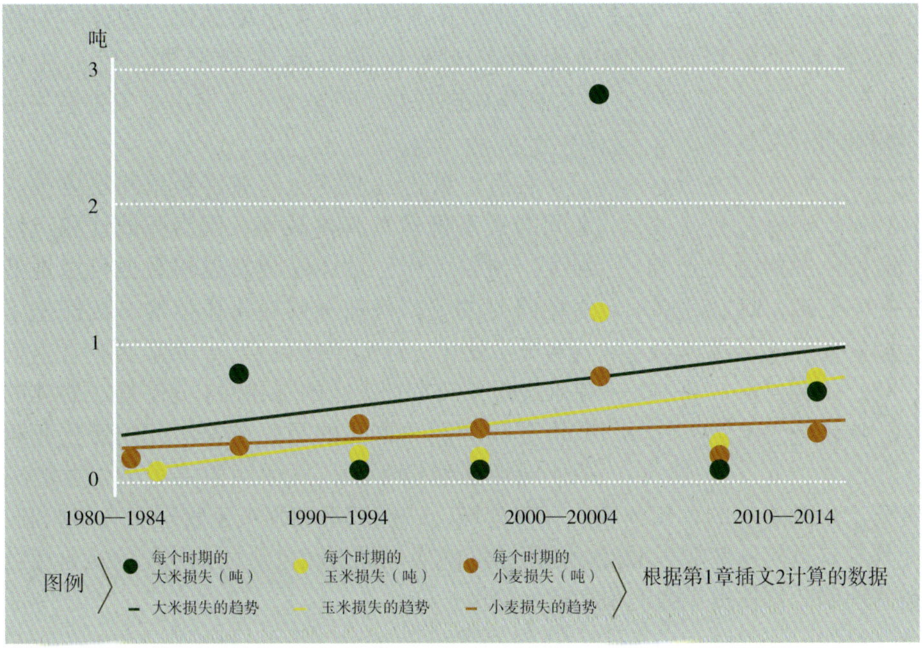


图7-4　1980—2014年主要农作物的损失趋势（吨）

资料来源：粮农组织统计数据库和紧急事件数据库。

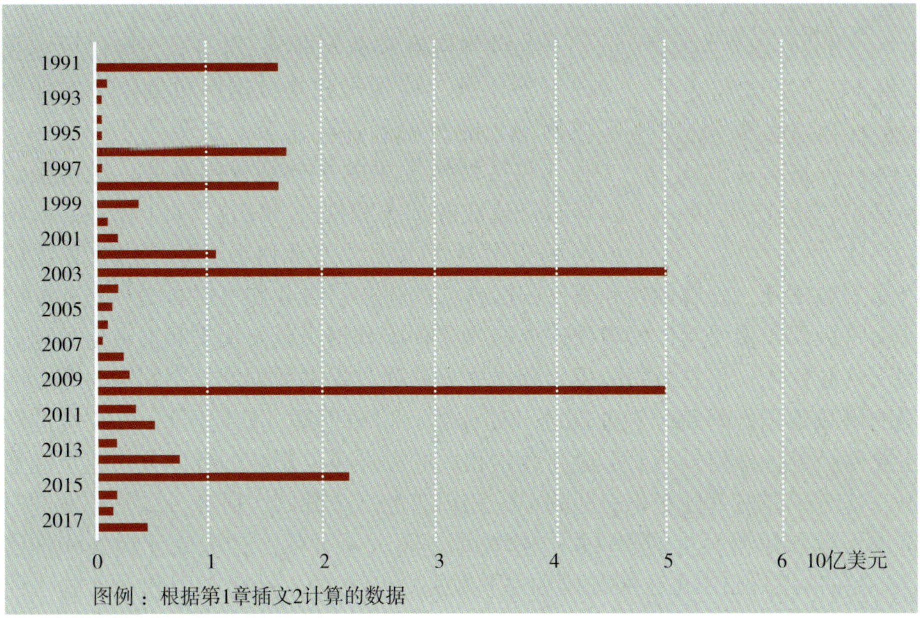


图7-5　1991—2018年与气候有关的灾害造成的农作物和牲畜损失总和

资料来源：粮农组织统计数据库和紧急事件数据库。

长期趋势表明，全球气温将继续升高或保持在历史高位，因此其对作物产量和牲畜生产的负面影响在未来可能会越来越严重。后一张图（图7-5）还显示了多年来与灾害相关的损失的明显变化，突出了灾害发生的不规律性。

> 目前的气候变化建模方法侧重于长期平均变化，这似乎掩盖了——或者至少使其更难发现——个别灾害的严重性。

然而，量化气候变化、灾害频率和农业损失之间的关系仍然具有挑战性，因为脆弱性和风险程度、预警工作、总体经济发展和数据可用性的变化同时发生。目前气候变化模型的方法侧重于长期平均变化，这似乎掩盖了——或者至少让人们更难发现——个别灾害的重要性。这影响了整体的准备工作。至关重要的是，在整体气候变化背景下，应加强建模实践，以证明极端天气引发的灾害所产生的影响的真实程度。只有这样，才能积极加强灾害管理能力和机制，使其具有适应这些非正常极端情况所需的内在弹性和灵活性，从而为农业社区和其他弱势群体提供他们迫切需要的保护。

## 挑战和挑战者：建立一个影响证据库以支持全面风险管理

> 作为气候变化辩论的主要利益相关者，农业必须在华沙国际机制的损失和损害讨论中发挥主导作用。

农业界应在损失和损害（LD）气候讨论中发挥主导作用，特别是在华沙国际机制下。农业是这场辩论的主要利益相关者，它吸收了26%的灾害（包括缓慢发生的事件和极端事件，见本报告导言）造成的损害和损失（DL）。如上所述，长期气候变化导致水稻、玉米和小麦等主要农作物的产量大幅下降。随着影响和事件归因方法的进步，农业和气候科学界正在学习如何将极端和缓慢发生的事件造成的农业损害和损失以及损失和损害更好地归因于气候变化。粮农组织的损害和损失方法通过提供详细的、空间和时间上明确的影响数据，将每个农业部门（如作物）按照地理（如地区）、灾害类型和主要商品进行分类，从而形成与气候相关的极端事件影响的标准化和连贯性数据。这对于评估气候变化引起的损失和损害的多步骤归因研究，以及开发同时考虑极端和缓慢发生的事件的作物模型是至关重要的。这提高了损失和损害/损害和损失（LD/DL）的气候和非气候驱动因素的本地化归因和分离的可能性。从长远来看，在《仙台框架》范围内报告与气候变化相关的灾害的影响将进一步促进全球标准化数据的收集。

这样的影响数据使严谨的归因研究成为可能，而两者都天生依赖于高质量的观察数据。建立评估农业损失和损害的方法和协议，并证明其在国家和地区层面的有效应用，将成为实施损失和损害的具体范例，这反过来将验证并大大促进华沙国际机制任务的实现。虽然随着建模能力的提高和更精确的气候变化标记，事件和影响归因中的一些不确定性将减少，但其他不确定性将持续存在。尽管如此，由于归因科学提高了我们对农业中损失和损害的气候和非气候驱动因素的理解，因此它可以而且应该被用于指导今天的政策和实践。

在《仙台框架》（粮农组织方法）和华沙国际机制框架下对与灾害相关的影响数据进行标准化报告，将有助于进行更严格的影响归因研究，从而验证和促进华沙国际机制任务的实现。

从广义上讲，气候变化建模和研究已经能够为预防、恢复和重建工作提供信息，从而支持灾害风险管理和气候变化适应。它在避免、最小化和解决损失和损害方面的潜在应用是多方面的。乌拉圭的案例表明，建立产量缓慢事件的模型，再加上对极端事件的农业损害和损失进行标准化评估，可以生成数据，为风险评估提供信息，并加强长期适应政策的设计。

分类的损害和损失数据可以表明最易受极端事件影响的地区和作物。对产量的长期趋势进行空间明确和商品特定的建模，通过显示风险的分布，突出了适应缓慢发生事件的关键领域。因此，损害和损失信息有助于优先分配公共资源。在管理和评估气候变化适应的系统中纳入一个持续监测的损害和损失指标，也有助于监测、评估和优化综合风险管理方法的性能，从而促进成本效益分析。2019年华沙国际机制审查之后，对风险评估和全面风险管理方法的关注度不断提高，证明了粮农组织的损害和损失方法的价值，并表明应进一步探讨其对面向气候变化的损失和损害讨论的潜在贡献。两者之间的协同作用可能会随着两个领域的进一步发展而变得更加清晰，尤其是在归因科学以及数据质量和可用性方面。

华沙国际机制更加关注风险评估和全面风险管理方法，这验证了粮农组织的损害和损失方法的价值，并表明应进一步探讨其对面向气候变化的损失和损害讨论的潜在贡献。

为了管理和减少灾害和气候风险，必须预测潜在影响并监测实际影响。通过各种渠道（包括模型验证和趋势分析），灾后评估可以在预测和减少当前和未来气候风险的分析中发挥重要作用。在这方面，各国根据《仙台框架》和《巴黎协定》已经报告的损害和损失数据必须得到进一步巩固，各国甚至应加强自愿报告分类数据。应尽可能利用现有的数据来源和收集机制加强损失和损

2019年挪威　冰川融化的冰层

2015年巴西　旱灾

害的知识库。在这样做时，他们应该尽可能地明确缓慢事件和极端事件的影响。这将展示损失和损害现有收集结构的优势、劣势和相关性。虽然目前的科学方法并不总是能区分缓慢事件和极端事件的影响，但更明确地了解这些不同事件类别如何影响农业对于适应规划至关重要。这是因为应对缓慢事件的措施和能力与应对极端事件的措施大不相同。

为了协调一致地管理和减少风险，气候变化的社会经济影响的量化应包括华沙国际机制所承认的缓慢事件和极端事件造成的直接损害和中长期损失。因此，要全面了解农业中与气候相关的损失和损害，就需要将极端事件的影响证据（尽可能明确气候变化对这些事件的影响）与缓慢事件的影响证据的建模和监测相结合。上面提出的长期监测缓慢事件和极端事件的灾后损害和损失的通用框架，可以为真正的农业全面风险管理做出具体贡献。

了解农业中与气候有关的损失和损害，需要将极端事件的影响证据与缓慢发生的事件的影响证据的建模和监测相结合。

© 路透社/Luc Gnago

**2019年科特迪瓦**　阿比让北部的无人机演示

# 第8章

# 从农场到太空：探索遥感技术在农业灾害影响分析中的应用

高分辨率遥感图像在描绘灾难性事件的影响方面发挥着重要作用。

快速空间分析通常将低空图像（如无人机或飞机）与天基数据（即卫星图像）、地理信息系统以及信息和通信技术相结合。当与地面实况和传统统计分析相结合时，这些技术以及灾难机器人技术和机器学习等新兴方法为灾后初步评估提供了新的机会，以快速准确地报告农业、环境和基础设施的破坏和损失，并为灾害风险管理提供信息。

## 通过地理空间技术实时评估灾害对农业的影响

灾害虽然具有破坏性，但也可以成为采用创新和先进技术的催化剂。为了满足快速可用信息在灾害管理用途上的需求，技术创新使灾害和极端事件发生后直接进行损害和损失评估变得更加容易、高效、准确和快速。此外，信息技术的使用能够跟踪和监测应急响应和恢复工作，有助于指导其进展。

遥感（RS）是一种利用遥感仪器获取各种现象和信息的做法，对灾害管理和影响评估具有内在的有用性。利用安装在卫星、无人机、飞机等载体上的特殊相机和其他成像和非成像传感器，遥感系统主动发射能量和辐射或被动接受从地球反射的能量和辐射。它可以监测城市扩张、海岸线、农田和森林的变化等缓慢发展情况；可以绘制包括海底在内的地形图；还可以跟踪云的形成和移动、气旋、飓风、台风、沙尘暴、洋流和温度、森林火灾和火山爆发。它能够在世界任何地方的大范围内提供精确、即时和定期的数据。无论何时何地发生大规模灾难，遥感技术都提供了一种可靠的方式来实时了解地面发生的情况，即使是在难以接近的地区。

> 因为它可以监测缓慢发生的变化以及飓风等突然发生的灾害，绘制地形图，追踪洋流和温度等，遥感对于灾害管理和影响评估具有内在的有用性。

遥感领域正在快速发展。轨道上的多颗卫星现在配备了不同的遥感有效载荷，其输出可以通过机载遥感（包括无人机在内的无人驾驶飞行器）轻松补充。遥感最近在可负担性、可用性、覆盖范围、空间分辨率和可访问性方面取得的进展，进一步扩大了地理空间数据和信息技术在监测灾害影响、评估农业绩效以及最终评估脆弱或受影响地区粮食安全状况方面的作用。遥感技术能够覆盖面积大且通常难以到达的地区，而且其成本比地面调查成本少了一大部分，这使得遥感技术能够提供一系列有关农业作业的信息，这些信息可以应用于灾害风险管理每个阶段的主要灾害类型（表8-1）。

**表8-1　灾害风险管理各阶段的遥感贡献**

| 灾害类型 | 遥感贡献 | | | |
|---|---|---|---|---|
| | 减少灾害风险阶段 | 应急响应阶段 | 恢复阶段 | 损害和损失评估阶段 |
| 洪水 | 监测得到基线海岸线位置、高程、永久水位范围、历史洪水范围、土地覆盖和利用 | 快速观测和监测洪水对土地覆盖、使用情况和作物的影响 | ➔ 监测到的洪水范围作为规划的依据<br>➔ 监测恢复和重建情况 | 估计受影响区域的大小，根据作物受损的地面实况进行校准 |

（续）

| 灾害类型 | 遥感贡献 | | | |
|---|---|---|---|---|
| | 减少灾害风险阶段 | 应急响应阶段 | 恢复阶段 | 损害和损失评估阶段 |
| 干旱 | 监测得到长期温度、降水量、水量、土地覆盖/使用的基线 | 从基线开始观察和监测气候异常，特别是农作物和牲畜 | ➔ 水位范围，气候数据作为规划的依据 | 通过评估植物的光合能力来评估作物的健康和生长；估计受影响作物和牧场面积；确定土地用途发生变化的地区 |
| 火灾 | 监测得到火灾发生情况和强度基线 | 监控火灾的地理位置 | ➔ 监测景观恢复 | 估计燃烧面积、土地覆盖和土地利用变化 |
| 山体滑坡 | 岩性、坡度、土地覆盖/用途、线性密度、降水分布、海拔、斜坡面、排水沟和道路 | 快速观察影响区域 | ➔ 监测土地稳定和预防措施 | 滑坡土地覆盖图；受影响农业面积估计 |
| 土地退化 | 历史植被、土壤和水分的变化 | 监测土地退化 | ➔ 监测景观恢复 | 土地覆盖图；受影响农业面积估计 |
| 病虫害 | 基准代理变量，如植被健康、土地生产力 | 监测代理变量（土地覆盖/使用，植被健康指数） | ➔ 监测预防和应对措施 | 遥感微波测量用于估计植物害虫、蝗虫繁殖区和潜在作物损害的发生 |
| 风暴 | 基线海浪高度、风速、表面海流 | 监测风暴影响和快速观察影响区域 | ➔ 监测恢复和重建情况 | 受影响的作物、森林和沿海地区的规模估计；作物和森林覆盖图，校准农业地区、资产和基础设施受损的地面真实情况 |
| 潮水或风暴潮 | 近岸水深测量、陆地高程、基础设施和社区 | 快速观察影响区域 | ➔ 近岸水深变化，海岸带及土地利用规划<br>➔ 监测恢复和重建情况 | 受影响作物面积和作物覆盖图的估计值，根据农业区作物、森林养殖、资产和基础设施的地面损失实况进行校准 |
| 严寒 | 长期水温基线；海、湖和河流结冰的范围和持续时间 | 从基线开始观测和监测气候异常 | ➔ 记录结冰的范围，气候数据作为规划的依据 | 农作物冻害影响水平和面积的估计 |
| 火山爆发、地震、海啸 | 农业基础设施和社区的基线测绘 | 快速观察影响区域 | ➔ 记录恢复规划和监测的数据<br>➔ 监测恢复和重建 | 根据农作物、资产和基础设施受损的实际情况，对受影响的农业面积进行估计 |

这些创新并不能取代传统的评估方法。事实上，它们仍需要地面观测（地面实况），必须使用传统的数据收集和分析方法进行校准。尽管如此，它们确实是减少灾害风险、灾害风险管理和应急响应工具箱的宝贵补充，并构成了未来探索和创新的重要新战线。

遥感技术在数据收集和筛选中的应用在灾后应急响应和恢复工作中正在飞速增长。

灾后评估越来越多地将遥感技术纳入数据收集和筛选。近年来，利用卫星、区域和无人机遥感图像进行农业灾害影响评估的数量急剧增加，特别是在评估飓风、旋风和其他风暴时。对于应急响应，遥感技术提供图像以支持快速损伤评估，将现场评估定向到热点地区，并检测潜在的产量变化。在灾后复苏方面，遥感信息有助于恢复和重建，并有助于估计农业损害和损失。

遥感数据有助于提前侦测干旱的到来，以便尽早实现预期效果并采取减轻影响的行动。

所有这些发展都有可能大大增强灾后恢复能力，也有可能增强灾害风险管理过程本身。遥感数据、信息、系统和工具有助于确定和评估可能与未来灾害相关的潜在热点地区，这有助于预测风险、确定行动优先次序并以证据为基础形成规划，以先发制人的方式改善粮食安全。

2018年菲律宾潘潘加省 一架无人机正在绘制农田地图

## 通过粮农组织农业胁迫指数监测干旱的发生

由于干旱是逐渐发展的，在引发饥荒或野火之前，它们往往无法引起国家或全球的关注。尽管干旱事件对农业造成的问题尤其严重，破坏了世界各地的生产系统、粮食市场、地方经济和农村家庭，但危机管理应对通常是被动的，而不是主动的。因此，早期检测系统对于应对火灾风险增加、管理作物损失、减轻粮食不安全状况和预防粮食危机是必要的，也是至关重要的。实时地理参考信息可以发现干旱状况的早期发生，并为及时有效的政策和计划提供信息，以最大限度地减少干旱的即时和长期社会经济影响。

农业胁迫指数（ASI）是一个快速指标，用于早期识别极有可能受到干旱影响的农田。该指数基于植被状况和地表温度的1千米分辨率遥感数据，并结合了农业季节和作物周期的信息。它还使用了“作物掩模”或像素滤波器，使其分析能够专注于农业地区和特定的作物类别，主要是小麦、玉米、水稻、高粱、小米和豆类。ASI使用粮农组织每十天收到的近乎实时的卫星信息，这是一个理想的时间范围，因为它可以分析土壤的持水能力，这是一个决定作物可获得水分存在时间长短的重要特征。该指数使用2014年粮农组织全球土地覆盖分享（GLC-SHARE）数据库提供的作物掩模，其中农田层包括所有一年生栽培植物。

ASI的主要组成部分是植被健康指数（VHI），它由归一化差异植被指数（NDVI）派生而来。NDVI通过其与植物光合作用过程中主动辐射的关系，提供了初级生产的间接衡量标准。ASI将VHI值沿时间和空间进行整合，这是评估干旱对农业影响的两个关键维度。首先，它计算VHI值的时间平均值，在像素水平上评估作物周期中干旱期的强度和持续时间。该计算还采用了特定的系数，这些系数考虑了作物在生长周期中对水分应力的敏感性，特别是在关键的开花和灌浆阶段。其次，ASI通过计算VHI值低于35%的农田面积百分比来定义干旱的空间范围，这是先前研究中确定的用于确定严重干旱条件存在的阈值。ASI根据水分应力的严重程度（轻度、中度、重度或极端）进行了微调，并提供了彩色编码的地图，突出显示每个全球行政单位层（GAUL）生长季的异常植被状况。

从ASI监测中获得的数据对于整个风险管理周期的危害和灾害影响评估极有价值，因为它们建立了基线信息，从而可以随着时间的推移进行趋势分析并确定情况演变为干旱的临界点。

这在干旱的情况下尤其有用，干旱以及它可能造成的饥荒是世界各地农业生产损失的最大原因，尤其是在非洲之角（见第1章）。与许多其他快速发生的天气和气候相关灾害不同，干旱随着时间的推移而逐渐发展。相当长的前置时间意味着它的到达可以被提前检测到，从而允许提前实施预期和缓解措施。与此同时，中期和长期气候预报的卫星观测可以帮助在每个作物生长季节之前或开始时建立关于预期作物性能的季节性展望情景。而季节降雨的卫星数据有助于监测生长条件和预测土壤湿度，归一化差异植被指数（NDVI）和植被健康指数（VHI）等指数用于分析遥感测量结果并预测对作物产量的影响。

## 用于分析灾害对农业影响的空间数据的附加价值

*地理空间数据有助于打开宝贵的时间窗口，在此期间，可以迅速动员救生援助，并在早期将对生计的影响降至最低。*

地理空间数据在灾害风险管理和与灾害相关的农业和粮食安全影响评估中发挥着重要作用，特别是对自然灾害（洪水、风暴、干旱等）的影响评估，暴露区域、人口和农业生计可以被立即识别和标记，以便快速预测潜在影响。这打开了一个宝贵的时间窗口，在这段时间内，可以迅速动员拯救生命的帮助行动，并将其直接引导到受影响最严重的地点，从而在早期避免或减轻生计影响。地理空间工具的另一个优势是，它们能通过定期监测建立基线，帮助在灾害发生后立即估计农业的潜在投入供应缺口，从而实现和触发量身定制的灾后恢复。

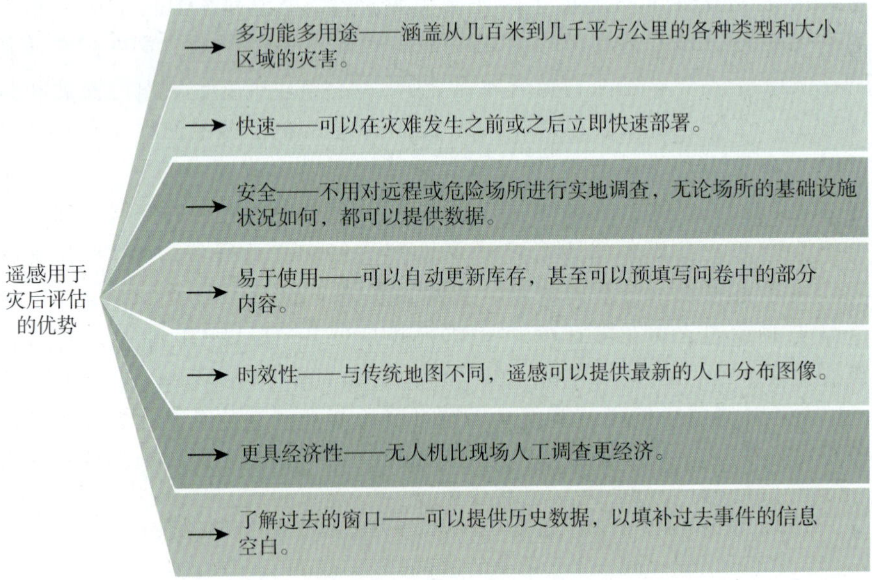
遥感用于灾后评估的优势
多功能多用途——涵盖从几百米到几千平方公里的各种类型和大小区域的灾害。
快速——可以在灾难发生之前或之后立即快速部署。
安全——不用对远程或危险场所进行实地调查，无论场所的基础设施状况如何，都可以提供数据。
易于使用——可以自动更新库存，甚至可以预填写问卷中的部分内容。
时效性——与传统地图不同，遥感可以提供最新的人口分布图像。
更具经济性——无人机比现场人工调查更经济。
了解过去的窗口——可以提供历史数据，以填补过去事件的信息空白。

地理空间工具产生的信息是多种多样的，可以支持数据库开发、灾害管理信息系统的设计、灾难现象分析（位置、频率、幅度等）、灾害区划和绘制可能发生的灾难事件的环境图（地形、地质、地貌、土壤、水文、土地利用、植被）、清点可能受到影响的要素、成本效益分析、空间决策支持系统、冲突管理以及灾害管理本身的实施。空间基线需要土地覆盖数据，通过地理信息系统（GIS）生成的地质和土壤层以及数字高程模型（DEM）即地形表面的三维表示，可以覆盖各种其他风险暴露要素（如人口、生计区、农业基础设施）。

地理空间上创建的基线可以覆盖社会经济风险暴露的要素。

## 新兴的信息获取和处理方法

地球观测遥感系统的普及以及计算能力和速度的提高，使可用于分析的传感器数据量呈指数级增长。它还要求重新考虑和更新目前的评估程序。

新兴的灾难机器人领域是正在突破极限的领域，该领域使用战术无人系统收集数据，以补充基于遥感的观测。远程操作的灾难机器人允许在撞击后探索危险或难以进入的地区，减少地面评估人员的危险，并加快寻找需要援助的人。该技术为进一步发展和创新提供了充足的空间，在评估灾害对农业资产造成的损害和损失方面具有巨大潜力，这反过来又将支持减少灾害风险和灾害风险管理的后续进展（Szomiñski等，2015；Tadokoro，2016；联合国亚洲及太平洋经济社会委员会，2016）。

灾难机器人技术的不断发展为灾难恢复评估提供了巨大的潜力，这反过来将支持灾难恢复和灾难管理规划的进步。

另一种帮助响应者和评估人员应对困难现场条件的新兴技术涉及无线传感器网络（WSN）的使用。这些网络使用一组分散的、专用的和自主的传感器来监测不同的物理条件，并将数据无线传输到中央数据收集点。它们为传统的有线信息网络提供了有价值的支持，而传统的有线信息网络在灾难中可能会出现故障。无线传感器网络技术与早期预警系统尤其相关，因为它能够捕捉诸如大气湿度、温度、水位等变量的实时变化，甚至可以设置为在超过阈值时自动传输警报（Benkhelifa等，2014；Jha等，2015）。灾害风险管理信息和通讯技术（ICT）革命的一个类似例子是传感器网络的使用，这是一个在线传感器网络，用于监测环境和气候变化的代理指标（如年轮、冰芯、珊瑚等）。处理传感器网络获取的数据需要相应的网格和云基础设施。

机器学习的未来发展已经被用于创建灾后作物类型图，可能会为损害和损失评估和灾害风险管理提供更多应用。

机器学习是人工智能（AI）的一个子类别，可以在分析灾害影响方面发挥核心作用。机器学习基于算法，允许程序从先前数据“学习”，以产生包含先前未知的新信息和见解的输出。未来的发展必将挖掘这一丰富的脉络，用于灾害评估和灾害风险管理。例如，通过遥感收集的与灾害有关的损害和损失数据可以用作机器学习程序的输入，并将特征提取和选择方法应用于构建的数据集。该技术可用于遥感卫星、航空、无人机甚至农场级图像的分类，充分利用了大量图像识别和分类工作。一些受监督的机器学习算法已经存在，例如“支持矢量机器”和“随机森林”，它们是在田间数据上训练的，可以应用于数据集以生成作物类型图。一旦得到核实，这些地图将提供受灾害影响的作物类型和受影响区域范围的详细信息。

地理信息系统以及信息和通信技术的不断进步也为增强农业的减少灾害风险和灾害风险管理创造了进一步的机会。改进的信息和通信技术被纳入地理空间信息技术（GIT），用于在灾害发生之前、期间和之后评估和监测灾害。在许多灾害风险管理环境中，地理信息的可用性和质量仍然很差。

信息和通信技术正在通过“2020年森林资源评估遥感调查”所采用的众包方式推进参与式数据收集。

随着移动设备的广泛使用和连接性的增加，信息和通信技术将地理空间信息技术带到了一个新的维度。即使个人计算设备变得更轻、更小和更方便，其处理系统也变得更强大，增加了可以收集的地面数据量，以补充和验证有关灾害对作物生产的影响、山体滑坡和土地恢复的遥感信息。信息技术的使用还有助于通过众包（让更多的人参与地面数据收集和绘图）使灾害风险管理评估更具参与性。一个例子是人道主义开放街道地图团队（HOT），它将卫星和航空图像与庞大的志愿者网络结合起来，为救灾组织创建免费的、最新的在线地图。另一项是全球森林资源评估遥感调查（FRA 2020 RSS）（FAO，2020d），全球有700多人通过“Collect Earth Online”为该调查做出贡献。“Collect Earth Online”是粮农组织与谷歌和SERVIR合作开发的新工具，后者是美国国家航空航天局（NASA）和美国国际开发署（USAID）的一个联合企业。对FRA 2020 RSS收集的图像的分析（其结果将于2021年报告发布）将提供一个很好的例子，说明像素与地表计数直接相关。

有了如此多的可用数据，其管理和分析（如通过机器学习和大数据分析）是关键。这将使建模成为灾害风险管理更强大和更基本的组成部分，提供模拟、预测和风险评估，例如预测气旋强度和路径，或当前和未来气候条件下的

2018年菲律宾　工作人员正在收集最近受损稻田的数据

©Veejay Villafranca/NOOR for FAO

2019年象牙海岸　工作人员在番茄农场上空驾驶无人机

©路透社/Luc Gnago

**2018年菲律宾** 工作人员驾驶无人机绘制农业区地图

**2019年坦桑尼亚联合共和国** 无人机飞越稻田

干旱风险。粮农组织的《遥感和农业统计手册》(FAO，2017c) 提供了在更广泛的农业统计领域使用遥感技术的全面指导方针，也可作为将遥感技术纳入农业灾害影响评估的有益参考。

## 展望未来，需要采用一种损害和损失评估的混合方法

了解国家一级灾害对农业影响的规模和趋势是灾害风险管理的基本要求，也是支持国家抗灾政策、规划和行动的关键。然而，尽管有了新的工具，但由于对数据的粒度要求、国家农业系统的复杂性、不断变化的气象条件和统计能力差距，对农业损害和损失进行调查和量化仍然具有挑战性。虽然新兴技术提供了有前途的新工具，但它们绝不能淘汰旧的、可靠的方法。事实上，前者依赖于后者的验证和可操作的数据，是密不可分的。

虽然地理空间技术在评估灾后损害和恢复需求方面非常有用，但它不能孤立存在。它们必须与确定作物周期阶段的常规技术结合使用，并提供实地或定期数据收集、农业调查、行政数据和利益攸关方问卷方面的真实情况。获得这些信息需要以足够高的准确性对农田、牲畜系统、渔业和水产养殖活动以及森林资源进行详细、常规和快速的清查。为了确保数据的可靠性和粒度，使用国家统计数据、实地调查和次要（辅助）数据和信息仍然是基础。在这方面收集的数据反过来又可用于指导和改进遥感方法的使用，即用关于生产、用水量、蒸散等的真实数据对遥感数据进行具体情况的校准。

> 地理空间技术依赖于传统技术进行验证和校准。

事实上，遥感方法的成功需要适应当地的农业系统和环境条件，因此严重依赖于利用从农业调查和人口普查方面收集的核心数据进行三角测量。通过现场评估灾害对农业的影响并不是一项容易的任务。种植业、畜牧业、林业、渔业和水产养殖系统往往多样且复杂，而生产系统和管理实践也因地区而异。在收集和分享基于实地的核心数据方面仍然存在缺陷，必须加以解决，以提高实地收集数据的质量并提高遥感方法的有效性。

> 遥感方法的成功应用需要适应当地农业系统和环境条件，这进一步强调了遥感对通过传统方法收集的数据的依赖，以及对两者之间的仔细校准。

要提供准确的农业损害和损失数据，需要选择适当的卫星数据，结合收集到的高质量地面信息，进行校准以适用恰当的前期和后期处理方法，并实施稳健的方法。粮农组织的损害和损失方法为建立灾害对农业影响的整体信息系统提供了适当的路径，即有可能将传统和创新数据源结合起来，以评估灾害对

### 粮农组织“手拉手”行动计划（HIHI）地理空间平台

于2020年夏季启动，旨在为粮食和农业领域的各种行为主体提供工具，包括那些致力于建立更具抵御能力的粮食系统、减少风险接触和改进灾害风险管理的行为主体。

它拥有 100多万个地理空间层和数千个统计序列，包含4 000多个元数据记录，汇集了与粮食和农业相关的10多个领域的地理信息和统计数据，包括粮食安全；气候；土壤、土地和水资源；农作物、畜牧业、林业、渔业和水产养殖。报告还包括新冠肺炎对粮食和农业影响的信息。

粮农组织正在不断向该平台添加新的数据集以及针对特定国家和领域的案例研究，以改进粮食和农业政策干预、创新、金融和投资以及机构改革的针对性。这些数据来自粮农组织（包括粮农组织统计局194个成员国和51个地区的粮食和农业数据）和联合国其他主要的公共数据提供者、非政府组织、学术界、私营部门和空间机构。

### 数据驱动决策的工具

手拉手倡议平台汇集了包括先进地理空间建模和分析在内的新工具，允许用户创建交互式数据地图，分析趋势并确定实时差距，以支持粮食和农业领域的数据驱动和循证决策。所有人都可以在粮农组织网站（fao.org/hand-in-hand/）上使用它。

地理空间平台是粮农组织手拉手倡议的一部分。手拉手倡议是一项以证据为基础、由国家主导的计划，旨在加速农业转型和可持续农村发展，以消除贫困（可持续发展目标1），同时消除饥饿和一切形式的营养不良（可持续发展目标2）并实现《2030年议程》。粮农组织正在利用手拉手倡议地理空间平台制定有针对性的农业干预措施和投资计划，因地制宜确定具体机会，以提高农村人口的收入，减少他们的不平等性和脆弱性。

### 危机环境中的应用

粮农组织已邀请首批的44个国家作为受益者加入手拉手倡议。这些国家实现可持续发展的能力有限，或由于自然灾害或冲突而处于长期危机之中。

手拉手倡议的实施恰逢新冠肺炎疫情，疫情防控措施和全球经济严重衰退对农业粮食体系的综合影响迫在眉睫。在大多数情况下，利用手拉手倡议方法分析和建立伙伴关系已被证明是协调、综合、快速应对新冠肺炎对粮食系统影响的有用模式，特别是在地方和地区层面上。事实也证明，它采取基于证据的预见性方法，防止了更广泛的粮食系统崩溃，并有利于加快投资，以应对粮食系统运行面临的新威胁。

不同国家和区域不同农业系统影响的性质、规模和程度。这对于为充分的政策决策提供信息，以及有效监测商定的国家和国际抵御力目标至关重要。粮农组织的损害和损失方法不仅为生成或提供必要的统计数据以使综合创新信息系统发挥作用提供了合适的切入点，而且通过该方法收集的数据可用于验证地理空间数据。

国家级别的运营损害和损失信息系统必须能够根据稳健、一致和持续验证的数据和方法，及时提供统计上有效的、标准化的和可互换的与生产有关的信息。实施这类系统需要有把握，即在国家以下规模开发的方法和使用的数据足够强大，能够在地理上移动到更大的地区，而在这些地区，通过遥感或地面事实获取数据可能不那么容易。在有限的技术、人力和财力资源方面，不同的国家将面临不同的限制，这可能阻碍收集必要数据的过程，更不用说实施更先进的解决方案了。

在遥感生成的数据和更传统的数据源之间建立联系的工作并不简单。将遥感数据纳入农业损害和损失评估的过渡途径仍然存在各种潜在障碍。其中包括：①缺乏科学认识；②将科学认识或技术能力扩展到实际操作方面的困难；③观测技术本身的局限性，对如何有效利用这些观测数据的认识不足，以及在操作模型中使用观测数据所需的计算能力受到限制或存在不足。因此，通过遥感收集的信息必须与关键的地面损害和损失数据进行三角测量，以提供完整和准确的评估。

遥感生成的数据和通过传统方法获得的数据之间建立联系是复杂的，会受到一些顽固障碍。

弥合不同数据系统之间的差距仍然是一个关键问题。要使灾害评估方案和产品更具成本效益和可靠性，并能够产生明确的结果，使各国能相互比较，就必须在各个数据平台和领域实现协调和标准化，这应在常规条件下进行，而不仅仅是在紧急情况期间或之后进行。这反过来要求利益相关者做出更大的承诺。

## 利用空间数据评估灾害对农业的影响——初步实地经验

最近的实地经验说明了空间数据在风险、影响和恢复方面的一些不同应用，并提出了进一步工作和探索的领域。

这些技术被用于规划孟加拉国的土地恢复活动，此前来自缅甸的罗兴亚难民大量涌入，使科克斯巴扎尔成为世界上最大的难民营。这对区域景观造成了巨大压力，导致乱砍滥伐树木、树根和覆盖的草地，为86万多人提供住所和燃料能源。随之而来的土地退化导致表层土壤流失，使该地区的植被生长能力降低，地表径流增加，侵蚀加剧，并增加了滑坡的风险。

通过多个卫星收集的数据与通过传统来源收集的信息相结合，以规划科克斯巴扎尔的土地恢复活动。

根据孟加拉国森林信息系统的国家土地覆盖地图和森林清查，粮农组织与国际移民组织合作，加强了生物物理和社会经济信息的实地数据收集，以评估该地区木材燃料的缺口和需求（粮农组织，2020e）。后来又辅以地籍土地数字化和土地适宜性分析，以支持景观恢复分析。结合两者不同的空间信息，进行了木材燃料供需分析。数字化地籍图是通过现有的差分全球定位系统（DGPS）校正图像进行地理参考的，这些图像来自各种卫星：卫星地面观测（SPOT）（商业）、IKONOS（商业）、RapidEye（ESA）和配备全色相机的印度遥感卫星（IRS PAN）。土地适宜性分析使用了不同的空间数据，如土地覆盖、斜坡纹理、海拔、道路网络、河流、大象路径的距离、洪水风险和保护区。利用欧洲航天局的Sentinel-2卫星收集的数据评估了景观恢复活动对植被的影响：10米分辨率的多光谱图像和景观恢复活动的地理圈定。

遥感对于监测和评估南半球第二大致命风暴“伊代”的影响至关重要。

利用遥感工具跟踪飓风“伊代”的形成和路径，为探索这些技术在灾害响应和减灾规划中的应用提供了另一个机会。2019年的风暴袭击了莫桑比克两次，第一次是11号热带低气压，第二次也是一个被命名的气旋。该系统不仅是南半球第二致命的风暴，而且其持续时间（3月4日至21日）、曲折的路线和造成破坏的方式也很引人注目。它产生了4.4米的风暴潮，160～180千米/小时的强风，加上之前的降雨，在受影响的低洼沿海地区造成了灾难性的洪水。遥感是监测和评估影响的宝贵工具，因为它便于获取并能及时提供有关受影响地区的土地使用、海面温度、洪水程度等信息。

在飓风“伊代”之前的几个月里，该地区经历了极端的海面和陆地温度，导致干旱，并在克利马内海岸上空形成了热带低气压。最初，热带低气压在奇尔瓦湖（Lake Chilwa）上空向马拉维边境内陆移动，随后掉头向外，在莫桑比克海峡（Mozambique Channel）上空增强，并在马达加斯加海岸附近急转弯。

“伊代”在返回莫桑比克索法拉海岸的过程中，形成了强大的对流，并迅速增强，一度达到三级飓风的强度（萨菲尔-辛普森级），然后在贝拉以北60至80千米处登陆，持续风速为177千米/小时（二级）。因此，飓风“伊代”呈现了一种罕见的情况，即气旋同时在同一地区产生和登陆，而不是典型的系统。它在一个大的海洋盆地上形成，袭击邻近的沿海地区。

3月15日，哥白尼应急管理服务快速制图模块启动，以绘制10个兴趣面（AoI）的监测地图。根据3月16日至19日获得的图像绘制的一组地图显示，洪水总面积约为52 000公顷（518平方千米），其中仅比埃拉一地就有7 254公顷（72.5平方千米）（图8-2），影响了24 290多名居民。

“伊代”最初以热带风暴的形式袭击，在海峡上空加强，然后急转弯，第二次以2级气旋的形式袭击莫桑比克。

飓风“伊代”影响评估的另一个例子是距离“伊代”登陆点8公里的一个偏远社区的无人机图像（图8-1）。水坑（中心）、废物和砍伐木炭的红树林等特征被用作训练机器学习算法的关键指标，以搜索卫星图像中的其他受影响社区。

**2019年马达加斯加**　飓风“伊代”

注：包含经修改的哥白尼哨点数据（2019），由欧洲航天局处理，

图8-1　莫桑比克一个偏远社区的无人机图像，用于训练机器学习和量化飓风“伊代”造成的损失

## 哥白尼应急管理服务

哥白尼应急管理服务（EMS）是基于欧洲航天局（ESA）运营卫星（被称为Sentinel-1到Sentinel-6）的持续监测。哥白尼EMS提供干旱、洪水和森林火灾风险相关数据（即危机前、危机中和危机后）的地图、预测和分析，以及对其影响的近实时评估。快速制图提供危险事件发生后数小时或数天内的地理空间信息（地图和简要分析），包括：根据灾难发生前通过的卫星图像绘制的参考地图，从而为比较工作提供基线数据；得到受影响地区范围的圈定图；以及显示灾难影响的分级地图。另外，风险和恢复映射可提供数周或数月内的数据。它提供了关于灾前情况的信息，例如特定地点在灾害中的暴露程度以及该地区内建筑物、人员和资产的脆弱性和恢复力。它还提供即时反应阶段之后的信息，例如恢复需求、长期影响、重建和恢复监测的数据。然后，各国政府和机构可以将这些数据作为政策规划、风险和脆弱性评估以及应急反应的客观基础。

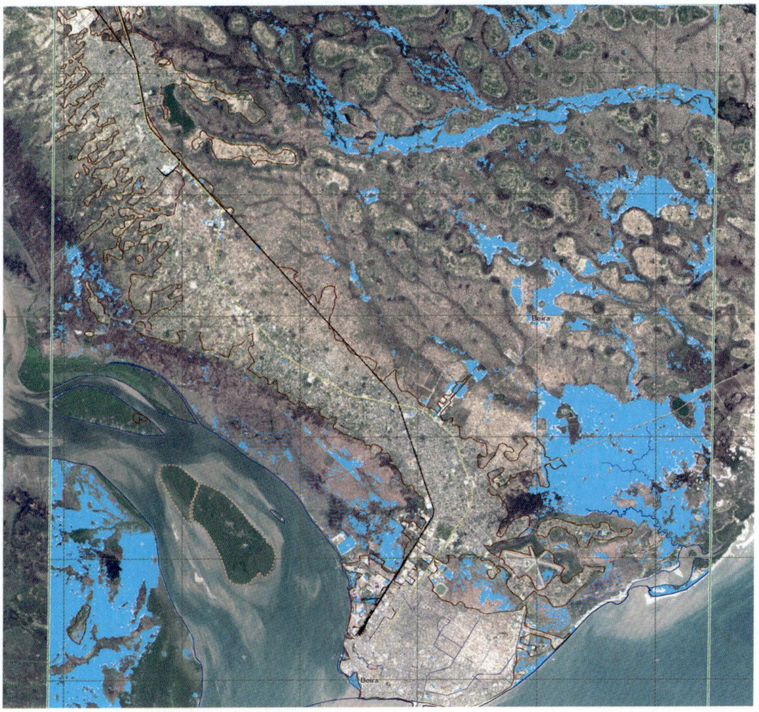

图 8-2　热带飓风“伊代”过境后莫桑比克贝拉的圈定监测图

资料来源：Copernicus EMS © 2019年欧盟

通过将地面实况和非航空地理标记图像与轶事证据进行比较，也可以量化该图像造成的损害。使用诸如房屋和其他结构（如晒鱼架）的剩余“足迹”等图像来检测损坏程度。

遥感方法可以在一张地图上结合多层信息，从而能够更清晰和准确地了解紧急情况的规模、影响的程度和所涉及的后勤工作。这为改进监测和协调应对行动提供了坚实的基础。因此，随着全球平均气温持续上升，极端天气事件变得更加频繁，遥感可以在预测未来类似情景以及制定与土地使用和洪水管理有关的恢复力战略方面发挥重要作用，同时还可以在此类事件发生之前提供基线数据。

遥感能够更清晰、更准确地了解紧急情况的规模和影响程度。

鉴于气候变化和天气事件的变化和加剧，在这样的经验基础上改进和加强遥感在沿海地区灾害风险管理中的使用，在未来几年和几十年将非常重要。沿海地区尤其容易受到飓风、海啸和洪水的影响，以及气候变化的不利影响，包括海平面上升、风暴频率和强度的变化、海洋温度升高和海水酸度增加。沿在天气事件更加频繁和加剧的背景下，加强遥感的使用对于处于气候变化影响前线的沿海社区和小规模渔业尤其重要。

海水域仅占全球海洋的15%，但却占商业渔业的90%，贡献了全球25%的生物生产力，占海洋生物多样性的80%。沿海社区和小规模渔业处于极端天气和气候变化影响的前沿。虽然沿海农村人口可能没有特别高的人口密度，但就风速和覆盖面积而言，他们所处的位置是气旋系统影响最大的地方。

灾害后沿海地区的监测和管理需要过去、现在和未来的观测，以适应相当多样化和动态性的环境。为了补充实地测量，遥感数据的使用提供了有用的信息，以绘制沿海地区水资源的形态（淡水流量、水流、海岸线演变）、物理化学（水透明度、温度、盐度、氧气、营养物质和污染物）和生物（栖息地、浮游植物大量繁殖）特性。因此，在捕捞渔业等关键部门采取生计方法对于了解灾害的背景和沿海地区的迫切需求至关重要。来自现场、航空和太空平台的遥感满足这些标准，并定期为监测沿海环境提供大规模数据采集。

## 基于遥感的农业灾害评估面临的挑战

以证据为基础的灾害风险管理依赖于许多不同的数据类型、信息源和模型的有效。加强整合数据和信息、实地和遥感、机器学习、生物物理和社会经济知识，对于为灾害风险管理、紧急情况和恢复的决策工作提供及时和强有力的支持至关重要。

然而，遥感技术在损害和损失评估中的应用并非没有障碍。在面对突然发生的灾害（如气旋）时，对遥感图像的需求是至关重要和迫切的，但获取这些图像需要时间，而且云层覆盖和其他天气条件可能会延迟或限制光学成像设备的使用。与商业公司和太空机构的合作有助于克服这些障碍，及时提供分析。

与其他部门相比，农业可能需要更高分辨率的图像。

此外，与其他部门相比，农业可能需要更高分辨率的图像，特别是当小农农业系统受到影响时，以及在评估飓风等灾害的局部影响时。在这种情况下，配备遥感系统的无人机尤其关键。

最后，在不同阶段，实地调查对于评估灾难的即时和长期影响（如植被恢复）、信息和通信技术以及恢复活动的效果至关重要。对于那些旨在恢复自然资源和作物生产的干预措施来说尤其如此，如果没有实地测量、农业调查和地理坐标的验证，遥感分析就是无效的。因此，用新兴技术与传统方法相结合（如高分辨率图像、中分辨率和低分辨率光学图像和雷达图像、地面真相调查）来验证假设，校准工具并解决经常出现的困难是评估灾难影响的最好方法。这些困难包括无法获得图像或卫星图像费用过高，难以实际进入受影响的农村地区，以及移动数据网络的差距阻碍了信息的获取和传输。遥感工具可用于生成和重叠多个（以及跨部门和跨界）风险地图，从而促进在国家和超国家级别上的灾害风险管理战略的制定。实地评估补充了遥感提供的分析，同时使以人为本的方法成为可能，这是捕捉灾害对受灾地区人口的粮食安全、生计和生活方式的影响所必需的。

将新兴技术与传统方法相结合是验证假设、校准工具和应对评估灾害影响时经常出现的挑战的最佳方式。

总而言之，将传统评估技术与遥感监测到的事件发生前后的数据相结合，需要在国家层面上实施密切的规划、合作、培训和指导战略。持续的探索、实施、创新和调整这些新方式以适应农业的减少灾害风险和灾害风险管理以及灾后恢复工作的努力正引发该领域的巨大创新，并将在未来一段时间继续发光发热。

©粮农组织/Kwangil Yoon

2017年尼日利亚　妇女在筛选碎米

结语

# 通往2030年的道路：农业的风险抵御发展道路

灾害风险是系统性的，所以需要系统性的解决方案。认识到自然灾害和生物灾害、气候变化与类似冲突、饥饿和营养不良等社会经济冲击之间的联系，全球、区域和国家政策对话必须了解风险，并推动形成跨部门和跨行为体的全系统解决方案。要实现灾害和气候复原力以及所有人的粮食安全和营养，需要在各级采取大规模行动，采取综合办法减少灾害、气候和危机风险，并进行管理。这可以通过坚实的灾害影响证据基础、良好的风险治理框架和协调一致地执行全球议程来实现。

## 新的十年存在新的障碍

> 在地球气候变化的背景下，为了抑制灾害、极端天气事件，降低生物危害的频率和严重程度，需要一种基于对这些风险因素如何影响农业和粮食安全的循证理解的综合方法。

日益频繁和严重的灾害以及极端天气事件的加剧模式正在对地方、国家、区域和全球各级的农业和粮食体系构成前所未有的挑战。农业严重依赖天气、气候和水，特别容易受到灾害的影响。灾害的影响可能是多方面且持久的，包括收成或牲畜的损失、粮食安全和营养受损以及灌溉系统和其他基础设施的破坏。从21世纪20年代的开始就证明了SARS-CoV-2（非典）病毒和沙漠蝗虫等生物危害破坏农村生计的潜力，对价值链、农业市场、贸易和整个粮食体系产生了连锁后果。在新的十年里，地球不断变化的气候将进一步加剧这些影响。抵消这些风险需要风险知情的政策和行动。减少灾害风险、复原力和适应气候变化的国家战略必须纳入部门发展战略，并以全面了解极端天气事件和灾害对粮食安全、农业及其各个部门（种植业、牲畜业、林业、渔业和水产养殖）的特殊影响为基础。

> 本报告首次探讨了灾难损失对人类营养和粮食安全的惊人影响。

在弥合长期存在的知识和数据差距的前沿，本报告朝着建立全面的全景视图的方向迈进。它深化了对农作物和畜牧业生产损失估算的关注，考虑了所有商品，并考虑了对中高收入和高收入国家以及最不发达国家和中等收入国家的影响。有史以来首次从营养角度揭示了与减产相关的营养不足现象，突出了灾害损失对人类营养和粮食安全的惊人影响。当前版本的扩展范围描绘了一幅基于证据的图景，展示了农业不仅受到传统灾害事件的影响，而且还受到新出现的生物危害的影响，如新冠疫情、沙漠蝗虫和动物疾病暴发，这些标志着新的十年已经到来。这份报告告诉我们：

- 2008年至2018年，最不发达国家和低收入国家在灾害后作物和牲畜产量下降，累计损失约1 085亿美元。在全球范围内（包括中高收入国家和高收入国家），与灾害相关的损失达2 800亿美元。全世界有多达4%的潜在农业生产因灾害而损失。
- 干旱对作物和牲畜生产构成重大威胁，造成最不发达国家和低收入国家总损失的34%。
- 灾害对农业的影响不仅限于生产。2008年至2018年，最不发达国家和低收入国家的农作物和牲畜产量损失相当于七百万名成年人的年卡路里摄入量。平均而言，22%的每日热量摄入因灾害而损失。在一个粮食安全问题已经十分严重的世界里，丧失如此巨大的营养潜力可能会产生深远的有害后果。

- 鉴于林业部门的复杂灾害风险状况——就其对特定类型灾害的暴露和脆弱性以及森林系统参与防灾、减灾和恢复的能力而言——采用普遍的方法论基础进行详细分析非常重要。粮农组织更新的方法为估计林业部门具体损害和损失提供了一种量身定制的方法。
- 通常在社会经济阶梯的最底层，渔业和水产养殖业的生计尤其容易受到气候和天气相关灾害的影响。有效减少灾害风险需要彻底了解水资源的状况和管理。粮农组织损害和损失方法的试验突出强调了一个可靠的信息系统和基于数据的分析系统是怎样指导简化渔业和水产养殖的损害和损失评估，从而为评估灾害影响提供可持续的技术解决方案。
- 传染病的传播跨越了野生动物、牲畜和人类，超过70%的人类新疾病来自动物。生物危害对生产产生强烈的负面影响，扰乱农业系统，扰乱市场和贸易。这些动态的影响在全球新冠疫情中显而易见，其影响正在我们整个系统中不断扩大。
- 除了同期发生的疫情以外，持续努力遏制东非几十年来最严重的沙漠蝗虫入侵，在整个2020年和2021年都取得了进展。借鉴过去蝗灾的经验，对国家持续监测和监测能力的投资是无可争议的，而不仅仅是在蝗灾暴发期间。
- 我们已经到了气候变化的十字路口：全球平均气温已经比工业化前上升了1.1℃。气温上升2℃左右是转折点，气候变化的影响在那个点会急剧扩大，并可能重塑地球。干旱和各种风暴等极端天气事件的发生率和强度的增加，对农业影响最明显，并可能导致长期生产力损失、生态系统退化、脆弱性和粮食不安全。农业和气候科学界正在研究如何最好地度量由于极端和缓慢事件造成的损失和损害，目前粮农组织的损害和损失方法可以帮助建立一个标准化和一致的信息系统，为华沙国际机制讨论增加一个定量层面。

## 更大的挑战需要更好的治理

气候变化的破坏性影响和顽固不散的新冠疫情的深刻影响，阻碍着全球在零饥饿、粮食安全、改善营养和可持续农业方面的进展。随着新冠疫情继续在世界各地蔓延、肆虐，恢复

> 在日益复杂和全球化的世界背景下，新冠疫情表明风险的性质和规模发生了怎样的变化。

2020年埃塞俄比亚　洪灾后的重建

2017年肯尼亚　使从事保护性农业的农民实现机械化

和重建工作为改变其破坏性进程提供了机会，并将新的韧性战略注入农业、社会经济和环境政策中。新冠疫情表明了在日益复杂和全球化的世界背景下风险的性质和规模是如何变化的。风险的系统性本质对既定的国家治理机制和传统的单一风险、基于部门的风险的应对方法构成了挑战。在农业领域，风险驱动因素和灾害影响都会波及国家、区域和全球供应链，并从一个国家蔓延到另一个国家。

这就要求从部门的角度重构灾害风险治理方法。各国必须采取多灾害和多部门的系统风险管理方法，以整体的方式预测、预防、准备和应对灾害风险。减少灾害风险战略不仅需要考虑自然灾害，还需要考虑人为和生物灾害，而且必须建立在对风险的系统性和相互依存性的全面理解之上。在联合国大会（第A/74/L.92号决议）的推动下，各成员国保证以《仙台框架》为应对和恢复新冠疫情的核心，以确保采取预防为主、风险知情的方法进行社会经济复苏。

为了应对系统性风险的复杂性和非线性，需要采取整体性的方法来识别危险、评估风险和管理风险。对于农业来说，这可以通过在不同层次的政府实体和利益相关者之间建立共识和协同作用来实现。然而，改变工作方式不仅意味着国家和地方治理、立法、政策和金融机制的重大转变，还意味着对减灾和气候变化干预措施的新思考。在次国家、国家、区域和全球经济发展的过程中，需要其议程能够直接影响到个人和地方社区脆弱性的行为体的积极参与。因此，当前的新冠疫情可能是所有部门和所有国家减灾策略转变的分水岭。必须吸取新冠疫情的教训，并将其纳入应对农业面临的气候变化、自然灾害和蝗虫等其他挑战的措施当中，以建立复原力并确保粮食安全。

> 新冠疫情很可能成为改变所有部门和国家减少灾害风险工作转变的分水岭。

为了在生计和粮食体系中取得成功，并解决粮食不安全和各种形式的营养不良问题，必须围绕系统的风险评估、科学的跨学科跨部门知识，并关注、包容最脆弱群体的需求来制定减少灾害风险的政策和方案。

## 韧性行动的共同立场

《仙台框架》是减灾的主要全球文书，而《联合国气候变化框架公约》和《巴黎协定》则指导了气候变化适应行动。这些具有里程碑意义的联合国协议与可持续发展目标一起，制定了减少与所有危害和不安全条件相关的风险的议程。韧性是一个贯穿各领域的主题。《仙台框架》和《巴黎协定》已经完全从本质上纳入了可持续发展目标，分别为建设灾害和气候韧性能力提供了战略指导。然而，它们尚未牢固地建立共同基础来使它们的共同目标能够协调一致并付诸实施。

> 在概念和实践层面上，减少灾害风险和适应气候变化能够很好地融合在一起。

事实上，减少灾害风险和适应气候变化具有深刻的联系性和互补性，因此这两种方法的结合会更加可行。这两个概念都涉及减少脆弱性和加强结构能力，以减少和管理极端事件的风险。在概念层面上，它们对风险有共同的定义，对韧性有共同的理解。在实践层面上，适应气候变化和减少灾害风险的战略和行动也是相互一致的，并能很好地融合在一起：两者都使用类似的工具来监测、分析和处理灾害和极端事件的不利后果。此外，两者都有解决脆弱性、加强应对能力、减少直接暴露的行动，以及确保减少风险、适应准备和恢复能力的类似措施。就农业而言，两者所规定的具体措施是采用抗性作物品种、采取多样化做法、采用农业保险、接种牲畜疫苗、改善灌溉、加强农村基础设施和储存设施等。

因此，这两个议程之间的进一步融合至关重要，事关两者是否采取联合行动来共同应对与各自体制结构的存在以及各自组成社区的特殊利益相关的战略挑战。

在《巴黎协定》第8条以及第21届联合国气候变化大会通过该协定的宣言（FCCC/CP/2015/L.9.Rev.1，第48～52段）中阐述了解决损失和损害的必要性，是议程趋同方面取得的一个重大进展。然而，这一重大突破可能是以损失和损害的狭义概念为代价的，这给未来损失和损害的衡量和监测带来了困难。

> 现有的减灾方法和指标，包括粮农组织的损害和损失方法，可以在国家和区域两级指导气候适应战略。

华沙国际损失与损害机制可以利用丰富的农业减灾专业知识，结合现有的方法和指标，来指导国家和地区层面的气候适应管理战略。其中的一个主要工具是粮农组织评估农业灾害损害和损失的方法（技术附件）。粮农组织的损害和损失方法旨在通过提供一套可在次国家、国家、区域和全球层面使用的标准化程序和方法步骤，改善联合国全系统内的农业抗灾能力监测。该方法允许在每个部门进行彻底的损害和损失评估，确保不同国家和灾害之间的一致性，是可用于收集和解释现有信息，为与风险有关的政策决策和规划的制定提供信息的有用工具。

粮农组织的损害和损失方法已被用于跟踪仙台框架指标C-2（评估灾害造成的直接农业损失）和可持续发展目标指标1.5（旨在建设复原力，减少对气候相关极端事件及其他冲击和灾害的暴露和脆弱性）。由于这些文书反过来又支持《巴黎协定》并推动华沙目标的实现，粮农组织的方法在为气候变化适应议程提供信息、充实内容方面发挥了构成性作用，可以为该议程提供一个量化的层面。

## 衡量成功的标准

正如本报告所指出的，我们应当对灾害影响的证据基础多加关注。虽然粮农组织的损害和损失方法为更好地监测灾害影响奠定了基础，但其效用取决于国家灾害损失数据库和信息系统的能力。如果没有后者，评估就无法全面反映灾害对农业造成的损失。目前，损害和损失的估计基于一些关键但十分不完整的数据，因为灾害对该部门的影响尚未以结构化和系统化的方式记录。为了建立农业损害和损失的全面信息系统并获得可靠的评估结果，各国需要加强数据收集工作。其中，采取有针对性的调查方法并采用遥感等创新工具是提高评估精度的关键。

> 为使粮农组织的损害和损失方法在可持续森林管理方面发挥其潜力，各国必须加强其数据收集工作，但目前这些数据仍未以结构化和系统化的方式记录与灾害有关的部门影响。

国家和国家以下的一级是最重要的信息、数据报告级别，严重依赖于国家统计局、国家灾害风险管理机构和农业部的工作。加强其数据收集、管理和分析的能力、机制和资源，将有助于协调一致地应用粮农组织的评估方法。反过来，这将建立和加强跨机构伙伴关系，促进分担责任，并改善所有相关国家机构之间的信息流动。诸如“50×2030消除饥饿数据”和“农业综合调查计划”等倡议，是加强国家农业调查系统和促进获取农业统计数据的大规模努力，使灾害损害和损失统计数据有望成为国家数据目录的组成部分。加强数据的可用性可以提高损害和损失评估的精确度，最终为减少灾害风险、提高农业防备和抗灾能力制定更明智的政策、行动和投资。

## 迈入“行动十年”的道路

量化损失不仅是对灾害造成的危害的评估，也是对减少灾害风险和抗灾战略及其有效性的评估：农业可接受的损失是多少？作物和牲畜损失何时转化会为粮食不安全？需要多少投资才能减少损害和损失？农业中可观察到的主次要影响还在增加，一方面说明我们仍然没有采取足够的减灾行动，也说明农业的气候适应力不强；而新冠疫情则表明农业部门也容易受到主要影响人类的生

©粮农组织/Jordi Vaque

**2019年埃及**　一名男子在田间行走

©路透社/Mike Hutchings

**2016年马拉维**　风暴过后一名男子骑着摩托车经过玉米地

物灾害的影响。这两方面问题都反映了我们需要更深入了解不同灾害类型的系统性和结构性基础以及它们之间复杂的相互作用，包括新冠疫情这样对农业有直接影响的人类危机。为了解决这些问题，在国家、区域和全球层面进行协调一致的规划、实施、监测和评估工作将是至关重要的。这需要加强伙伴关系，增强风险管理能力，并进行长期、有规划的大规模投资以制定减少灾害风险和适应气候变化的政策、方案和做法。使用专项资源必须采用循证的“从建设到改革”方式。此外，采用系统性、多灾害和跨部门的方法将大大增加农业生计在面对灾害、威胁和危机时的韧性。

提高农业韧性需要加强伙伴关系，增强风险管理能力，为减灾和适应气候变化的政策、方案和做法提供多年的、可预测的大规模资金。

灾害风险是可以减少和管理的。几十年来实施灾害和气候韧性政策和方案的经验，不仅产生了丰富知识，也实现了良好实践。诸如风险监测和预警系统、应急准备机制、缓解脆弱性、应对冲击的社会性保护机制、风险转移机制和基于预测的融资等干预措施都应该根据未来新十年的系统性风险状况进行相应的调整。地方和国家政府、金融机构和国际发展界应将这些措施作为一种“新常态”，并将其纳入到改进环境—食品—卫生系统关系的风险治理中。最近对10个国家的900个农场进行的研究证明，在农场一级有足够大的空间可以更广泛地使用通常容易实施的减灾做法，并有可能产生巨大的效益（FAO，2019a）。

在任何情况下，建立起一个改进的农业灾害损害和损失评估系统都是正确开展工作的第一步，鉴于新冠疫情带来的破坏，这一点便显而易见。数据统计主体自身受到防疫措施的限制，尽管存在这些限制，但电话和网络访谈以及遥感等创新方法仍有助于确保数据的及时性和响应性。通过加强当地的灾害影响评估能力，还可以进一步强化综合风险信息系统，为有效的减灾和气候变化适应政策和农业实践提供信息。拥有关于灾害对农作物、牲畜、林业、渔业和水产养殖业影响的一系列证据基础，是合理调整该部门的抗灾政策和投资的基石，也是跟踪实现全球目标进展情况的基石。这将有助于引导关键投资和发展援助，统一农业在实现粮食安全、促进可持续发展和经济增长三个方面扮演的关键角色，并建设我们想要的美好未来。

灾害对农作物、牲畜、林业、牲畜和水产养殖产生影响的一系列证据基础是量身定制抗灾政策、投资策略以及跟踪全球目标进展的基石。

# 附　录

技术附件

联合国粮食及农业组织的损害和损失评估方法

词汇表

参考文献

# 技术附件

## 联合国粮食及农业组织的损害和损失评估方法

粮农组织制定了一种专门针对农业的方法，用于确定、分析和评价与灾害有关的损害和损失。这种方法既具有足够的整体性，适用于不同国家或地区的情况，又足够精确，可以考虑到所有农业分部门（作物、牲畜、养蜂、林业、渔业和水产养殖）及其特殊性。它可以衡量不同类型、持续时间或严重程度的广泛灾害的影响——从大规模冲击到中小型规模事件，从突然发生的灾害到累积影响缓慢演变的灾害。它是一种战略工具，用于收集和解释新的或现有信息，为与风险相关的政策决策和规划提供支持。

粮农组织的方法已被纳入2015年两项主要国际议程，即可持续发展目标和《仙台减少灾害风险框架》，这两项议程都承认恢复力是实现这些议程的基础。因此，它有助于监测关于减少灾害直接经济损失的具体目标的实现情况。具体而言，粮农组织的方法用于跟踪《仙台框架》指标C-2关于减少灾害造成的直接农业损失的进展，以及相应的可持续发展目标指标1.5.2。

2017年首次发布后，该方法的某些公式已经进行了修订，以反映符号和计算原理的改进。其中最值得注意的是，林业部门的生产损失已根据折现净现值对木材估值的新标准进行了更新。

### 结构

损害和损失（DL）方法对农业的五个部门使用标准化计算：

- DL（C）：对农作物的直接损害和损失
- DL（L）：牲畜的直接损害和损失
- DL（FO）：对林业的直接损害和损失
- DL（FI）：对渔业的直接损害和损失
- DL（AQ）：对水产养殖的直接损害和损失

它们一同形成了灾害对农业的总体影响：

对农业的影响 = DL(C) + DL(L) + DL(FO) + DL(FI) + DL(AQ)

为了了解灾害对每个分部门的全面影响，粮农组织的损害和损失方法将**损害**（有形资产的全部或部分破坏）和**损失**（灾害引起的经济流动变化）区分开来。每个细分行业又被进一步划分为两个主要组成部分：**生产**和**资产**。为了了解灾害对农业的直接影响，重要的是要同时考虑农业生产和资产中累积的损害和损失。

生产部分衡量了灾害对农业投入和产出的影响。这里的损失包括全部或部分被灾害破坏的投入物（如种子）和产出物（如作物）的价值。同时，生产损失也指由于灾害造成的农业生产价值的下降。资产部分衡量了与农业生产有关的设施、机械、工具和关键基础设施所遭受的损失。(全部或部分）损坏资产的货币价值是用替换或修复成本计算的，并计入损失下。

表1说明了粮农组织的损害和损失方法，同时指出了灾后评估中应考虑的一些项目和经济流量。根据主要的方法学概念（表1），每个分部门的损失分为生产损失、生产损失和资产损失。

**表1　粮农组织的损害和损失评估方法**

| 作物、牲畜、林业、渔业和水产养殖 | |
|---|---|
| 生产 | |
| 损害 | 损失 |
| 被破坏的储存生产和投入的灾前价值 | 预期生产价值与实际价值之差以及短期灾害花费 |
| 包括项目：<br>种子、化肥、农药、饲料、鱼类饲料、储存的作物、储存的肉类、死亡动物等 | 包括项目：<br>作物减产、动物减产、毁坏的木材、损失的鱼类捕获、重新种植成本等 |
| 资产 | |
| 受损机械、设备、工具的更换或维修价值 | |
| 包括项目：<br>拖拉机、收割机、筒仓、谷仓、挤奶机、船、渔具、泵、曝气器等 | |

# 详细计算

**插文1 公式中使用的符号**

| | |
|---|---|
| $i$ | 产出 |
| $j$ | 受灾害影响的地理单位 |
| $k$ | 用于生产农业产出的资产（设备、机械、工具、设施） |
| $x$ | 用于农业生产的投入 |
| $h$ | 多年生作物和树木 |
| $t$ | 灾后数据可用的第一个时间单位 |
| $t$-1 | 灾前数据可用的第一个时间单位 |
| $y_{i,j,t}$ | 项目i在时间t区域j的产量 |
| $p_{x\,(or\,i\,or\,h),\,j,\,t\text{-}1}$ | x（或产品i或树h）在时间t区域j的产值 |
| $p_{k,j,t}$ | 每单位资产k（或维修成本）在时间t区域j的价格 |
| $q_{i,j}$ | 项目i在区域j的数量 |
| $q_{i\,(or\,x)\,(stored),\,j,\,t}$ | 项目i（或产出x）在区域时间t内的储存数量 |
| $q_{k,j,t}$ | 项目i用于时间t区域j的资产数量 |
| $ha_{i,j,t}$ | 在时间t时，j区用于项目i的公顷数 |
| $\Delta ha_{i,j,t}$ | i种植面积的非预期变化 |
| $W_i$ | 项目i的平均重量（吨） |
| $P_{short\text{-}run}$ | 灾难发生后用于临时维持生产活动的一次性费用 |
| $\alpha$ | 可出售的死亡动物的价值份额 |
| $area_{j,t}$ | 时间t区域j内水产养殖区（网箱、水槽、围栏等）的大小 |
| $T$ | 专门用于捕鱼活动的天数 |
| $r$ | 实际利率 |
| $R_{non\text{-}timber}$ | 非木材森林活动收入 |

## 农作物损害和损失

对农作物的直接损害和损失 $DL\ (C)$ = 作物生产损害 + 作物生产损失 + 作物资产损害（全部和部分）

➔ 一年生和多年生作物的**作物生产损害 PD（C）**包括：

1）灾前储存资料价值：$\Delta q_{x\,(stored),\,j,\,t} \times P_{x\,(stored),\,j,\,t-1}$

2）被毁坏的多年生作物的灾前价值：$\Delta q_{i\,(stored),\,j,\,t} \times P_{i\,(stored),\,j,\,t-1}$

3）完全损毁树木的重置价值：$\Delta ha_{i,\,j,\,t} \times h_{i,\,j} \times P_{h,\,j,\,t-1}$

（$\Delta q_{x\,(stored),\,j,\,t} \times P_{x\,(stored),\,j,\,t-1}$）表示被灾害破坏的按投入类型（如化肥、虫害防治等）划分的一年生和多年生作物生产的投入数量（$q$），按灾前水平（$t$-1）各自的价格（$p$）计算。对所有受影响的投入按投入类型进行计算。

（$\Delta q_{i\,(stored),\,j,\,t} \times P_{i\,(stored),\,j,\,t-1}$）表示被灾害破坏的一年生和多年生作物（大米、玉米、小麦、牛油果、香蕉、椰子、咖啡豆等）的商品储存数量，按灾前水平（$t$-1）的各自价格（$p$）计算。计算每一种受影响的储存作物商品。

（$\Delta ha_{i,\,j,\,t} \times h_{i,\,j} \times P_{h,\,j,\,t-1}$）表示被破坏多年生作物或树木的替代价值，表示为受灾地区每公顷作物或树木的数量（$h$）（$\Delta ha$ = 受影响多年生作物/树木的公顷数），以灾前水平的种植/再造林价格（$p$）在水平（$t$-1）计算。

一年生和多年生作物的总体生产损害是这三个项目的总和：

$PD\ (PC)_{i,\,j}$ =（$\Delta q_{x\,(stored),\,j,\,t} \times P_{x\,(stored),\,j,\,t-1}$）+（$\Delta q_{i\,(stored),\,j,\,t} \times P_{i\,(stored),\,j,\,t-1}$）+（$\Delta ha_{i,\,j,\,t} \times h_{i,\,j} \times P_{h,\,j,\,t-1}$）

➔ 一年生和多年生作物的**作物生产损失 PL（C）**由以下部分组成：

1）未完全受损收获区作物产量的预期值与实际值之间的差异：$p_{i,\,j,\,t-1} \times \Delta y_{i,\,j,\,t} \times ha_{i,\,j,\,t}$

2）完全受损（未收获）地区被毁坏的农作物的灾前价值：$p_{i,\,j,\,t-1} \times y_{i,\,j,\,t-1} \times \Delta ha_{i,\,j,\,t}$

3）灾后短期维护成本（用于在灾后立即临时维持生产活动的费用）：$P_{short\text{-}run}$

（$p_{i,\,j,\,t-1} \times \Delta y_{i,\,j,\,t} \times ha_{i,\,j,\,t}$）指的是由于灾难而减少的农作物产量。这个公式适用于灾难只部分影响了作物，并且在灾难发生后进行了收获，但由于事件的影响，作物产量下降。计算方法是将每公顷减少的产量（$\Delta y$）乘以完全受影响面积的公顷数。然后以灾前价格（$p$）在水平（$t$-1）下对收成的总体减少进行估值。这种计算是根据每种受影响的作物进行的。

（$p_{i,\,j,\,t-1} \times y_{i,\,j,\,t-1} \times \Delta ha_{i,\,j,\,t}$）代表因灾难而完全损失的作物产量。这个公式适用于灾难完全摧毁了农田，导致无法收获的情况。计算包括将完全被破坏的公顷数（$\Delta ha$）乘以正常条件下被破坏作物的平均预期产量（$y$）的估计值，以及在水平（$t$-1）下以灾前价格（$p$）计算的总损失收获量的值。平均（预期）产量估计值可以基于已报告的作物产量数据的5年（或更长）趋势。

（$P_{short\text{-}run}$）指的是农民在灾后短期内为维持生产活动或将活动恢复到灾前水平而发生的任何短期与灾害有关的费用。这可能包括租用发电机、地震或山体滑坡后的清理费用、短期租用机械、租用灌溉服务等。

全年作物的总体生产损失是这三个项目的总和：

$$PL\ (AC)_{i,j} = (p_{i,j,t\text{-}1} \times \Delta y_{i,j,t} \times ha_{i,j,t}) + (p_{i,j,t\text{-}1} \times y_{i,j,t\text{-}1} \times \Delta ha_{i,j,t}) + (P_{short\text{-}run})$$

➔ **农作物资产损害AD（C）**包括：

1）按灾前价格计算的部分或全部损毁资产的维修或重置成本：$P_{k,j,t\text{-}1} \times \Delta q_{k,j,t}$

（$P_{k,j,t\text{-}1} \times \Delta q_{k,j,t}$）表示总资产损失，其中损坏或损毁物品的数量（$\Delta q$）由它们各自在灾前水平（$t$-1）的维修或更换成本（$p$）来计算。该资产类别包括特定作物的基础设施、机械和设备，例如拖拉机、打包机、收割机、储存设施等。

$$AD\ (C)_{i,j} = P_{k,j,t\text{-}1} \times \Delta q_{k,j,t}$$

## 牲畜的损害和损失

**牲畜损害和损失**$DL$（$L$）= 牲畜生产损害+牲畜生产损失+牲畜资产损害（全部和部分）

➔ **牲畜生产损害**PD（L）包括：

1）储存投入物（饲料和饲料）的灾前价值：$\Delta q_{x\,(stored),j,t} \times P_{x\,(stored),j,t\text{-}1}$

2）已销毁储存动物产品的灾前价值：$\Delta q_{i\,(stored),j,t} \times P_{i\,(stored),j,t\text{-}1}$

3）死亡动物的灾前净值：$(\Delta q_{i,j,t} \times w_i) \times (P_{i,j,t\text{-}1} - \alpha \times p_{i,j,t})$

（$\Delta q_{x\,(stored),j,t} \times P_{x\,(stored),j,t\text{-}1}$）表示被灾害破坏的按投入类型（如动物饲料、疫苗、药物、病虫害防治等）分列的牲畜生产投入物的数量（$q$），按灾前水平（$t$-1）下各自的价格（$p$）计算。对所有受影响的投入按投入类型进行计算。

（$\Delta q_{i\,(stored),j,t} \times P_{i\,(stored),j,t\text{-}1}$）表示在灾难中被破坏的按商品（以前屠宰的冻肉、牛奶、鸡蛋、兽皮等）分列的储存牲畜产品数量，按灾前水平（$t$-1）的价格（$p$）计算。计算每一种受影响的储存牲畜商品。

[$(\Delta q_{i,j,t} \times w_i) \times (P_{i,j,t\text{-}1} - \alpha \times p_{i,j,t})$] 表示死亡动物的价值，表示为按类型（$\Delta q$）表示的死亡动物数量，乘以胴体重量（$w$），并以灾前水平（$t$-1）下肉类价格（$p$）计算，并以灾后时间（$t$）的价格（$p$）减去死亡动物出售肉类的份额（$\alpha$）。

畜牧业的总体生产损失是三个项目的总和：

$$PD\ (L)_{i,j} = (\Delta q_{x\,(stored),j,t} \times P_{x\,(stored),j,t\text{-}1}) + (\Delta q_{i\,(stored),j,t} \times P_{i\,(stored),j,t\text{-}1}) +$$

$[(\Delta q_{i,j,t} \times w_i) \times (P_{i,j,t\text{-}1} - \alpha \times p_{i,j,t})]$

→ **牲畜生产损失PL（L）由以下各项组成**：

1）（畜产品）预期生产值与实际生产值之间的差异：$q_{i,j,t} \times P_{i,j,t\text{-}1} \times \Delta y_{i,j,t}$

2）短期灾后维护成本：$P_{short\text{-}run}$

（$q_{i,j,t} \times P_{i,j,t\text{-}1} \times \Delta y_{i,j,t}$）表示灾害直接造成的牲畜生产损失，这指的是由于动物受伤或死亡而减少或完全停止生产牛奶、鸡蛋等。如果死亡动物的价值已经作为牲畜生产损失的一部分被充分计算在内，则这一项目不包括死亡动物的肉类生产。计算包括将动物死亡或受伤数量（$q$）乘以每只动物减少的产量（$\Delta y$），并乘以灾难前水平（$t$-1）的产量价格（$p$）。

（$P_{short\text{-}run}$）指的是农民在灾害发生后的短时间内为维持生产活动或将活动恢复到灾前水平而发生的与灾害有关的所有短期费用。这可能包括租用发电机、地震或山体滑坡后的清理费用、短期租用机械、兽医费用等。

畜牧业的总体生产损失是这两个项目的总和：

$$PL(L)_{i,j} = (q_{i,j,t} \times P_{i,j,t\text{-}1} \times \Delta y_{i,j,t}) + P_{short\text{-}run}$$

→ **牲畜资产损害AD（L）**包括：

1）按灾前价格计算的部分或全部损毁资产的维修或重置成本：$P_{k,j,t\text{-}1} \times \Delta q_{k,j,t}$

（$P_{k,j,t\text{-}1} \times \Delta q_{k,j,t}$）表示总资产损失，其中损坏或销毁物品的数量（$\Delta q$）由它们各自在灾前水平（$t$-1）的修复或更换成本（$p$）来衡量。此资产类别包括牲畜专用基础设施、机械和设备，例如挤奶机、乳品机、饲料机、谷仓和马厩等。

$$AD(AL)_{i,j} = P_{k,j,t\text{-}1} \times \Delta q_{k,j,t}$$

## 林业损害和损失

**林业损害和损失** $DL(FO)$ = 林业生产损害+林业生产损失+林业资产损害（全部和部分）

森林通常由独立的林分组成，每个林分都有明显的特征。一个林分是一组连续的、足够统一的树木——年龄等级分布、组成、结构和生长在一个质量足够统一的地点上——作为一个可区分的单位。可销售的木材林场由那些具有在特定经济条件下、在特定时间内可销售的规模、质量和状况的树木组成。可销售前木材林场是指在灾难发生时，由于树木太不成熟，无法进行有利可图的采伐和销售以制造林产品的林场（Zhang和Pearse，2012）。因此，灾害发生的时间（$t$）是确定林分成熟度的参考点。

可销售木材的价值称为立木价值或简称立木。立木价值等于市场决定的

（单位）立木价格乘以立木材积。

➔ **林业生产损害 PD（FO）**包括：

1）灾前存储投入价值：$\Delta q_{x\,(stored),\,j,\,t} \times P_{x\,(stored),\,j,\,t\text{-}1}$

2）已损毁存储产品的灾前价值：$\Delta q_{i\,(stored),\,j,\,t} \times P_{i\,(stored),\,j,\,t\text{-}1}$

（$\Delta q_{x\,(stored),\,j,\,t} \times P_{x\,(stored),\,j,\,t\text{-}1}$）表示被灾害破坏的按投入类型（如肥料、虫害防治等）分列的林业生产投入的数量（$q$），按灾前水平（$t$-1）下各自的价格（$p$）计算。按所有受影响投入的投入类型计算。

（$\Delta q_{i\,(stored),\,j,\,t} \times P_{i\,(stored),\,j,\,t\text{-}1}$）表示被灾害破坏的储存木材数量，以灾前价格（$p$）在水平（$t$-1）下计算。

林业总体生产损害是这两个项目的总和：

$$PD\,(FO)_{i,\,j} = (\Delta q_{x\,(stored),\,j,\,t} \times P_{x\,(stored),\,j,\,t\text{-}1}) + (\Delta q_{x\,(stored),\,j,\,t} \times P_{x\,(stored),\,j,\,t\text{-}1})$$

➔ **林业生产损失 PL（FO）**包括：

1）可售林场和可售前林场木材生产的（折后）现值：$(P_{t\text{-}1}/m^3 \times ym^3/ha \times ha)\,/\,(1+r)^{60\text{–}age}$

2）非用材林产品（折后）现值：$R_{non\text{-}timber}\,/\,(1+r)^n$

3）减去灾后回收和销售的木材价值：$-P_{t\text{-}1}/m^3 \times ym^3_{(salvaged)}$

森林的生产损失值是所有林分生产损失值的总和。**一个可销售木材林场的生产损失**等于市场决定的（单位）木材价格乘以林场的木材存储量。因此，$(P_{t\text{-}1}/m^3 \times ym^3/ha \times ha)$ 表示受影响林分的生产损失值，以林分的木材体积表示，以当前木材价格（$P_{t\text{-}1}$）计算，并乘以林分的面积（公顷）。

**销售前木材林场的生产损失**是根据该林场在灾难发生时预计未来收入的价值来计算的。一个售前木架的价值等于该木架在受损时的预计（潜在）收入折现。这是通过将贴现因子 $(1+r)^{60\text{-}age}$ 相加来实现的。

除了木材价值外，森林（包括许多可销售和可销售前的木材林场）经常从薪材、水果、蘑菇、花卉和娱乐活动等非木材森林产品中获得收入。与木材生产损失不同，来自非森林产品的收入与特定林分无关，而是属于整个森林。因此，所有非木材产品收入的现值通常是按整个森林计算的（或根据森林受损部分的大小进行调整）。$R_{non\text{-}timber}\,/\,(1+r)^n$ 表示将因灾难而损失的非木材森林活动所得收入（$R$）除以折现系数，以得到在正常森林（非木材）创收活动完全恢复之前 $(1+r)^n$ 的未来损失收入的净现值，其中（$R$）为利率，（$n$）为活动完全恢复之前的年数。

灾害发生后打捞和销售的木材的价值应予以考虑。$(-P_{t\text{-}1}/m^3 \times ym^3_{(salvaged)})$ 表示再销售木材的总量（$ym^3$），以灾前水平价格（$P_{t\text{-}1}$）每立方米计算。

林业总生产损失是这三个项目的总和：

$$PL\,(FO)_{i,\,j} = [\,((P_{t\text{-}1}/m^3 \times ym^3/ha \times ha)\,/\,(1+r)^{60\text{–}age}] + [R_{non\text{-}timber}/\,(1+r)^n] +$$

$(-P_{t\text{-}1}/m^3 \times ym^3_{(salvaged)})$

➔ **林业资产损害 AD（FO）包括：**

1）部分或全部损毁资产按灾前价格修复或更换费用：$P_{k,j,t\text{-}1} \times \Delta q_{k,j,t}$

$(P_{k,j,t\text{-}1} \times \Delta q_{k,j,t})$ 表示总资产损失，其中损坏或损毁物品的数量（$\Delta q$）由它们各自在灾前水平（$t$-1）的修复或更换成本（$p$）来衡量。这一类包括林业专用基础设施、机械和设备，例如集材机、货代、拖拉机、伐木机等。

$$AD\,(FO)_{i,j} = P_{k,j,t\text{-}1} \times \Delta q_{k,j,t}$$

## 渔业损害和损失

**渔业损害和损失** $DL\,(FI)$ = 渔业生产损害+渔业生产损失+渔业资产损害（全部和部分）

➔ **渔业生产损害 PD（FI）包括：**

1）存储投入的灾难前价值：$\Delta q_{x\,(stored),j,t} \times P_{x\,(stored),j,t\text{-}1}$

2）已销毁存储捕获的灾难前价值：$\Delta q_{i\,(stored),j,t} \times P_{i\,(stored),j,t\text{-}1}$

$(\Delta q_{x\,(stored),j,t} \times P_{x\,(stored),j,t\text{-}1})$ 表示已被灾害破坏的投入类型（诱饵等）的捕捞投入量（$q$），以灾前水平（$t$-1）的各自价格（$p$）进行估值。所有受影响的投入按投入类型进行计算。

$(\Delta q_{i\,(stored),j,t} \times P_{i\,(stored),j,t\text{-}1})$ 表示已被灾害破坏的已储存渔业捕捞量，以灾前水平（$t$-1）的价格（$p$）计算。

$$PD\,(FI)_{i,j} = \Delta q_{x\,(stored),j,t} \times P_{x\,(stored),j,t\text{-}1} + \Delta q_{i\,(stored),j,t} \times P_{i\,(stored),j,t\text{-}1}$$

➔ **渔业生产损失 PL（FI）包括：**

1）灾害年份渔业捕捞的预期值与实际值之间的差异：$\Delta T_{j,t} \times y_{i,j,t} \times P_{i,j,t\text{-}1}$

$(\Delta T_{j,t} \times y_{i,j,t} \times P_{i,j,t\text{-}1})$ 表示因灾害而损失的渔业捕捞量，表示为渔民无法进行正常捕捞活动的时间（$t$）（以天数计）乘以正常条件下每天的平均捕捞量（$y$），并以灾前水平（$t$-1）下的价格（$p$）进行估值。

$$PL\,(FI)_{i,j} = \Delta T_{j,t} \times y_{i,j,t} \times P_{i,j,t\text{-}1}$$

➔ **渔业资产损害 AD（FI）包括：**

1）按灾前价格计算的部分或全部损毁资产的维修或重置成本：$P_{k,j,t\text{-}1} \times \Delta q_{k,j,t}$

$(P_{k,j,t\text{-}1} \times \Delta q_{k,j,t})$ 表示总资产损失，其中受损或毁坏项目的数量（$\Delta q$）按灾前水平（$t$-1）的各自维修或更换成本（$p$）进行估价。该资产类别包括渔业专用基础设施和设备，例如船只、渔船、发动机、渔具、冷库等。

$$AD\,(FI)_{i,j} = P_{k,j,t\text{-}1} \times \Delta q_{k,j,t}$$

## 水产养殖的损害和损失

**水产养殖损害和损失**$DL\ (AQ)$ = 水产养殖生产损害+水产养殖生产损失+水产养殖资产损害（全部和部分）

➔ **水产养殖生产损害PD（AQ）**包括：

1）灾前存储投入价值：$\Delta q_{x\,(stored),\,j,\,t} \times P_{x\,(stored),\,j,\,t\text{-}1}$

2）毁损贮存水产产品灾前价值：$\Delta q_{i\,(stored),\,j,\,t} \times P_{i\,(stored),\,j,\,t\text{-}1}$

3）灾前养鱼净损失：$\Delta q_{broodstock,\,i,\,j,\,t} \times P_{t\text{-}1}$

（$\Delta q_{x\,(stored),\,j,\,t} \times P_{x\,(stored),\,j,\,t\text{-}1}$）表示养殖业生产投入物的数量（$q$），按投入物类型（如鱼种、鱼饲料、肥料、药物等）分列，按灾前水平（$t$-1）下各自的价格（$p$）计算。对所有受影响的投入按投入类型进行计算。

（$\Delta q_{i\,(stored),\,j,\,t} \times P_{i\,(stored),\,j,\,t\text{-}1}$）表示被灾害破坏的按商品（冷冻鱼、鱼子酱等）分类的储存水产养殖产品数量，按灾前水平（$t$-1）下各自的价格（$p$）计算。为每种受影响的储存水产养殖商品规定了计算方法。

（$\Delta q_{broodstock,\,i,\,j,\,t} \times P_{t\text{-}1}$）表示以损失的育雏鱼数量（$\Delta q$）乘以其灾前水平（$t$-1）下的价格（$p$）表示的育雏鱼价值。

水产养殖部门的总体生产损害是这三个项目的总和：

$$PD\ (AQ)_{i,\,j} = (\Delta q_{x\,(stored),\,j,\,t} \times P_{x\,(stored),\,j,\,t\text{-}1}) + (\Delta q_{i\,(stored),\,j,\,t} \times P_{i\,(stored),\,j,\,t\text{-}1}) + (\Delta q_{broodstock,\,i,\,j,\,t} \times P_{t\text{-}1})$$

➔ **水产养殖生产损失PL（AQ）**包括：

1）非完全破坏养殖区水产养殖产量预期值与实际值之差：$area_{i,\,j,\,t} \times p_{i,\,j,\,t\text{-}1} \times \Delta y_{i,\,j,\,t\text{-}1}$

2）完全受损养殖区水产生产损失的灾前值：$\Delta area_{i,\,j,\,t} \times p_{i,\,j,\,t\text{-}1} \times y_{i,\,j,\,t\text{-}1}$

3）短期灾后维护费用：$P_{short\text{-}run}$

（$area_{i,\,j,\,t} \times p_{i,\,j,\,t\text{-}1} \times \Delta y_{i,\,j,\,t\text{-}1}$）表示因灾难而减少的水产养殖产量。这一公式适用于灾难仅部分影响了水产养殖笼和围栏的区域，并且在灾难发生后进行了捕捞，但由于事件的影响，鱼类产量下降。计算方法是将水产养殖设施每公顷（或平方米）的产量减少量（$\Delta y$）乘以完全受影响地区的公顷数（平方米）（$area_{i,\,j,\,t}$）。然后，总的产量减少量以灾前水平（$t$-1）的价格（$p$）来计算。这个计算是按受影响面积计算的。

（$\Delta area_{i,\,j,\,t} \times p_{i,\,j,\,t\text{-}1} \times y_{i,\,j,\,t\text{-}1}$）表示由于灾难而完全损失的水产养殖产量。这一公式适用于当一场灾难完全摧毁了水产养殖网箱和围栏，导致无法收获鱼类的情况。计算方法是将完全被破坏的公顷（或平方米）数量（$\Delta area$）乘以正常条件下的平均预期鱼产量估计值（$y$）和在水平（$t$-1）下以灾前价格（$p$）计算的总收获损失量的值。平均（预期）收益估计可以基于五年（或更长）的趋势。

（$P_{short\text{-}run}$）指的是农民在灾后短期内为维持生产活动或将活动恢复到灾前水平而发生的任何短期与灾害有关的费用。这可能包括租用发电机、清理费用、短期租用机械、租用灌溉服务等。

水产养殖的总体生产损失是这三个项目的总和：

$$PL\,(AQ)_{i,j} = (area_{i,j,t} \times p_{i,j,t\text{-}1} \times \Delta y_{i,j,t\text{-}1}) + (\Delta area_{i,j,t} \times p_{i,j,t\text{-}1} \times y_{i,j,t\text{-}1}) + P_{short\text{-}run}$$

➔ **水产养殖资产损失 AD（AQ）**包括：

1）按灾前价格计算的部分或全部损毁资产的维修或重置成本：$P_{k,j,t\text{-}1} \times \Delta q_{k,j,t}$

（$P_{k,j,t\text{-}1} \times \Delta q_{k,j,t}$）表示总资产损坏，其中损坏或销毁物品（$\Delta q$）的数量由它们各自在灾前水平（$t$-1）的修复或更换成本（$p$）来衡量。该资产类别包括水产养殖专用基础设施、机械和设备，例如水产养殖饲料机、泵和曝气机、饲料机、冷库、水产养殖支持船等。

$$AD\,(AQ)_{i,j} = P_{k,j,t\text{-}1} \times \Delta q_{k,j,t}$$

## 最佳和最低数据要求

粮农组织的损害和损失评估方法具有灵活性，因为它可以根据不同程度的数据可用性发挥作用。以下是对每个分部门进行功能性损害和损失评估所需的最佳和最低数据要求。还提供了必要的基线数据的指示。

**1. 作物损害和损失评估的数据要求：**

➔ 灾害破坏（毁坏）的作物公顷数，按作物类型分列（最低要求）

➔ 按作物分类的部分受影响地块面积的预期减产（吨/公顷）（最低要求）

按类型划分的受损或损坏的机械、设备和设施数量（最优要求）

➔ 按作物类型划分的销毁储存作物体积（最优要求）

➔ 按投入类型划分的已销毁的存储投入量（最优要求）

➔ 作物平均产量（吨/公顷）（最低要求）

➔ 每一地区种植的作物种类（最低要求）

➔ 按作物种类划分的种植作物公顷数（最低要求）

**2. 牲畜损害和损失评估的数据要求：**

➔ 按动物类型分列的牲畜死亡数量（最低要求）

➔ 受伤、生病或受灾害影响的牲畜数量，按动物类型分列（最低要求）

➔ 按产品类型划分，每只受影响动物的牛奶、鸡蛋等产量预期减少（最低要求）

➔ 按类型划分的以前屠宰的已销毁的储存动物产品数量（最优要求）

- 按投入类型划分的已销毁的存储投入量（最优要求）
- 按类型划分的损坏或毁坏的机器、设备和设施数量（最优要求）
- 按动物类型划分的每只动物的平均肉类产量（最低要求）
- 按动物种类划分的牲畜数目（最低要求）

**3.林业损害和损失评估的数据要求：**

- 按林分类型分列的已毁商品林面积（最低要求）
- 按林分类型分列的已毁售前林分面积（最低要求）
- 每公顷商品林的立木量（最低要求）
- 每公顷销售前林分平均木材量（最低要求）
- 毁损的售前林分的年龄（最低要求）
- 因灾害毁损的木材存储量（最低要求）
- 回收和转售的木材数量（最低要求）
- 实际利率（最低要求）
- 每片森林的林分数目（最低要求）
- 按类型划分的损坏或毁坏的机器、设备和设施数量（最优要求）
- 非木材森林活动的年平均值（最优要求）

**4.水产养殖损害和损失评估的数据要求：**

- 受影响地区的水产养殖活动类型（陆基圈、水基槽等）
- 受全面影响的水产养殖区按类型划分的面积（公顷）（最低要求）
- 受部分影响的水产养殖区按类型划分的面积（公顷）（最低要求）
- 按水产养殖活动类型划分的每公顷平均产量（最低要求和基线）
- 受部分影响水产养殖区每公顷产量预期减少（最优要求）
- 按养殖类型划分的毁损贮存产量（最优要求）
- 按投入类型划分的销毁投入量（最优要求）
- 按类型划分的损坏或毁坏的机器、设备和设施数量（最优要求）

**5.渔业损害和损失评估的数据要求：**

- 受影响地区的捕鱼活动类型（小规模、工业性质等）（最低要求）
- 按捕鱼活动划分的每日/每周/每月平均捕获量（最低要求）
- 因灾害而暂停捕鱼活动的天数，按捕鱼活动分列（最低要求）
- 按资产类型划分的全部或部分损坏的船舶、设备、基础设施和其他资产数量（最低要求）
- 被灾难破坏的投入量和存储捕获量（最优需求）

要进一步了解粮农组织的损失评估方法、数据要求、计算步骤和指标C-2的《仙台框架》报告，请访问粮农组织的电子学习学院和专门的电子学习课程系列，网址：https://elearning.fao.org/course/view.php?id=608。

# GLOSSARY 词汇表

农业资产：储存的投入量和产量（种子、肥料、饲料、储存的作物和牲畜产品、收获的鱼类、储存的木材等）以及用于农作物和牲畜养殖、林业、水产养殖和渔业的机械和设备的数量（包括但不限于：拖拉机、打包机、联合收割机、脱粒机、肥料分配机、犁、块根或块茎收获机、播种机、土壤机械、灌溉设施、耕作器具、铺路拖拉机、挤奶机、乳品机、轮式专用机械、便携式链锯、渔船、渔具、水产养殖饲料机、泵和增氧机、水产养殖船）。

农业生产损失：与灾前预期相比，灾害造成的作物、牲畜（以及林业、水产养殖和渔业）产量下降。

归因：在统计置信度的情况下，评估多个因果因素对一个变化或事件的相对贡献的过程（IPCC，AR5）。

生物危害：有机来源或由生物载体传播，包括病原微生物、毒素和生物活性物质。例如，细菌、病毒或寄生虫，有毒的野生动物和昆虫、有毒的植物和携带致病因子的蚊子（UNDRR术语表）。

气候：从简单意义上讲，气候通常被定义为天气，但更严格地说，它是在一段时间内（从数月到数千年或数百万年），相关数量的平均值和变率的统计描述（IPCC，AR5）。

气候变化：气候变化是指气候状态的变化，可以通过其性质的平均值（或变化率）的变化来确定，这种变化持续了很长一段时间，通常是几十年或更长时间。气候变化可能是由于自然内部过程或外部的强制作用，如太阳周期的调节、火山爆发和大气成分或土地利用方面持续的人为变化（IPCC，AR5）。《联合国气候变化框架公约》第1条将气候变化定义为："在可比时期内观测到的自然气候变率之外，直接或间接归因于改变全球大气成分的人类活动的气候变化。"

气候变化适应：适应实际或预期的气候及其影响的过程。在人类系统中，适应旨在缓和或避免伤害或利用有利的机会。在一些自然系统中，人类干预可促进对预期气候及其影响的调整（IPCC，AR5）。

气候恢复力：社会、经济和环境系统应对当前或预期的气候多变性以及平均气候条件改变，通过自我调节或自我修复来保持其基本功能、特征和结构稳定以及适应、学习和转变功能的能力（IPC，AR5）。

气候变率：除个别天气事件外，所有空间和时间尺度上气候的平均状态和其他统计数据（标准偏差、极端事件的发生等）的变化。变化率可能是由于气候系统内的自然内部过程（内部变化率）或自然或人为外部强迫的变化（外部变化率）所致。

气候灾害：由长期的中尺度到宏观大气过程引起的灾害，范围从季节内到几十年的气候变率（EM-DAT CRED，2017）。

冲突：内乱、政权更迭、国家间冲突、内战等。

损害：受灾地区有形资产和基础设施的全部或部分破坏的货币价值，以替换（修复）费用表示。在农业部门，损害被认为与现有作物、农业机械、灌溉系统、牲畜收容所、渔船、围栏和池塘等有关（欧盟、发展集团和世界银行，2013年；UNDRR术语表；FAO，2017b）。

应对能力：个人、组织和系统利用现有技能和资源管理不利条件、风险或灾害的能力。应对能力需要在正常时期以及在灾害或不利条件下保持持续的认识、资源和良好的管理。应对能力有助于减少灾害风险（UNDRR术语表）。

膳食能量摄入：所消耗食物的能量含量（FAO等，SOFI 2020）。

灾难：由于与暴露、脆弱性和能力条件相互作用的危险事件，社区或社会的功能被严重破坏，导致以下一种或多种：人员、物质、经济和环境损失和影响（UNDRR术语表）。

减少灾害风险：灾害风险管理的政策目标。减灾战略和计划旨在预防新的和减少现有的灾害风险，并管理剩余风险，所有这些都有助于增强复原力和促进实现可持续发展（减灾战略和计划）。

预警系统：灾害监测、预测和预告、灾害风险评估、通信和准备活动系统和流程的综合系统，使个人、社区、政府、企业和其他方面能够及时采取行动，在危险事件发生之前减少灾害风险（UNDRR术语表）。

极端事件（极端天气事件或极端气候事件）：一年中在特定地点和时间发生的罕见事件。“罕见”的定义各不相同，但极端天气事件通常与观测估计的概率密度函数的10%或90%一样罕见或更罕见。根据定义，极端天气的特征可能因地而异。当一种极端天气模式持续一个季节或更长时间时，它可能被列为极端气候事件，特别是如果它产生的平均值或总数本身就是极端的（例如，一个季节的干旱或强降雨）（IPCC，AR5）。

食物链：食物种植、生产、销售和最终消费的一系列过程。

食物链危机：人类食物链面临的威胁，如跨界植物、森林、动物、水生和人畜共患病虫害、食品安全事件、放射性和核紧急情况、大坝决口、工业污染、石油泄漏等。这些问题有可能对粮食安全、生计、人类健康、国家经济和全球市场产生重大影响（FAO，2017d）。

粮食不安全：指人们无法获得足够数量的安全和有营养的食物，以维持正常生长和发育以及积极和健康的生活。它可能是由于无法获得粮食、购买力不足、分配不当或在家庭一级不充分使用粮食造成的。粮食不安全、健康和卫生条件差以及护理和喂养做法不当是造成营养状况不佳的主要原因。粮食不安全可能是慢性的、季节性的或暂时性的（FAO等，SOFI 2018）

粮食安全：指所有人在任何时候都能从物质、社会和经济上获得充足、安全和有营养的食物，满足其积极健康生活的饮食需求和食物偏好。根据这一定义，可以确定粮食安全的四个方面：粮食供应、粮食的经济和实物获取、粮食利用和长期稳定性（FAO等，SOFI 2020）。

粮食体系：涉及粮食产品的生产、聚合、加工、分配、消费和处置的所有行为者及其相互关联的增值活动。粮食体系包括来自作物和牲畜生产、林业、渔业和水产养殖的所有粮食产品，以及这些不同生产系统所处的更广泛的经济、社会和自然环境（FAO等，SOFI 2020）。

地球物理灾害：源于地球内部的过程。例如地震、火山活动和喷发，以及相关的地球物理过程，如质量运动、滑坡、地表塌陷和碎屑或泥石流。水力和气象因素是其中一些过程的重要因素。海啸很难分类，尽管它们是由海底地震和其他地质事件引发的，但它们本质上是一种海洋过程，表现为与沿海水域有关的危险（UNDRR术语表）。

危害：可能造成生命损失、伤害或其他健康影响、财产损失、社会和经济破坏或环境退化的过程、现象或人类活动。危险可能是自然的、人为的或社会自然的。自然灾害主要与自然过程和现象有关（UNDRR术语表）。

饥饿：由于膳食能量不足而引起的不舒服或疼痛的身体感觉（FAO等，SOFI 2020）。

水文灾害：由地表和地下淡水和盐水的活动、移动和分布引起的灾害（EM-DAT CRED，2017）。

损失：由于灾难而引发的经济流动的变化。在农业方面，损失可能包括作物产量下降、畜牧产品收入下降、投入价格上涨、农业总收入减少、运营成本上升以及为满足灾后即时需求而增加的意外支出（European Union等，2013；UNDRR术语表；FAO，2017b）。

营养不良：由于宏量营养素（微量营养素）摄入不足、不平衡或过量而引起的异常生理状况。营养不良包括营养不足（儿童发育迟缓、消瘦、维生素和矿物质缺乏）以及超重和肥胖（FAO等，SOFI 2020）。

气象灾害：由短期、小到中尺度大气过程引起的事件（范围从分钟到天）（EM-DAT CRED，2017）。

微量营养素：人体所需的维生素、矿物质和其他物质，数量非常少但具体；计量单位为毫克或微克（FAO等，SOFI 2020）。

移民：一个人或一群人跨越国际边界或在一个国家内的移动。它是一种人口流动，包括任何种类的人口流动，不论其距离、组成和原因。它包括难民、流离失所者、经济移民以及因为家庭团聚等其他目的而迁移的人（IOM，2017）。

（气候变化的）缓解：减少温室气体的来源或增加吸收源导致气候变化的人为干预（IPCC，AR5）。

（灾害风险和灾害的）减轻：通过减少危险、暴露和脆弱性的行动，减轻危险事件（包括人为事件）的潜在不利影响（UNDRR术语表）。

备灾：政府、应急和恢复组织、社区和个人为有效预测、应对可能发生的、即将发生的或正在发生的灾难并从其影响中恢复而开发的知识和能力（UNDRR术语表）。

预防：避免现有和新的灾害风险的活动和措施。防灾表达了完全避免危险事件的潜在不利影响的概念和意图（UNDRR术语表）。

推测：一个数量或一组数量未来可能的演变，通常借助模型计算。与预测不同，推测是有条件的假设，未来社会经济和技术发展可能实现，也可能不实现（IPCC，AR5）。

持久危机：在这种环境中，相当一部分人口在很长一段时间内极易受到死亡、疾病和生计中断的影响。对这种环境的治理通常非常薄弱，国家应对或减轻危机对人口的威胁或提供足够保护的能力有限（FAO等，SOFI 2010）。

重建：根据可持续发展和“重建得更好”的原则，对受灾害影响的社区或社会的全面运作所需的具有复原力的关键基础设施、服务、住房、设施和生计进行中长期重建和可持续恢复，以避免或减少未来的灾害风险（联合国减灾基金的减灾学）。

恢复：恢复或改善受灾害影响的社区或社会的生计和健康，以及经济、物质、社会、文化和环境资产、系统和活动，符合可持续发展和“更好地重建”的原则，以避免或减少未来的灾害风险。

重新运转：恢复受灾害影响的社区或社会的基本服务和设施的运作（UNDRR术语表）。

复原力：暴露于灾害的系统、社区或社会及时有效地抵御、吸收、适应、转变和从灾害影响中恢复的能力，包括通过风险管理保护和恢复其基本结构和功能（UNDRR术语表）。

应对：在灾害发生之前、期间或之后立即采取的行动，以挽救生命、减少健康影响、确保公共安全并满足受灾人民的基本生存需要（UNDRR术语表）。

风险：一个系统、社会或社区在特定时期内可能发生的潜在的生命损失、伤害或毁坏或损坏的资产，由危险、暴露、脆弱性和能力的概率函数确定。灾害风险的定义反映了危险事件和灾害作为持续存在的风险条件的结果的概念（UNDRR术语表）。

严重粮食不安全：根据粮食不安全体验量表（FAO等，SOFI 2020），粮食不安全的严重程度，即人们可能耗尽食物，经历饥饿，在最极端的情况下，几天不进食，其健康和福祉面临严重风险。

脆弱性：由物质、社会、经济和环境因素或过程决定的条件，它增加了个人、社区、资产或系统对灾害影响的易感性（UNDRR术语表）。

# 参考文献 REFERENCES

## 数据库和在线资源


**BFD, 2021.** Bangladesh Forest Information System. In: *Bangladesh Forest Department* [online]. Updated as at 18 January 2021. http://bfis.bforest.gov.bd/bfis/.

**CRED, 2021.** International Disaster Database - EM-DAT CRED. In: *EM-DAT* [online]. Brussels. Updated as at 18 January 2021. http://www.emdat.be/database.

**ESA, 2021.** European Space Agency Climate Change Initiative: Land Cover. In: *ESA Landcover* [online]. Paris. Updated as at 18 January 2021. https://www.esa-landcover-cci.org/.

**ESRI, 2021.** ArcGIS Solutions for Emergency Management. In: *ArcGIS Solutions* [online]. Redlands, USA. Updated as at 18 January 2021. http://solutions.arcgis.com/emergency-management/response.

**European Commission,** 2021. Copernicus Emergency Management Service – CEMS. In: *Copernicus CEMS* [online]. Brussels. Updated as at 18 January 2021. https://emergency.copernicus.eu/.

**FAO, 2021.** Agricultural Integrated Survey Programme - AGRISurvey. In: *FAO* [online]. Rome. Updated as at 18 January 2021. http://www.fao.org/in-action/agrisurvey/en/.

**FAO, 2021.** CountrySTAT. In: *FAO* [online]. Rome. Updated as at 18 January 2021. http://www.fao.org/in-action/countrystat/en/.

**FAO, 2021.** Collect Earth Online. In: *Open Foris* [online]. Rome. Updated as at 18 January 2021. http://www.openforis.org/tools/collect-earth-online.html.

**FAO, 2021.** Global Information and Early Warning System – GIEWS. In: *FAO* [online]. Rome. Updated as at 18 January 2021. www.fao.org/giews/english/index.htm.

**FAO, 2021.** FAO Locust Hub. In: *FAO* [online]. Rome. Updated as at 18 January 2021. https://locust-hub-hqfao.hub.arcgis.com/.

**FAO, 2021.** FAO Hand-in-Hand Geospatial Platform. In: *FAO* [online]. Rome. Updated as at 18 January 2021. http://www.fao.org/hand-in-hand.

**FAO, 2021.** FAOSTAT. In: *FAO* [online]. Rome. Updated as at 18 January 2021. http://www.fao.org/faostat/en/.

**GDIN, 2021.** Global Disaster Information Network – GDIN. In: *GDIN* [online]. Washington, DC.

Updated as at 18 January 2021. www.gdin.org.

**GFDRR, 2021.** Global Facility for Disaster Reduction and Recovery – Online Utilities. In: *GFDRR* [online]. Washington, DC. Updated as at 18 January 2021. https://www.gfdrr.org/en/onlineutilities.

**GFDRR, 2021.** GFDRR Post Disaster Needs Assessments. In: *GFDRR* [online]. Washington, DC. Updated as at 18 January 2021. https://www.gfdrr.org/en/post-disaster-needs-assessments.

**GFDRR, 2021.** GFDRR Post Disaster Needs Assessments (PDNAs) and Rapid Assessments. In: *GFDRR* [online]. Washington, DC. Updated as at 18 January 2021. https://www.gfdrr.org/en/publication/pdnas-and-rapid-assessments.

**HOT, 2021.** Humanitarian OpenStreetMap Team – Tools and Data. In: *Hot* [online]. Washington, DC. Updated as at 18 January 2021. https://www.hotosm.org/.

**ILO, 2021.** ILOSTAT. In: *ILO* [online]. Geneva. Updated as at 18 January 2021. https://ilostat.ilo.org/data/.

**NBS, 2021.** National Bureau of Statistics of China – Data. In: *stats.gov.cn* [online]. Beijing. Updated as at 18 January 2021. http://www.stats.gov.cn/english/.

**OIE, 2021.** OIE WAHIS Portal: Animal Health Data. In: *OIE* [online]. Paris. Updated as at 18 January 2021. https://www.oie.int/en/animal-health-in-the-world/wahis-portal-animal-health-data/.

**OCHA, 2021.** UN OCHA Services: Humanitarian Response. In: *OCHA* [online]. New York, USA. Updated as at 18 January 2021. https://www.humanitarianresponse.info.

**Pig333, 2021.** Professional Pig Community. In: *Pig333* [online]. Barcelona, Spain. Updated as at 18 January 2021. https://pig333.com/.

**UNDRR, 2021.** Sendai Framework Monitor. In: *UNDRR* [online]. Geneva, Switzerland. Updated as at 18 January 2021. https://sendaimonitor.undrr.org/.

**UNDP, 2021.** UNDP Human Development Reports. In: *UNDP* [online]. New York, USA Updated as at 18 January 2021. http://hdr.undp.org/en/countries/profiles/MDG.

**UNDRR, 2021.** UNDRR Terminology. In: *UNDRR* [online]. Geneva, Switzerland. Updated as at 18 January 2021. https://www.undrr.org/terminology#V.

**USDA, 2021.** USDA National Nutrient Database for Standard Reference. In: *USDA* [online]. Updated as at 18 January 2021. https://data.nal.usda.gov/dataset/usda-national-nutrient-database-standard-reference-legacy-release.

**USGS, 2021.** U.S. Geological Survey (USGS) Emergency Operations Portal. In: *USGSG* [online]. Updated as at 18 January 2021. https://hdds.usgs.gov.

**WHO, 2021.** WHO Global Health Observatory. In: *WHO* [online]. Geneva, Switzerland. Updated as at 18 January 2021. https://www.who.int/data/gho/.

**World Bank, 2021.** World Bank World Development Indicators. In: *World Bank* [online]. Washington, DC. Updated as at 18 January 2021. https://datacatalog.worldbank.org/dataset/world-development-indicators.

## 框架协议

**COP19, 2013.** *Warsaw International Mechanism for Loss and Damage (Decision 2/CP.19).* 3 pp. (available at https://unfccc.int/sites/default/files/resource/docs/2013/cop19/eng/10a01.pdf).

**COP21, 2015.** *Adoption of the Paris Agreement, FCCC/CP/2015/L.9.Rev.1.* 32 pp. (available at https://undocs.org/en/FCCC/CP/2015/L.9/Rev.1).

**CRED & UNDRR, 2020.** *The human cost of disasters: an overview of the last 20 years (2000–2019).* Geneva, Switzerland. 30 pp. [Cited 30 December 2020]. (available at https://reliefweb.int/report/world/human-cost-disasters-overview-last-20-years-2000-2019).

**UN, 2015.** *Transforming our world: the 2030 Agenda for Sustainable Development* (A/RES/70/1). 35 pp. (available at https://www.un.org/ga/search/view_doc.asp?symbol=A/RES/70/1&Lang=E).

**UN, 2016.** *Report of the Secretary-General for the World Humanitarian Summit (A/70/709). One humanity: shared responsibility (a.k.a. Agenda for Humanity).* 62 pp. (available at https://agendaforhumanity.org/sites/default/files/resources/2019/Jun/[A-70-709]%20Secretary-General's%20Report%20for%20WHS_0.pdf).

**UN, 2020.** *Comprehensive and coordinated response to the coronavirus disease (COVID-19) pandemic (A/74/L.92).* 14 pp. (available at https://undocs.org/A/74/L.92).

**UNDRR, 2015.** *Sendai Framework for Disaster Risk Reduction 2015–2030 (A/RES/70/1).* 37 pp. (available at https://www.preventionweb.net/files/43291_sendaiframeworkfordrren.pdf).

**UNFCCC, 2015.** *The Paris Agreement.* 27 pp. (available at https://unfccc.int/files/essential_background/convention/application/pdf/english_paris_agreement.pdf).

## 出版物和文献

**Abatzoglou J T & Williams A P, 2016.** "Impact of anthropogenic climate change on wildfire across western US forests." *Proceedings of the National Academy of Sciences of the United States of America (PNAS)*113(4): 11770–11775. (available at https://www.pnas.org/content/113/42/11770).

**Aon, 2019.** *Weather, Climate & Catastrophe Insight. 2019 Annual Report.* 83 pp. (available at http://thoughtleadership.aon.com/Documents/20200122-if-natcat2020.pdf?utm_

source=ceros&utm_medium=storypage&utm_campaign=natcat20).

**Aublet K, 2011.** *Évaluation de l'impact de la recrudescence acridienne sur les cultures et les pâturages. Campagne de lutte antiacridienne 2010–2011. Mission du 5 au 18 Juin 2011. Technical report for project "Emergency Assistance to Locust Control in Madagascar" (OSRO/MAG/004/USA).* Rome, FAO. 46 pp.

**Bardhan D, Kumar S, Anandsekaran G, et al., 2017.** "The economic impact of peste des petits ruminants in India." *Revue scientifique et technique (International Office of Epizootics)* 36(1): 245–263. (available at https://pdfs.semanticscholar.org/01fa/a803220c19cf2395696dcf566c33eb0c0965.pdf).

**Benkhelifa I, Nouali-Taboudjemat N, Moussaoui S, 2014.** "Disaster Management Projects using Wireless Sensor Networks: An Overview." In *28th International Conference on Advanced Information Networking and Applications Workshops.* Victoria, British Colombia, Canada: Institute of Electrical and Electronics Engineers, pp. 605–610. (available at https://ieeexplore.ieee.org/document/6844704/citations#citations).

**Borges M, Hastings F, Rizzo G, et al., 2020.** *Evaluación de los impactos del cambio climático en la agricultura en Uruguay.* Rome, FAO. (available at https://doi.org/10.4060/ca7134es).

**Bowman D M J S, Williamson G J, Abatzoglou J T, et al., 2017.** "Human exposure and sensitivity to globally extreme wildfire events." *Nature Ecology & Evolution* 1: 1–6. (available at https://www.nature.com/articles/s41559-016-0058#citeas).

**Brainard R E, Oliver T, McPhaden M J, et al., 2018.** "Ecological impacts of the 2015–2016 El Niño in the central equatorial Pacific." *Bulletin of the American Meteorological Society* (BAMS) 99: 21–26. (available at http://www.ametsoc.net/eee/2016/ch5.pdf).

**Burger M, Horton R & Wentz J, 2020.** "The Law and Science of Climate Change Attribution." *Columbia Journal of Environmental Law* 45(1): 60–80. (available at https://journals.library.columbia.edu/index.php/cjel/article/view/4730/2118)

**Carnegie A J, Venn T, Lawson S, et al., 2018.** "An analysis of pest risk and potential economic impact of pine wilt disease to Pinus plantations in Australia." *Australian Forestry* 81: 24–36. (available at https://www.tandfonline.com/doi/abs/10.1080/00049158.2018.1440467).

**CEPAL, 1991.** *Manual para la estimación de los efectos socioeconómicos de los desastres naturales.* Santiago, Chile.364 pp. (available at https://repositorio.cepal.org/handle/11362/31185).

**CEPAL, 2012.** *Valoración de daños y pérdidas. Ola invernal en Colombia 2010–2011.* Bogotá, Colombia. 240 pp. (available at http://www.minambiente.gov.co/images/cambioclimatico/pdf/Plan_nacional_de_adaptacion/3._Da%C3%B1os_y_p%C3%A9rdidas_ola_invernal.pdf).

**Conforti P, Markova G & Tochkov D, 2020.** "FAO's Methodology for Damage and Loss Assessment in Agriculture." *FAO Statistics Division Working Paper Series/19–17.* Rome, FAO.

42 pp. (available at http://www.fao.org/3/ca6990en/CA6990EN.pdf).

**CRED & UNDRR N d.** *The Human Cost of Disasters: an overview of the last 20 years (2000–2019).* 32 pp. (available at https://www.undrr.org/sites/default/files/inline-files/Human%20Cost%20of%20Disasters%202000-2019%20FINAL.pdf).

**Denslow J S, 2002.** "Invasive alien woody species in Pacific island forests." *Unasylva* 209: 62–63. (available at http://www.fao.org/tempref/docrep/fao/004/y3582e/y3582e11.pdf).

**Doxoran P, Bustamante J, Dogliotti A I, et al., 2019.** S*pecial Issue: Remote Sensing in Coastal Zone Monitoring and Management – How Can Remote Sensing Challenge the Broad Spectrum of Temporal and Spatial Scales in Coastal Zone Dynamic* [online]. Basel, Switzerland. [Cited 30 December 2020]. https://www.mdpi.com/journal/remotesensing/special_issues/Coastal_Zone_rs.

**Duranton J-F & Lecoq M, 1990.** *Le Criquet Pèlerin au Sahel. Collection Acridologie Opérationnelle n. 6.* Montpellier, France, CIRAD. 84 pp. (available at http://locust.cirad.fr/ouvrages_pratiques/pdf/DFPV6.pdf).

**Duranton J-F, Franc A, Luong-Skovmand M H & Rachadi T, 2009.** *Manuel de lutte préventive antiacridienne à Madagascar à l'usage des prospecteurs.* Montpellier, France, CIRAD. 307 pp. (available at http://publications.cirad.fr/une_notice.php?dk=551454).

**Dwinell L D & Nickle W R.** *An Overview of the Pine Wood Nematode Ban in North America.* Gen. Tech. Rep. SE-55, Asheville, USA, US Department of Agriculture, Forest Service, Southeaster Forest Experiment Station. 13 pp. (available at https://www.fs.usda.gov/treesearch/pubs/857).

**Eckstein D, Künzel V, Schäfer L & Winges M, 2019.** *Global Climate Risk Index 2020. Who suffers most from extreme weather events? Weather-related loss events in 2018 and 1999 to 2018.* Bonn, Germany, Germanwatch. 44 pp. (available at https://germanwatch.org/sites/germanwatch.org/files/20-2-01e%20Global%20Climate%20Risk%20Index%202020_14.pdf).

**European Union, UNDG & World Bank, 2013.** *Post-Disaster Needs Assessments. Volume A. Guidelines.* 26 pp. (available at https://www.gfdrr.org/sites/gfdrr/files/PDNA-Volume-A.pdf).

**European Union, UNDG & World Bank, 2014.** *Agriculture, Livestock, Fisheries and Forestry. PDNA Guidelines Volume B.* 49 pp. (available at http://documents1.worldbank.org/curated/en/341131493098412619/pdf/114518-WP-PUBLIC-ADD-SERIES-pdna-guidelines-vol-b-agriculture-livestock-fisheries-forestry-0.pdf).

**FAO, 2002.** "Main Aquatic Weed Problems in Africa." In *Management of Problematic Aquatic Weeds in Africa* [online]. [Cited 30 December 2020]. http://www.fao.org/3/y4270e/y4270e03.htm.

**FAO, 2006.** *Towards a More Effective Response to Desert Locusts and their Impacts on Food Security, Livelihoods and Poverty. Multilateral Evaluation of the 2003–05 Desert Locust*

*Campaign*. Rome. 96 pp. (available at http://www.fao.org/ag/locusts/common/ecg/1913/en/DesertLocustEvalReportE.pdf).

**FAO, 2008.** Climate-related transboundary pests and diseases. Technical background document from the expert consultation held on 25 to 27 February 2008. Rome. 59 pp. (available at http://www.fao.org/3/a-ai785e.pdf).

**FAO, 2011.** *FAO Animal Production and Health Guidelines n. 11: Good Emergency Management Practice: The Essentials*. Rome. 131 pp. (available at http://www.fao.org/3/a-ba0137e.pdf).

**FAO, 2013.** *Réponse à l'invasion acridienne. Programme – Campagne n° 1 2013/2014*. 34 pp. (available at http://www.fao.org/fileadmin/user_upload/emergencies/docs/Madagascar_FAO_Programme_Campagne_No1_2013-2014.pdf).

**FAO, 2015a.** *Réponse à l'invasion acridienne. Programme – Campagne n° 2 2014/2015*. 51 pp. (available at http://www.fao.org/3/a-bl262f.pdf).

**FAO, 2015b.** *Réponse à l'invasion acridienne. Programme – Campagne n° 3 Septembre 2015 à juin 2016*. (available at http://www.fao.org/resilience/resources/ressources-detail/fr/c/345294/).

**FAO, 2016a.** *FAO Animal Production and Health Guidelines n. 18: Economic analysis of animal diseases*. Rome. 94 pp. (available at http://www.fao.org/3/a-i5512e.pdf).

**FAO, 2016b.** *FCC–Empres Information Sheet 11: FAO and OIE to Eradicate the Small Ruminants Plague: Peste des Petits Ruminants*. Rome. 2 pp. (available at http://www.fao.org/3/a-i6566e.pdf).

**FAO, 2016c.** "Notes on an Information System on Damage and Losses from Disasters on Crops, Livestock, Fisheries and Forestry. A Strategic Programme 5 – Resilience Initiative." *FAO Statistics Division Working Paper Series ESS/11–16*. Rome, FAO. 29 pp. (available at http://www.fao.org/3/i5659e/i5659e.pdf).

**FAO, 2017a.** *Averting Risks to the Food Chain. A compendium of proven emergency prevention methods and tools*. Rome. 108 pp. (available at http://www.fao.org/3/b-i6538e.pdf).

**FAO, 2017b.** *Counting the Cost: Agriculture in Syria after Six Years of Crisis*. Rome. 20 pp. (available at http://www.fao.org/3/b-i7081e.pdf).

**FAO, 2017c.** *Handbook on remote sensing for agricultural statistics*. Rome. 287 pp. (available at http://www.fao.org/3/ca6394en/ca6394en.pdf).

**FAO, 2017d.** *Strategic work of FAO to Increase the Resilience of Livelihoods*. Rome. 28 pp. (available at http://www.fao.org/3/a-i6463e.pdf).

**FAO, 2018a.** *The Global Foot and Mouth Disease Control Strategy*. Rome. 2 pp. (available at http://www.fao.org/3/i9857en/I9857EN.PDF).

**FAO, 2018b.** *The impact of disasters and crises on agriculture and food security*. Rome. 168 pp.

(available at http://www.fao.org/3/I8656EN/i8656en.pdf).

**FAO, 2018c.** *The State of the World's Forests. Forest Pathways to Sustainable Development.* Rome. 139 pp. (available at http://www.fao.org/3/i9535en/i9535en.pdf).

**FAO, 2019a.** *Disaster risk reduction at farm level: Multiple benefits no regrets.* Rome. 160 pp. (available at http://www.fao.org/publications/card/en/c/CA4429EN/).

**FAO, 2019b.** *Forests for resilience to natural, climate and human-induced disasters and crises* [online]. [Cited 30 December 2020]. 6 pp. (http://www.fao.org/3/ca6920en/CA6920EN.pdf).

**FAO, 2019c.** *H5N8 HPAI Global Situation Update* [online]. [Cited 30 December 2020]. http://www.fao.org/ag/againfo/programmes/en/empres/H5N8/situation_update.html.

**FAO, 2019d.** *The State of Food and Agriculture. Moving Forward on Food Loss and Waste Reduction.* Rome. 182 pp. (available at http://www.fao.org/3/ca6030en/ca6030en.pdf).

**FAO, 2020a.** *Coronavirus disease 2019 (COVID-19). Addressing the impacts of COVID-19 in food crises (April–December 2020) – May update.* Rome. 20 pp. (available at http://www.fao.org/in-action/kore/publications/publications-details/en/c/1276175/).

**FAO, 2020b.** *COVID-19: Channels of transmission to food and agriculture.* Rome. 44 pp. (available at http://www.fao.org/documents/card/en/c/ca8430en/).

**FAO, 2020c.** *Fisheries Emergency Rapid Assessment Tool* (FERAT). Rome. 74 pp. (available at http://www.fao.org/documents/card/en/c/ca8261en).

**FAO, 2020d.** *Global Forest Resource Assessment 2020.* Rome. 184 pp. (available at http://www.fao.org/documents/card/en/c/ca9825en).

**FAO, 2020e.** *Rapid Assessment of Food and Nutrition Security in the context of COVID-19 in Bangladesh, May 2020.* 19 pp. (available at https://fscluster.org/sites/default/files/documents/fao_bangladesh_covid-19_rapid_assessment_report_09-05-2020_final13may2020.pdf).

**FAO, 2020f.** *The State of World Fisheries and Aquaculture 2020. Sustainability in Action.* Rome. 244 pp. (available at http://www.fao.org/3/ca9229en/CA9229EN.pdf).

**FAO & IOM, 2007** *Assessment of fuel wood supply and demand in displacement settings and surrounding areas in Cox's Bazar District (revised).* 96 pp. (available at https://fscluster.org/rohingya_crisis/document/assessment-fuel-wood-supply-and-demand).

**FAO & UNEP, 2020.** *The State of the World's Forests 2020. Forests, biodiversity and people.* Rome. 214 pp. (available at http://www.fao.org/3/ca8642en/ca8642en.pdf).

**FAO & WFP, 2010.** *The State of Food Security and Nutrition in the World. Addressing food insecurity in protracted crises.* Rome. 62 pp. (available at http://www.fao.org/3/a-i1683e.pdf).

**FAO & WFP, 2013.** *Rapport spécial – Mission FAO/PAM d'évaluation de la sécurité alimentaire à Madagascar.* 75 pp. (available at http://www.fao.org/3/a-aq115f.pdf).

**FAO & WFP, 2014.** *Rapport spécial – mission FAO/PAM d'évaluation de la sécurité alimentaire à Madagascar.* 71 p. (available at http://www.fao.org/3/a-I4111f.pdf).

**FAO & WFP, 2015.** *Rapport spécial – mission FAO/PAM d'évaluation de la sécurité alimentaire à Madagascar.* 77 pp. (available at http://www.fao.org/3/a-i5082f.pdf).

**FAO & WFP, 2016.** *Rapport spécial – mission FAO/PAM d'évaluation de la sécurité alimentaire à Madagascar.* 94 pp. (available at http://www.fao.org/3/a-i6335f.pdf).

**FAO & WHO, 2016.** *UN Decade of Action on Nutrition (2016–2025)* [online]. [Cited 30 December 2020]. http://www.fao.org/3/a-i6130e.pdf.

**FAO, IFAD, UNICEF, WFP & WHO, 2018.** *The State of Food Security and Nutrition in the World. Building Climate Resilience for Food Security and Nutrition.* Rome. 202 pp. (available at http://www.fao.org/3/i9553en/i9553en.pdf).

**FAO, IFAD, UNICEF, WFP & WHO, 2019.** *The State of Food Security and Nutrition in the World. Safeguarding Against Economic Slowdowns and Downturns.* Rome. 239 pp. (available at http://www.fao.org/3/ca5162en/ca5162en.pdf).

**FAO, IFAD, UNICEF, WFP & WHO, 2020.** *The State of Food Security and Nutrition in the World. Transforming Food Systems for Affordable Healthy Diets.* Rome. 320 pp. (available at http://www.fao.org/3/ca9692en/CA9692EN.pdf).

**FAO Regional Conference for Europe, 2020.** *FAO's Hand-in-Hand Initiative: a New Approach (ERC/20/12 Rev. 1).* 14 pp. (available at http://www.fao.org/3/nc347en/nc347en.pdf).

**Gall M, 2015.** "The suitability of disaster loss databases to measure loss and damage from climate change." *International Journal of Global Warming* 8(2): 170-190. (available at https://www.researchgate.net/publication/273451486_The_suitability_of_disaster_loss_databases_to_measure_loss_and_damage_from_climate_change).

**GFDRR, 2020.** *Natural disaster challenges in China: key trends and insights* [online]. [Cited 30 December 2020]. https://www.gfdrr.org/en/feature-story/natural-disaster-challenges-china-key-trends-and-insights.

**GNAFC & FSIN, 2020.** *Global Report on Food Crises 2020.* 240 pp. (available at https://www.fsinplatform.org/sites/default/files/resources/files/GRFC_2020_ONLINE_200420.pdf).

**Grossi G, Goglio P, Vitali A & Williams A G, 2019.** "Livestock and climate change: impact of livestock on climate and mitigation strategies." *Animal Frontiers* 9: 69–76. (available at http://www.fao.org/3/a-i6345e.pdf).

**Helms J A, 1998.** *The Dictionary of Forestry.* Bethesda, USA, CAB & the Society of American Foresters. 210 pp.

**Hirata A, Nakamura K, Nakao K, et al., 2017.** "Potential distribution of pine wilt disease under future climate change scenarios." *PLoS One* 12(8): e0182837. (available at https://journals.plos.

org/plosone/article?id=10.1371/journal.pone.0182837).

**Hussain M, Irshad H & Khan M Q, 2008.** "Laboratory Diagnosis of Transboundary Animal Diseases in Pakistan." *Transboundary and Emerging Diseases* 55(5–6): 190–195. (available at https://www.researchgate.net/publication/23137381_Laboratory_Diagnosis_of_Transboundary_Animal_Diseases_in_Pakistan).

**IACG, 2019.** *No Time to Wait: Securing the Future from Drug-Resistant Infections. Report to the Secretary-General of the United Nations April 2019.* 28 pp. (available at https://www.who.int/antimicrobial-resistance/interagency-coordination-group/IACG_final_report_EN.pdf).

**Iizumi T, Shiogama H, Imada Y, et al., 2018.** "Crop production losses associated with anthropogenic climate change for 1981–2010 compared with preindustrial levels." *International Journal of Climatology* 38: 5405–5417. (available at https://rmets.onlinelibrary.wiley.com/doi/10.1002/joc.5818).

**ILO, FAO, IFAD & WHO, 2020.** *Joint statement 13 October 2020: Impact of COVID-19 on people's livelihoods, their health and our food systems* [online]. [Cited 30 December 2020]. http://www.fao.org/news/story/en/item/1313598/icode/.

**INSTAT Madagascar, 2013.** *Enquête Nationale sur le Suivi des Objectifs du Millénnaire pour le Développement à Madagascar. Résumé des rapports sur l'ensomid 2012–2013.* 64 pp. (available at https://madagascar.unfpa.org/sites/default/files/pub-pdf/OMD_Resume.pdf).

**IPCC, 2012.** *Managing the Risks of Extreme Events and Disasters to Advance Climate Change Adaptation.* New York, USA, Cambridge University Press. 594 pp. (available at https://www.ipcc.ch/site/assets/uploads/2018/03/SREX_Full_Report-1.pdf).

**IPCC, 2014**. *Fifth Assessment Report (AR5) – Climate Change 2014: Synthesis Report.* Geneva, Switzerland. 169 pp. (available at https://www.ipcc.ch/site/assets/uploads/2018/05/SYR_AR5_FINAL_full_wcover.pdf).

**IPCC, 2018.** *Global Warming of 1.5 C. An IPCC Special Report on the impacts of global warming of 1.5°C above pre-industrial levels and related global greenhouse gas emission pathways, in the context of strengthening the global response to the threat of climate change, sustainable development, and efforts to eradicate poverty.* Geneva, Switzerland. 138 pp. (available at https://www.ipcc.ch/sr15/chapter/chapter-3/).

**IPCC, 2019.** *Special Report on the Ocean and Cryosphere in a Changing Climate.* Geneva, Switzerland. 1189 pp. (available at https://www.ipcc.ch/srocc/).

**IUCN, 2012.** *Guide to some invasive plants affecting Lake Tanganyika.* Nairobi. 64 pp. (available at http://www.invasep.eu/invasep_eng/Invasive%20plant%20from%20Tanganika%20Lake%202012-048.pdf).

**James R A, Jones R G, Boyd E, et al., 2019.** "Attribution: How Is It Relevant for Loss and

Damage Policy and Practice?" Mechler. R., *et al.*, eds. *Loss and Damage from Climate Change: Concepts, Methods and Policy Options*, pp. 113–154. Cham, Switzerland. (available at https://link.springer.com/chapter/10.1007/978-3-319-72026-5_5).

**Jézéquel A, Dépoues V Guillemot H, Trolliet M, et al., 2018.** "Behind the veil of extreme event attribution." *Climatic Change* 149 (2018): 367–383. (available at https://link.springer.com/article/10.1007/s10584-018-2252-9).

**Jha R K, Singh A, Tewari A, et al., 2015.** "Performance Analysis of Disaster Management using WSN technology." *Procedia Computer Science* 49: 162–169. (available at https://www.sciencedirect.com/science/article/pii/S1877050915007498).

**Kawase H, Imada Y, Tsuguti H, et al., 2020.** "The heavy rain event of July 2018 in Japan enhanced by historical warming." In *Explaining Extreme Events of 2018 from a Climate Perspective. Special Supplement to the Bulletin of the American Meteorological Society,* vol. 101(1), S109–S114. (available at https://journals.ametsoc.org/bams/article/101/1/S1/346398/Explaining-Extreme-Events-of-2018-from-a-Climate).

**Khomenko S, Abolnik C, Roberts L, et al., 2018.** "2016–2018 Spread of H5N8 highly pathogenic avian influenza (HPAI) in sub-Saharan Africa: epidemiological and ecological observations." *Focus On* n. 12. Rome, FAO. 20 pp. (available at http://www.fao.org/3/ca1209en/CA1209EN.pdf).

**Kim W, Iizumi T & Nishimori M, 2019.** "Global Patterns of Crop Production Losses Associated with Droughts from 1983 to 2009." *Journal of Applied Meteorology and Climatology* 58(6): 1233–1244. (available at https://doi.org/10.1175/JAMC-D-18-0174.1).

**Kirchmeier-Young M C, Gillett N P, Zwiers F W, et al., 2019.** "Attribution of the Influence of Human-Induced Climate Change on an Extreme Fire Season." *Earth's Future* 7(1): 2–10. (available at https://doi.org/10.1029/2018EF001050).

**Knutson T, Kossin J, Mears C, et al., 2017.** "Detection and attribution of climate change." In: *Climate Science Special Report: A Sustained Assessment Activity of the U.S. Global Change Research Program.* Wuebbles, D.J. *et al.*, eds. Washington, DC, U.S. Global Change Research Program, pp. 162–185. (available at https://digitalcommons.unl.edu/usdeptcommercepub/590/).

**Latchininsky A V, 2013.** "Locusts and remote sensing: a review." *Journal of Applied Remote Sensing* 7(1): 075099. (available at https://www.spiedigitallibrary.org/journals/journal-of-applied-remote-sensing/volume-7/issue-01/075099/Locusts-and-remote-sensing-a-review/10.1117/1.JRS.7.075099.full?SSO=1).

**Lecoq M, 2001.** "Recent progress in Desert and Migratory Locust management in Africa. Are preventative actions possible?" *Journal of Orthoptera Research* 10(2): 277–291. (available at https://www.researchgate.net/publication/232689583_Recent_progress_in_Desert_and_Migratory_Locust_management_in_Africa_Are_preventative_actions_possible).

**Lecoq M, Andriamaroahina T R Z, Solofonaina H & Gay P-E, 2011.** "Ecology and Population Dynamics of Solitary Red Locusts in Southern Madagascar." *Journal of Orthoptera Research* 20(2): 141–158. (available at https://doi.org/10.1665/034.020.0202).

**Lee R U, Read A, Marttin F, et al., 2020.** *Fisheries Emergency Rapid Assessment Tool (FERAT).* Rome, FAO. 74 pp. (available at http://www.fao.org/3/ca8261en/CA8261EN.pdf).

**Lesk C, Rowhani P & Ramankutty N, 2016.** "Influence of extreme weather disasters on global crop production." *Nature* 529: 84–87. (available at https://www.nature.com/articles/nature16467).

**Lewis S C & Mallela J, 2018.** "A multifactor risk analysis of the record 2016 Great Barrier Reef bleaching." *Bulletin of the American Meteorological Society (BAMS)* 99: 145–149. (available at https://pdfs.semanticscholar.org/5431/9c05373463cf37083e0041a717945b5b05f4.pdf).

**Li M, Liu H, Bi Y, et al., 2017.** "Highly Pathogenic Avian Influenza A (H5N8) Virus in Wild Migratory Birds, Qinghai Lake, China." *Emerging Infectious Diseases* 23(4): 637–641. (available https://www.ncbi.nlm.nih.gov/pmc/articles/PMC5367427/).

**Lin Y, Fissel D B, Mudge T & Borg K, 2018.** "Baroclinic Effect on Modeling Deep Flow in Brown Passage, BC, Canada." *Journal of Marine Science and Engineering* 6(4): 117. 21 pp. (available at https://www.mdpi.com/2077-1312/6/4/117).

**Lobell D B & Field C B, 2007.** "Global scale climate – crop yield relationships and the impacts of recent warming." *Environmental Research Letters* 2: 014002. 2 pp. (available at https://iopscience.iop.org/article/10.1088/1748-9326/2/1/014002/meta).

**Lobell D B, Schlenker W & Costa-Roberts J, 2011**. "Climate trends and global crop production since 1980." *Science* 333(6042): 616–620. (available at https://science.sciencemag.org/content/333/6042/616).

**Mangani R, Tesfamariam E H, Engelbrecht C J, et al., 2019.** "Potential impacts of extreme weather events in main maize (Zea mays L.) producing areas of South Africa under rainfed conditions." *Regional Environmental Change* 19: 1441–1452. (available at https://link.springer.com/article/10.1007/s10113-019-01500-z).

**McKinsey & Company, 2020.** *Safeguarding Africa's food systems through and beyond the crisis* [online].[Cited 30 December 2020]. https://www.mckinsey.com/featured-insights/middle-east-and-africa/safeguarding-africas-food-systems-through-and-beyond-the-crisis.

**Meiyan J, Lianchun S, Tong J, et al., 2015.** "China's Implementation of Impact and Risk-based Early Warning." *Bulletin* 64(2): 11–14. (available at https://library.wmo.int/index.php?lvl=notice_display&id=19039).

**Ministry of Livestock, Agriculture and Fisheries of Uruguay (MGAP), 2019.** *Plan Nacional de Adaptación a la Variabilidad y el Cambio Climático para el Sector Agropecuario.* Montevideo,

MGAP. 128 pp. (available at https://www.gub.uy/ministerio-ganaderia-agricultura-pesca/sites/ministerio-ganaderia-agricultura-pesca/files/documentos/noticias/pna-agro-digital_0.pdf).

**Mota M M & Vieira P, et al., 2008.** *Pine wilt disease: a worldwide threat to forest ecosystems.* Dordrecht, Netherlands, Springer. 424 pp.

**Naithani J, Deleersnijder E & Plisnier P-D, 2003.** "Analysis of Wind-Induced Thermocline Oscillations of Lake Tanganyika." *Environmental Fluid Mechanics* 3: 23–39. (available at https://link.springer.com/article/10.1023/A:1021116727232).

**National Academies of Sciences, Engineering, and Medicine, 2016.** *Attribution of Extreme Weather Events in the Context of Climate Change.* Washington, DC, The National Academies Press. 186 pp. (available at https://doi.org/10.17226/21852).

**OCHA, 2020.** *Global Humanitarian Response Plan. COVID-19. United Nations Coordinated Appeal April – December 2020, May Update.* Geneva, Switzerland. 79 pp. (available at https://www.unocha.org/sites/unocha/files/GHRP-COVID19_May_Update.pdf).

**Ohta T, 2012.** *The role of forests in the Great East Japan Earthquake and sustainable forest management and its usage. Keynote speech delivered at the International Seminar on Role of Forests in Natural Disasters and Revival of Forests and Forestry* [online]. [Cited 30 November 2020]. 7 pp. https://www.rinya.maff.go.jp/j/kaigai/pdf/keynote_final_english.pdf.

**OIE & FAO, 2015.** *Global Strategy for the Control and Eradication of PPR.* Paris, OIE & FAO. 88 pp. (available at http://www.fao.org/3/a-i4460e.pdf).

**OIE, 2020.** *Foot & Mouth disease (FMD)* [online]. [Cited 30 December 2020]. https://www.oie.int/en/animal-health-in-the-world/animal-diseases/foot-and-mouth-disease/.

**Otto F E L, Boyd E, Jones R G, et al., 2015.** "Attribution of extreme weather events in Africa: a preliminary exploration of the science and policy implications." *Climatic Change* 132: 531–543. (available at https://link.springer.com/article/10.1007/s10584-015-1432-0).

**Otto F E L, James R & Allen M, 2014.** *The science of attributing extreme weather events and its potential contribution to assessing loss and damage associated with climate change impacts.* Oxford, UK. 4 pp. (available at https://unfccc.int/files/adaptation/workstreams/loss_and_damage/application/pdf/attributingextremeevents.pdf).

**Otto F E L, van Oldenborgh G J, Eden J,et al., 2016.** "The attribution question." *Nature Climate Change* 6: 813–816. (available at https://www.nature.com/articles/nclimate3089).

**Padère J-P, 2014.** "Improving animal health and livestock productivity to reduce poverty." *Revue scientifique et technique (International Office of Epizootics)* 33(3): 735–744, 723–744. (available at https://pubmed.ncbi.nlm.nih.gov/25812201/).

**Pearse P H, 1990.** *Introduction to Forestry Economics*. Vancouver, Canada, UBC Press. 226 pp.

**Pidcock R, Pearce R & McSweeney R, 2020.** *Mapped: How climate change affects extreme* *weather around the world* [online]. [Cited 30 December 2020]. https://www.carbonbrief.org/mapped-how-climate-change-affects-extreme-weather-around-the-world.

**Pimentel D, McNair S, Janecka J, et al., 2001.** "Economic and environmental threats of alien plant, animal, and microbe invasions." *Agriculture, Ecosystems and Environment* 84: 1–20. (available at https://www.sciencedirect.com/science/article/abs/pii/S016788090000178X).

**Ramlogan N R, McConney P & Oxenford H A, 2017.** "Socio-economic impacts of Sargassum influx events on the fishery castor of Barbados" [online]. *CERMES Technical Report* no. 81. Cave Hill, Barbados, CERMES. [Cited 30 December 2020]. 2 pp. https://www.cavehill.uwi.edu/cermes/getdoc/ceecd5b8-2111-4fc9-b481-9b18d9e785bd/ramlogan_et_al_2017_sargassum_influx_barbados_fish.aspx.

**Roberts E L & Huq S, 2015**. "Coming full circle: The history of loss and damage under the UNFCCC." *International Journal of Global Warming* 8(2): 141-157. (available at https://pdfs.semanticscholar.org/0e8d/98cd9b53c74da7138eea8fd48f7f6118ed3f.pdf).

**Robinet C, Roques A, Pan H, et al., 2009.** "Role of human-mediated dispersal in the spread of the pinewood nematode in China." *PLoS One* 4(2):e4646. (available at https://journals.plos.org/plosone/article/file?id=10.1371/journal.pone.0004646&type=printable).

**Sakamoto T, 2012.** *Regeneration of coastal forests affected by tsunami* [online]. Tsukuba, Japan, FFPRI. [Cited 30 November 2020]. 27 pp. (available at https://www.ffpri.affrc.go.jp/pubs/chukiseika/documents/3rd-chuukiseika29.pdf).

**Savary S, Willocquet L, Pethybridge S J, et al., 2019.** "The global burden of pathogens and pests on major food crops." *Nature Ecology & Evolution* 3(3): 430–439. (available at https://www.nature.com/articles/s41559-018-0793-y).

**Shepherd T G, Boyd E, Calel R A, et al., 2018.** "Storylines: an alternative approach to representing uncertainty in physical aspects of climate change." *Climatic Change* 151(3): 155–571. (available at https://link.springer.com/article/10.1007/s10584-018-2317-9).

**Soliman T, Mourits M C M, van der Werf W, et al., 2012.** "Framework for modelling economic impacts of invasive species, applied to pine wood nematode in Europe." *PLoS One* 7(9):e455505. (available at https://journals.plos.org/plosone/article?id=10.1371/journal.pone.0045505).

**Springgay E, Ramirez S C, Janzen S & Brito V V, 2019.** "The Forest-Water Nexus: An International Perspective." *Forests* 10(10), 915. (available at https://www.mdpi.com/1999-4907/10/10/915).

**Spurrier L, Van Breda A, Martin S, et al.,** "Nature-based solutions for water-related disasters." *Unasylva* 251: 67. (available at http://www.fao.org/3/ca6842en/CA6842EN.pdf).

**Stott P A, 2016.** "How climate change affects extreme weather events." *Science* 352(6293): 1517-

1518. (available at https://science.sciencemag.org/content/352/6293/1517).

**Stott P A, Christidis N, Otto F E L, et al., 2016.** "Attribution of extreme weather and climate-related events." *WIREs Climate Change* 7(1): 23–41. (available at https://onlinelibrary.wiley.com/doi/epdf/10.1002/wcc.380).

**Sultan B, Defrance D & Iizumi T, 2019.** "Evidence of crop production losses in West Africa due to historical global warming in two crop models." *Scientific Reports* 9, article n. 12834. (available at https://www.nature.com/articles/s41598-019-49167-0).

**Szomiñski S, Kaleta Z, Turek W, & Cetnarowicz K, 2015.** "Predictive Planning Method for Rescue Robots in Buildings." 2015 IEEE International Symposium on Robotics and Intelligent Sensors (IEEE IRIS2015). *Procedia Computer Science* 76: 539 – 546. (available at https://www.sciencedirect.com/science/article/pii/S1877050915038417).

**Tadokoro S, 2016.** *Disaster Robotics for the Disaster Risk Reduction* [online]. Sendai, Japan, International Research Institute of Disaster Science, Tohoku University. [Cited 30 December 2020]. https://www.preventionweb.net/files/45270_070.pdf.

**UN Secretary-General, 18 May 2020.** *Remarks to the World Health Assembly, 18 May 2020* [online]. [Cited 30 December 2020]. https://www.un.org/sg/en/content/sg/statement/2020-05-18/secretary-generals-remarks-the-world-health-assembly-bilingual-delivered-scroll-down-for-english-and-french-version.

**UN, 2015.** *Addis Ababa Action Agenda of the Third International Conference on Financing for Development.* New York, USA. 68 pp. (available at https://sustainabledevelopment.un.org/content/documents/2051AAAA_Outcome.pdf).

**UN, 2020.** *Shared Responsibility, Global Solidarity: Responding to the socio-economic impacts of COVID-19* [online]. [Cited 30 December 2020]. 26 pp. https://www.un.org/sites/un2.un.org/files/sg_report_socio-economic_impact_of_covid19.pdf.

**UNDRR, 2019.** *The Global Assessment Report on Disaster Risk Reduction 2019.* Geneva, Switzerland. 425 pp. (available at https://www.undrr.org/publication/global-assessment-report-disaster-risk-reduction-2019).

**UNEP, CAR–SPAW–RAC, 2016.** *Sargassum influx in the wider Caribbean region* [online]. Guadeloupe, France. [Cited 30 December 2020]. 2 pp. https://wedocs.unep.org/bitstream/handle/20.500.11822/27269/caribbean_sargassum_summary.pdf?sequence=1&isAllowed=y.

**UNEP, 2016.** *Loss and Damage: The Role of Ecosystem Services.* Nairobi. 84 pp. (available at https://uneplive.unep.org/media/docs/assessments/loss_and_damage.pdf).

**UNESCAP, 2016.** ICT in Disaster Risk Management Initiatives in Asia and the Pacific. Bangkok, Thailand, UNESCAP. 28 pp. (available at https://www.uncclearn.org/wp-content/uploads/library/ict.pdf).

**UNFCCC, 2013.** *Non-economic losses in the context of the work programme on loss and damage. Technical paper.* FCCC/TP/2013/2. Bonn, Germany. 65 pp. (available at https://unfccc.int/resource/docs/2013/tp/02.pdf).

**UNFCCC, 2020.** *Loss and Damage Online Guide* [online]. Bonn, Germany. [Cited 30 December 2020]. 37 pp. https://unfccc.int/sites/default/files/resource/Online_Guide_feb_2020.pdf.

**Van Lierop P, Lindquist E, Sathyapala S & Franceschini G, 2015.** "Global forest area disturbance from fire, insect pests, diseases and severe weather events." *Forest Ecology and Management* 352(7): 78–88. (available at https://www.sciencedirect.com/science/article/pii/S0378112715003369).

**Weisse M & Goldman L, 2020.** "We Lost a Football Pitch of Primary Rainforest Every 6 seconds in 2019," [online]. *Global Forest Watch* (blog), 2 June 2020. [Cited 30 December 2020]. https://blog.globalforestwatch.org/data-and-research/global-tree-cover-loss-data-2019.

**Welcomme R L, 2003.** "Data Requirements for Inland Fisheries Management." In *New Approaches for the Improvement of Inland Capture Fishery Statistics in the Mekong Basin* [online]. Rome, FAO. [Cited 30 December 2020]. http://www.fao.org/3/ad070e/ad070e09.htm.

**WMO, 2019.** *WMO Statement on the State of the Global Climate in 2018.* Geneva, Switzerland. 44 pp. (available at https://library.wmo.int/doc_num.php?explnum_id=5789).

**WMO, 2020a.** *WMO Statement on the State of the Global Climate in 2019.* Geneva, Switzerland. 44 pp. (available at https://library.wmo.int/doc_num.php?explnum_id=10211).

**WMO, 2020b.** *2020 State of Climate Services Report. Risk Information and Early Warning Systems.* Geneva, Switzerland. 25 pp. (available at https://library.wmo.int/doc_num.php?explnum_id=10385).

**World Bank, 2010.** *People, Pathogens and Our Planet, vol. 1: Towards a One Health Approach for Controlling Zoonotic Diseases.* Washington, DC. 74 pp. (available at http://documents1.worldbank.org/curated/en/214701468338937565/pdf/508330ESW0whit1410B01PUBLIC1PPP1Web.pdf).

**World Bank, 2012.** *People, Pathogens and Our Planet, vol. 2: The Economics of One Health.* Washington, DC. 65 pp. (available at http://documents1.worldbank.org/curated/en/612341468147856529/pdf/691450ESW0whit0D0ESW120PPPvol120web.pdf).

**World Bank, 2017.** *Drug-Resistant Infections: A Threat to Our Economic Future.* Washington, DC. 172 pp. (available at http://documents1.worldbank.org/curated/en/323311493396993758/pdf/final-report.pdf).

**World Bank, 2019.** *Pulling Together to Beat Superbugs. Knowledge and Implementation Gaps in Addressing Antimicrobial Resistance.* Washington, D.C. 95 pp. (available at http://documents1.worldbank.org/curated/en/430051570735014540/pdf/Pulling-Together-to-Beat-Superbugs-

Knowledge-and-Implementation-Gaps-in-Addressing-Antimicrobial-Resistance.pdf).

**World Bank, 2020.** *The Global Economic Outlook During the COVID-19 Pandemic: A Changed World* [online]. Washington, DC. [Cited 30 December 2020]. https://www.worldbank.org/en/news/feature/2020/06/08/the-global-economic-outlook-during-the-covid-19-pandemic-a-changed-world.

**World Bank & FAO, 2020.** *Assessment of Forest Resource Degradation and Intervention Options in Refugee-Hosting Areas of Western and Southwestern Uganda.* Washington, DC & Rome. 92 pp. (available at http://www.fao.org/3/ca7832en/CA7832EN.pdf).

**Zhai P M, Zhou B Q & Chen Y, 2018.** "A review of climate change attribution studies." *Journal of Meteorological Research* 32: 671–692. 21 pp. (available at https://link.springer.com/article/10.1007/s13351-018-8041-6).

**Zhang D & Pearse P H, 2011.** *Forest Economics.* Vancouver & Toronto, Canada, UBC Press. 390 pp.

**Zhao B G, 2008.** "Pine wilt disease in China." In *Pine wilt disease,* pp. 18–25. Zhao, B.G. & Futai, K., Sutherland, J.R. & Takeuchi, Y., eds. Tokyo, Springer.

**图书在版编目（CIP）数据**

灾害和危机对农业和粮食安全的影响报告．2021 ／ 联合国粮食及农业组织编著；王玉庭等译．—北京：中国农业出版社，2023.12
（FAO中文出版计划项目丛书）
ISBN 978-7-109-31579-2

Ⅰ.①灾… Ⅱ.①联… ②王… Ⅲ.①农业气象灾害—影响—粮食安全—研究—世界—2021 Ⅳ.①S42 ②F316.11

中国国家版本馆CIP数据核字（2023）第231825号

著作权合同登记号：图字01-2023-4028号

**灾害和危机对农业和粮食安全的影响报告（2021）**
ZAIHAI HE WEIJI DUI NONGYE HE LIANGSHI ANQUAN DE YINGXIANG BIAOGAO（2021）

中国农业出版社出版
地址：北京市朝阳区麦子店街18号楼
邮编：100125
责任编辑：闫保荣　　文字编辑：何　玮
版式设计：王　晨　　责任校对：吴丽婷
印刷：北京通州皇家印刷厂
版次：2023年12月第1版
印次：2023年12月北京第1次印刷
发行：新华书店北京发行所
开本：700mm × 1000mm　1/16
印张：16.25
字数：310千字
定价：108.00元